21世纪高职高专规划教材·通识课系列

人际沟通与礼仪

RENJI GOUTONG YU LIYI

主　编◎王光华
副主编◎阎　伟　卢文丰

中国人民大学出版社
·北京·

作者简介

王光华

广东科学技术职业学院教授，湖北师范大学校外硕士生导师。中国演讲与口才协会理事、CVCC（职业核心能力）礼仪指导师。长期为深圳、珠海、江门等地公务员、企业中层干部、全国文秘骨干教师等进行多种专业讲座和培训。先后主持完成了6项省、市课题，“国家资源共享课——应用写作”、省级文秘类专业标准、省级品牌专业建设、国家骨干专业等第一参与人及负责人之一。

阎伟

广东省外语艺术职业学院现代文秘专业主任，中山大学管理学院兼职讲师，广东省高等教育学会秘书学专业委员会秘书长，广州市秘书研究会副秘书长，教育部高级礼仪培训师、形象礼仪指导师、职业沟通培训师，中国儿童礼仪高级培训师，CPI（国际职业认证鉴定中心）国际高级化妆师。主编和参编教材6部。长期为工商银行、中国银行、建设银行、招商银行、中国邮储、南方电网、中铁五局、中国移动、广州市交通投资集团、碧桂园集团、顺德市教育局等100多家企事业单位进行“沟通和礼仪”方面的培训。

前言

儒家的“仁义礼智信”是在群体中建立的人际关系文化。个体逐渐社会化的过程就是通过沟通与礼仪行为融入群体的过程，事实上，人只有融入群体、民族和国家，才能克服个体无法克服的困难，承受个体无法承受的压力，从而生存和发展。

在现代社会，良好的沟通与礼仪素养和能力，既饱含学理逻辑，又体现于日常学习、生活和职场做人与做事，最终是为了构建和谐的人际关系。

为了更好地研究人际沟通与礼仪的逻辑和底色，我们在教学和培训中把它归结为三大模块，即原则性模块：包括三个规矩——“知人与论事”“友善与协调”“谋划与策略”；三个方向——“上行沟通与礼仪”“平行沟通与礼仪”“下行沟通与礼仪”；四个程序——“称呼”“提事”“议事”“结束”；四个要素——“角色定位”“选择时机”“创设场景”“调节心境”。在此基础上，提炼和呈现人际沟通与礼仪技巧性模块，包括形象仪态、个性风格、有声语、体态语、控场、表达方式与技巧。再将其运用于职业场景模块，包括求职、商务办公、会议、社交、公关、团队、主持与主播、演讲。以此建构了与本教材知识、技能有一定交叉的阶梯性教学和培训思路，教材中的场景式教学实训和实践活动设计与改革，是课程体验式教学创新的体现。

在三大模块下，我们创设了十八个具有阶梯性逻辑关联的教学和培训项目，每个项目下是教学与培训各项任务，各项任务包括知识技能要点、案例及其点评、场景式实践训练与评估。

本教材融合了互联网+教学与培训，教学资源丰富：教学 PPT、丰富典型的文字和微视频案例，扫一扫封底的二维码即可进入课程平台，多媒体教室和移动手机端可以共享。

十八个项目包括沟通与礼仪三规矩、三方向、四程序、四要素、形象仪态、个性风格、有声语、体态语、控场、表达方式与技巧、求职场景、商务办公场景、会议场景、社交场景、公关场景、团队场景、主持与主播场景、演讲场景等。根据不同专业和职业岗位需求，可以选择所有项目，也可以选择部分项目重点展开教学与培训，最大限度地实现教材和课程与专业和职业的对接。

基于我们对人际沟通与礼仪长期的观察、体察、教学、研究和培训，本书摒弃了纯学理性的“只说不练”和完全应用性的“只练不说”的思路，通过关键词开悟思想，案例对比分析成他山之石，场景式实践训练与评估以及项目场景式综合实训将体验内化于心，每项任务形成知识与技能的内外循环，突出案例教学和实践训练。通过模块学习，学习者的人际沟通和礼仪能力可实现阶梯性提升和发展。

本书的案例选编以经典和精细为原则，体现传统文化和现代精神价值；项目场景式综合实训渗透职业素养和团队意识，践行课程思政的价值追求，达到润物细无声的效果。

本书的编写也正是我们课程“一三五”教学、培训理念创新和实践改革的成果体现。

“一个阶梯”：在移动互联网和人工智能快速发展、“新生代”沟通和学习方式频繁更新、现代职业场景不断变化等叠加因素之下，教材和课程是我们搭建的可供学习者阶梯式自主提升和自由发展沟通与礼仪能力的一条极具弹性的途径。三大模块十八个教学项目及其中的每个任务在交叉中主要按阶梯性编排。教学模块和任务按“老师精讲激发，学习者敢于沟通和呈现礼仪；案例与情景评说，学习者能沟通和表现礼仪；实训中锤炼，学习者巧妙沟通和礼仪得当”的阶梯式步骤展开。

“三个为主”：以激发兴趣和潜力为主，以尊重学习者个性特点为主，以小组实践活动为主。

“五发思路”：精炼的知识点和技能点引领学习者走上自我提升和发展的路径，对比性的典范案例和精准的分析点评引导学习者学会观察、思考和运用，实践训练牵引学习者学以致用。知识点和技能点精要阐发，案例及情景探讨激发，以学习者实践体验和反思来启发，以任务和项目训练促进潜能开发，全程指导促动智慧生发，形成所谓的“五发思路”。

本书由深耕该课程教学和相关社会培训的王光华、阎伟、卢文丰、尹莹、何萍、尹喜艳、韩开绯、杨丽等编写。其中广东科学技术职业学院王光华教授负责总策划、统筹、修编和定稿，并编写项目一、二、三、四、六、七、八、九；行业沟通和礼仪知名培训师、广东省外语艺术职业学院阎伟老师编写项目五、十二、十三、十四和十七；珠海城市职业技术学院长期为区域进行团队建设和心理咨询的卢文丰副教授编写项目十六，并配合主编完成了统稿工作；浙江义乌工商职业技术学院专业领域成果丰厚的尹莹博士编写项目十；中山火炬职业技术学院多年致力于专业建设和课程建设的尹喜艳副教授编写项目十一；重庆城市职业学院在“沟通与礼仪”教学和培训方面具有区域影响力的何萍老师编写项目十五；教育部职业院校教育类教指委现代文秘专委会委员、广东河源职业技术学院韩开绯教授编写项目十八；教育部职业院校教育类教指委人力资源管理专委会委员、广东科学技术职业学院的杨丽教授参与教材策划工作。还有诸多兄弟院校的专家及老师参与了本书的相关策划和研讨工作。

本书特邀华为技术有限公司员工沟通与礼仪知名培训师李婉俊女士、格力电器有限公司总裁办王姗女士、美的集团负责用户沟通与管理的郑晓丹女士、沟通与礼仪培训师钟思在女士、全国著名演讲家蔡顺华先生（原《演讲与口才》杂志常务副主编）等先期共同研讨，他们后期提出了宝贵的修改意见。

感谢中国人民大学出版社编辑的鼎力支持，感谢编写院校领导、专家的热情帮助。本书在编写过程中参考了人际沟通与礼仪方面的诸多网站、书籍和报刊，在此表示最真诚的谢意！

由于编写者水平和时间所限，书中难免有不妥之处，诚望大家批评、指正。

编者

目录

模块一

人际沟通与礼仪基本原则

人的成长是一个社会化的过程，每个人在成长过程中都会逐渐获得各种地位和身份，也因此处在各种各样的人际关系圈中。每个人人际关系的维系和发展，都需要借助沟通与礼仪这一媒介、方式和技巧。人际沟通与礼仪是密不可分的，善于和巧于沟通的人一定礼数有加，良好的沟通与礼仪能让人如沐春风，心情舒畅。中国传统文化中的仁义礼智信，概括了人际关系处理的基本规范：仁者爱人，义者助人，礼者敬人，智者知人，信者信人且信于人。现代文明中的人际沟通和礼仪范围更广阔，也更具有时代感，内容上包括中外古今优秀的规范和技巧，方式上包括书面的、互联网的和其他一些媒介的，社会主义核心价值观中就囊括了一定的人际沟通与礼仪要求和规范。本书主要探讨和学习面对面的人际沟通和礼仪。

人际沟通和礼仪面对的对象千差万别，所处的场景又各不相同，再精彩绝伦的沟通与礼仪也难以完全复制，我们只能掌握和运用其中的基本原则，在一定的基本原则下应对千差万别和千变万化的沟通与礼仪对象及场景。

项目一　人际沟通与礼仪三规矩

关键词：知人与论事；友善与协调；谋划与策略

《辞海》释义交际（人际沟通）："《孟子·万章下》：'敢问交际，何心也?'朱熹注：'际，接也。交际谓人以礼仪币帛相交接也。'后泛指人与人的往来应酬。"有俗语说，当今世界"地球半径缩短，人的舌头延长"，西方一些国家把沟通和金钱、互联网并列为三大武器。人际关系从陌生变得熟悉，进而变得亲密，同时，亲密的人际关系要维系和发展，就离不开良好的沟通和礼仪。善于沟通，懂得人际交往的礼仪，是一种胆识、习惯和品质，可以通过后天学习、积累、锻炼、熏陶而成。

人际沟通和礼仪是一种积累和积淀，很多人忽视了学习和训练积累，使其成了自己生活和职业发展的一个短板。要形成顺遂和畅的人际沟通与礼仪，首先需要掌握和运用基本的规矩，"没有规矩，不成方圆"，那么，人际沟通与礼仪的基本规矩是什么呢?

一是知人与论事。海水不可斗量，人心不可测量，有了识人的慧眼，自然能够洞悉他人的所思所想及所需所求，交流思想，谈论事务，才能契合投缘，否则牛头不对马嘴，费力不讨好。在人际交往的沟通与礼仪中做到"知人者智，自知者明"，然后才能做到恰如其分，恰到好处。

二是友善与协调。只有与人和谐相处，达成某种程度上的共识和共享，目标一致，同心协力，才能共同完成一定的项目和事业，否则各怀心思，分崩离析，没有友善合作，就没有团结的力量。

三是谋划与策略。在人际交往中，要谋划沟通和礼仪的策略，可以通过合作、礼让、援助、接受等，力求让沟通与礼仪的对象在思想观念上深受感染，在情感姿态上引起共鸣。如刘备知孔明乃卧龙先生，自比管仲乐毅，友朋称奇，赞他有经天纬地之才，便三顾茅庐，请他出山；而孔明的策略是先"躲"后"演"，并以"苟全性命于乱世，不求闻达于诸侯"拒绝，刘备以匡扶天下的至诚宏愿、"知己"的情意与礼仪感动了孔明，孔明这才与刘备畅谈天下大事，其高瞻远瞩，让刘备慨叹"吾得孔明，如鱼得水"，后君臣合作，互不辜负，成就了一番大业。

任务一　知人与论事

重难点：该任务中思想文化教育的落实；知人、识人、知交和论事、说事、办事的辩证关系

人际沟通始于互相了解、理解与感同身受，终于解决生活和职场中的困惑、困难和

困境。知人论事，才能深入人心，与人精准对话交往，而不是话说了一箩筐，礼行了无数遍，却无济于事，有道是“交浅不可言深”。互联网时代，我们可以通过线上沟通工具和已有资源了解对方的学业背景、职业背景、家庭背景、个人性情、心理倾向，以及当下的时间安排、工作和生活状态等。有了一定的知人识人的铺垫，了解对方的脾气秉性后，在和对方沟通时，无论是请托、讨饶、示好、取悦、说服，还是聊天、传情、拒绝、博弈等，话题、方式、主题等形成双方对接，赢得好感和认同，都在知己知彼中，方可有逢山开路、遇水搭桥之效。在人际沟通和礼仪中，要尽可能避免“平时不烧香，临时抱佛脚”。

案例阅读1

孔子与阳货

春秋时，孔子所在的鲁国朝政被三家把持，其中的季孙氏又一家独大，季孙氏的家臣阳货野心勃勃地控制着这一家族的权力，在军事上积累武力资本，政治上积极运作。孔子当时兴办私学，门人弟子人才济济，阳货就想拉拢孔子。孔子弟子中有在季孙氏门下做事的，和孔子及时沟通了消息，孔子看不起阳货的出身和作为，便躲避着他，因此，两人之间，显然是阳货更了解孔子。阳货在多次托人与孔子沟通不果的情况下，决定亲自登门拜访，孔子得到消息后，即刻避走开，阳货知道孔子是拘礼之人，便将事先准备好的一只烤乳猪留下，孔子收到礼物后必定会回访他，那时再和他谈论大事。孔子多方打听，在得到阳货出门办事的消息后，即刻到阳货家去还礼，却在返途中被更为了解自己的阳货拦住了，阳货问孔子：“胸有治国安邦良策，却不愿出来为国家效力，忍看国家政治陷于困境，这叫‘仁’吗?”孔子自己否定后，阳货又问：“心里想着要为国效力，却屡屡错失良机，这叫‘智’吗?”孔子再次否定后，阳货转为说服：“时间匆匆而逝，岁月不等人啊!”在此情景下，孔子情不自禁地说：“好吧，我将出来做官。”后来，孔子兢兢业业地做到了鲁国大司寇。

案例点评

阳货知道自己要顺利执掌鲁国朝政，就必须笼络如孔子这样出身贵族且有才学和威望的人，他能和孔子沟通成功，并最终让孔子出来为国效力，是因为他对孔子的性格、为人、学问和主张等各个方面的深入了解。相反，孔子因为开始对阳货不屑一顾，所以不够了解，一方是洞若观火，另一方是“笼中之鹰”。尽管阳货对他人一向有点粗野，但他对孔子无论怎样都礼待有加，因为他自信孔子这样知书达理的智者，有理想抱负而不甘寂寞，有情怀智慧而必欲有所作为。“以国家的名义”诏令天下人，是为“大义”，胸怀大义的人必为所动。再者，士为知己者死，孔子终会回心转意，不是自我否定，是因为“知孔子者，阳货也”。

案例阅读2

水镜先生偶遇刘备

《三国演义》中，刘备逃离了蔡氏兄弟的“鸿门宴”，跃马过檀溪，来到了南漳水镜庄，得遇水镜先生：

玄德视其人，松形鹤骨，器宇不凡。慌忙进前施礼，衣襟尚湿。水镜曰：“公今日幸免大难！”玄德惊讶不已。小童曰：“此刘玄德也。”水镜请入草堂，分宾主坐定。玄德见架上满堆书卷，窗外盛栽松竹，横琴于石床之上，清气飘然。水镜问曰：“明公何来？”玄德曰：“偶尔经由此地，因小童相指，得拜尊颜，不胜万幸！”水镜笑曰：“公不必隐讳。公今必逃难至此。”玄德遂以襄阳一事告之。水镜曰：“吾观公气色，已知之矣。”因问玄德曰：“吾久闻明公大名，何故至今犹落魄不偶耶？”玄德曰：“命途多蹇，所以至此。”水镜曰：“不然。盖因将军左右不得其人耳。”玄德曰：“备虽不才，文有孙乾、糜竺、简雍之辈，武有关、张、赵云之流，竭忠辅相，颇赖其力。”水镜曰：“关、张、赵云，皆万人敌，惜无善用之之人。若孙乾、糜竺辈，乃白面书生，非经纶济世之才也。”玄德曰：“备亦尝侧身以求山谷之遗贤，奈未遇其人何！”水镜曰：“岂不闻孔子云：‘十室之邑，必有忠信。’何谓无人？”玄德曰：“备愚昧不识，愿赐指教。”……水镜曰：“今天下之奇才，尽在于此，公当往求之。”玄德急问曰：“奇才安在？果系何人？”水镜曰：“伏龙、凤雏，两人得一，可安天下。”玄德曰：“伏龙、凤雏何人也？”水镜抚掌大笑曰：“好！好！”玄德再问时，水镜曰：“天色已晚，将军可于此暂宿一宵，明日当言之。”……候至天晓，玄德求见水镜，问曰：“昨夜来者是谁？”水镜曰：“此吾友也。”玄德求与相见。水镜曰：“此人欲往投明主，已到他处去了。”玄德请问其姓名。水镜笑曰：“好！好！”玄德再问：“伏龙、凤雏，果系何人？”水镜亦只笑曰：“好！好！”玄德拜请水镜出山相助，同扶汉室。水镜曰：“山野闲散之人，不堪世用。自有胜吾十倍者来助公，公宜访之。”

案例点评

刘备为皇室落魄后裔，于乱世中扛起了匡扶刘家汉室之大旗，志向高远，坚定不移。但他因不得其人便不得其志，所谓“不得其人”是说他在知人识人上有所不足，比如后面对关云长镇守荆州的人事安排造成了关羽大意失荆州、败走麦城的局面。案例中，刘备在人际沟通和礼仪方面显得急促，当然正面可以理解为他对人才的求贤若渴。相比而言，司马徽（水镜先生）这等高人，虽身处江湖之远，却尽知天下事，偶遇刘备，三言两语，便知晓其过去、当下和未来，他在和刘备沟通时，恰如其分，直指要害，处处占据主动，时时引导话语，话藏玄机，因为涉及伏龙、凤雏等第三方，便处处留有余地，即使刘备相求，也不指名道姓或言之凿凿，不轻于允诺。司马徽推荐卧龙（即伏龙）、凤雏，既对刘备有相助之心，又稳妥地轻轻点染，是给刘备的智慧和眼界出的一道考题，真正做到了知人而论事。

场景式实践训练与评估

以自己在日常生活中经历或阅读过的请托、求助、讨饶、拒绝、说服、动员、取悦等任一场景为例，说说在人际沟通与礼仪中知人、识人、知交和论事、说事、办事的辩证关系。

1. 独立思考后讨论 2 分钟；

2. 在场景描述中梳理出人际沟通和礼仪中知人、识人、知交和论事、说事、办事的辩证关系。

评价表

总分：

场景典型，描述准确（50 分）	知人和论事的辩证关系清晰（50 分）			
评语	自我评价		学员签名	
	同伴评价		同伴签名	
	教师评价		教师签名	

阅读链接

1. 孔子．论语．北京：中华书局，2017.

2. 罗贯中．三国演义．北京：人民文学出版社，1990.

任务二　友善与协调

重难点： 该任务中思想文化教育的落实；人际沟通与礼仪中的友善与协调规矩的认识和运用

人际沟通和礼仪是为了协调好各种关系，关系协调好了，目标指向明确且适宜，大家方可齐心协力，合作共赢。人都不是处在孤岛中的，在建设法治中国的进程中，“人情世故”也依然影响着我们人际关系的构建。友善待人，善于协调好身边的各种关系，是每个人成长过程中的一个重要课题。当代著名作家刘震云在其小说《单位》中说，世界那么大，国际国内关系如此复杂，但世俗职场中的你只需要处理好身边的那几种关系，便舒适自在，活得游刃有余。“做人”和“做事”是辩证的关系，用心待人，让对方感受到沟通和礼仪中有温度的友善，才能携手向前，共同前进。

中国人比较在乎面子，在沟通和礼仪中保留自己的面子和给他人面子，都是为了协调关系，即便是批评和指正一定的错失，也要以友善为本，尽量对事不对人，尊重他人的人格尊严和已有的付出。言语得当，礼仪适宜，即便思想和价值观有所不同，也能求同存异，化敌为友，而如果沟通不佳和礼仪失当，便会处处树敌。

要建立友善、协调的人际关系，就要有平等心、平常心、平和心，比如多用陈述句，少用诘问句；多用关切的语气，少用斥责的语气；多用善言，少用恶语。当对方感受到你的真诚和善意时，自然更愿意主动调适和改变自己，来协调好与你的关系。

案例阅读1

电影《失恋三十三天》片段

（黄小仙打电话给王总）

黄小仙：喂，王总。我今天想请个假。

大老王：请假？你坏了我那么多事还要请假？你不要挑战我的耐心底线啊。

黄小仙：王总，我心情太差了，昨天见客户的时候我都晕倒了。

大老王：你出来，出来跟我吃个饭。不来算你旷工一天。

（场景转换：黄小仙来到王总请吃饭的地方）

大老王：真想装作不认识你。

（服务员给黄小仙拉凳子，黄小仙一手甩过去）

黄小仙：不用了。

大老王：尝尝这酒，能喝出巧克力味来。仔细品品。

黄小仙：仔细品……

大老王：这酒配牛肉最好。

黄小仙：咳，王总，我还是先问清楚了再吃吧。你请我在人均消费这么贵的地儿吃饭，是不是想开除我呀。这是散伙饭吗？

…………

大老王：最近是不是没怎么好好吃饭啊，没好好休息啊？就因为失恋了，芝麻大点事，什么心理素质？二百五的脑袋加林黛玉的心就是你……你寻死觅活，至于吗？好意思吗？

黄小仙：谁啊？谁寻死觅活啊？我活这么大了，我就没有一点悲伤的权利呀？我就没有一点质疑人生的权利呀？

大老王：你连人都没生过，你拿什么质疑人生啊？

黄小仙：王总，您也是有女儿的人。您女儿要是失恋了，跑回家找你，你也这么劈头盖脸地骂她一顿，说她是二百五呀？我已经努力让我自己做到最好了。

大老王：我是没机会骂女儿的。她刚出生的时候啊，我就想，女孩一定要富养，要不长大要吃亏，所以我就拼命挣钱，家都很少回，就想着，有一天她长大了，失恋了，哭着来找她老爸，我带她去买漂亮衣服，带她吃最好的东西。要什么给什么，失恋有什么大不了的？结果钱是挣着了，可她八岁那年，她妈跟我离了婚，带着孩子去了国外，五年了，我就见过她两面。有一次啊，我打电话问她，我说小公主啊，上初中了，千万不要早恋啊。你猜她怎么回答我？“It is not your business”（这不关你的事）。

大老王：一口酒，一口肉。我后边那个大提琴，那是我女儿的，送给你了，报一个班，转移一下注意力，回去洗洗澡，收拾一下自己。好好一个适龄女孩，别弄得跟外贸尾单似的。说句俗的啊，时间能治愈一切，虽然我无法告诉你这时间有多长。

案例点评

《失恋三十三天》是一部影视作品。作品以婚庆公司的几个人物延伸到对婚恋问题的深度思考和追问，其中或诙谐幽默或严谨真诚的沟通与礼仪，尤堪典范。案例中，公司王总了解到员工黄小仙失恋以至失态的情况后，选择请她在挺有档次的酒店吃西餐、喝红酒，进行劝说开导，给沟通创设了一种特定的氛围。虽然中间有误解，但王总通过起伏有度的激情说理获得了对方的认可和理解，之后王总也诉说了自己的苦衷，形成情感上的共鸣，指点黄小仙的前路并赠送她自己女儿练习过的大提琴，这其中包含了领导对下属的重视和关切。王总对黄小仙既往的恋情批驳看似尖锐却都是为她着想，劝说看似调侃却又真情满满，调侃和讽刺开始有点过激，激起黄小仙的思考和反驳后，他又顺水推舟，顺理成章地提出渡过难关并着眼将来的具体做法，非常真切具体又细致入微，让黄小仙自然而然地接受。

对处于矛盾和困境中的人，沟通和礼仪的重点在于不纠缠过往，厘清当下，指明前路，这既是友善和协调的关键，也是协调关系的规则与策略。

案例阅读2

桃园三结义

《三国演义》中有流传千古的“桃园三结义”的故事：

及刘焉发榜招军时，玄德年已二十八岁矣。当日见了榜文，慨然长叹。随后一人厉声言曰：“大丈夫不与国家出力，何故长叹？”玄德回视其人，身长八尺，豹头环眼，燕颔虎须，声若巨雷，势如奔马。玄德见他形貌异常，问其姓名。其人曰：“某姓张，名飞，字翼德。世居涿郡，颇有庄田，卖酒屠猪，专好结交天下豪杰。恰才见公看榜而叹，故此相问。”玄德曰：“我本汉室宗亲，姓刘，名备。今闻黄巾倡乱，有志欲破贼安民，恨力不能，故长叹耳。”飞曰：“吾颇有资财，当招募乡勇，与公同举大事，如何？”玄德甚喜，遂与同入村店中饮酒。

正饮间，见一大汉，推着一辆车子，到店门首歇了，入店坐下，便唤酒保："快斟酒来吃，我待赶入城去投军。"玄德看其人：身长九尺，髯长二尺；面如重枣，唇若涂脂；丹凤眼，卧蚕眉，相貌堂堂，威风凛凛。玄德就邀他同坐，叩其姓名。其人曰："吾姓关名羽，字长生，后改云长，河东解良人也。因本处势豪倚势凌人，被吾杀了，逃难江湖，五六年矣。今闻此处招军破贼，特来应募。"玄德遂以己志告之，云长大喜。同到张飞庄上，共议大事。飞曰："吾庄后有一桃园，花开正盛，明日当于园中祭告天地，我三人结为兄弟，协力同心，然后可图大事。"玄德、云长齐声应曰："如此甚好。"

次日，于桃园中，备下乌牛白马祭礼等项，三人焚香再拜而说誓曰："念刘备、关羽、张飞，虽然异姓，既结为兄弟，则同心协力，救困扶危；上报国家，下安黎庶。不求同年同月同日生，只愿同年同月同日死。皇天后土，实鉴此心，背义忘恩，天人共戮！"誓毕，拜玄德为兄，关羽次之，张飞为弟。

案例点评

刘、关、张原本就有英雄豪杰的志向、才干和品质，在汉代门阀制度之下，基层民众少有实现英雄梦想的途径。他们遭逢汉末乱世，虽然乱世出英雄，但单枪匹马难以成就大业，只有群雄携手，友善合作，才能创造更辉煌的功绩。刘、关、张深知其中的道理，他们从互不相识的陌生人因为各自的豪言壮语、仪表堂堂、凛然气度而互生眼缘，到三言两语相互友善关切的心缘，再到家国情怀、建功立业的共同心愿。真诚友善转瞬间把三人协调至一见如故和相见恨晚的心境之中。虽然有了共同的目标和心愿，但"三个和尚"也可能没水喝，于是他们按照中国传统文化以长幼排序，桃园结义，水到渠成。

场景式实践训练与评估

分享一个自己经历或阅读过的沟通与礼仪方面关于友善与协调的场景故事：可以是因为友善的沟通与礼仪协调好了曾经并不和谐的人际关系，也可以是因为不友善的沟通与礼仪导致了原本和美的人际关系的危机和破裂。

1. 独立思考后讨论 2 分钟；
2. 向大家讲述分享。

评价表

总分：

场景典型，表述清晰（60分）	友善与协调的沟通与礼仪规矩认识准确（40分）		
评语	自我评价		学员签名
	同伴评价		同伴签名
	教师评价		教师签名

阅读链接

1. 电影《失恋三十三天》.
2. 罗贯中．三国演义．北京：人民文学出版社，1990.

任务三 谋划与策略

重难点：该任务中思想文化教育的落实；人际沟通与礼仪中的谋划与策略规矩的认识和运用

在日常拜访和接待、会谈和商讨、会议发言和讲话、团队的进退协商等各种沟通与礼仪场景中，我们都应首先做好基本的谋划与策略：谁先说，谁应和，谁总结；谁主要说，谁附和说，谁多听少说；什么时候委婉含蓄地说，什么事情简短直接地说，什么对象幽默风趣地说，什么场合严肃认真地说；什么时候当面说，什么时候托人说，什么时候微信或电话说，这些都是沟通的礼仪所在。如果不分场合、不管对象，直来直去，信口开河，“说话不经过脑子”，必然会引起人际沟通的尴尬和障碍，甚至让人反感和不屑。相反，有谋划和策略地沟通，才能够赢得他人的尊重和称赞。

沟通与礼仪中的谋划和策略就是用一定的思想、思路和方法与人交际，沟通中有想法就能启人心智，有思路就能让人看到解决问题的方向，有逻辑就能理性而不冲动、有针对性而不盲目。比如在公交车上，先上车的人一般都不怎么愿意挪动，经常有很多乘客被挤在车门口，造成车门口处很拥挤，而车子的中间和后面空间还比较宽松，这时司机会简单粗暴地大声吆喝：“请大家往里面走，不要堵在车门口，影响他人上下车。”司机用的是不够尊敬的祈使句，针对的对象多且不确定，往往少有人配合。而美国的一个巴士司机的做法就受到了人们的称赞，他针对拥堵车门现象，说：“有哪一位好心的牧羊人愿意把你的羊群往后头领一领吗?”他用的是请求的问句，幽默风趣地以“羊”做比喻，符合西方人对温文尔雅的绅士文化的推崇，在情感上消除了乘客的抵触情绪，他们自然能从行动上积极配合。

案例阅读1

赵云的直言和孔明的委婉

《三国演义》中，刘备顾念桃园结义的情义和誓言，在关羽大意失荆州、败走麦城、命丧于东吴之手后，欲倾蜀国之兵，不顾联吴抗曹的战略方向，攻打东吴孙权：

却说先主欲起兵东征，赵云谏曰："国贼乃曹操，非孙权也。今曹丕篡汉，神人共怒。陛下可早图关中，屯兵渭河上流，以讨凶逆，则关东义士，必裹粮策马以迎王师；若舍魏以伐吴，兵势一交，岂能骤解。愿陛下察之。"先主曰："孙权害了朕弟，又兼傅士仁、糜芳、潘璋、马忠皆有切齿之仇：啖其肉而灭其族，方雪朕恨！卿何阻耶?"云曰："汉贼之仇，公也；兄弟之仇，私也。愿以天下为重。"先主答曰："朕不为弟报仇，虽有万里江山，何足为贵?"遂不听赵云之谏，下令起兵伐吴……孔明引百官来奏先主曰："陛下初登宝位，若欲北讨汉贼，以伸大义于天下，方可亲统六师；若只欲伐吴，命一上将统军伐之可也，何必亲劳圣驾?"先主见孔明苦谏，心中稍回。

案例点评

孔明对刘备欲行不可为之事的劝谏充满了策略和智慧。关云长败走麦城，张飞接着死于非命，这些都与东吴有关。情急之下，刘备决定亲率大军，讨伐盟友东吴。刘备现在贵为皇帝，无论谁撇开情义跟他讲道理、论逻辑，直陈其伐吴行为在理论和行动上的不合理，或暗喻他如此为个人恩义，不顾国家大义，且螳螂捕蝉，黄雀在后，都难以撼动他的决定。

中国传统文化塑造了中国人好面子的性格，位高权重的人更是如此。怎么办？只能捍卫刘备的面子，顾及他个人的情义，再谈大是大非。所以，当身为五虎上将之一、文武双全、战功赫赫的赵云虽为刘备大业大义考虑，谆谆陈述伐吴利害关系时，刘备很情绪化地断然拒绝了赵子龙的铮铮谏言。而和刘备有着鱼水关系的孔明带着百官劝谏，先从情义上肯定了刘备的做法，并抓住刘备尚在犹豫中的良机，给他足够的面子和台阶，刘备自然就接受了。

如果上司是为了面子而做决定，而下属不明就里地直接对上司的决定做出方向性的质疑和否定，那就是否定他的地位和面子，会激起上司的抵触。下属可以在不改变上司的战略和方向的情况下，从战术上予以建议性的否定，彼此心照不宣。这种劝谏不是仅仅带着意气和真理在握的情怀去论对错，而是为追求最好结果而进行劝勉。所以，赵云不明就里地对刘备伐吴予以否定，建议讨汉的谏言自然不被采纳，虽然赵云的劝谏观点明确，思路清晰，话语逻辑严丝合缝，但此时的刘备不是"讲理"的刘备。而孔明深知刘备的苦衷，婉言相劝，三言两语，收到了不同的效果。

案例阅读2

小芳策略性的拒绝

一天，小芳的好友小张打电话来求助："小芳，有个事儿要拜托你。"

"什么事啊?"

"唉，我男朋友要给日本客户做批东西，但说明书是日文的，正巧你是学日语的，帮我看看呀。"

小芳很清楚，专业说明书的翻译不是个轻松的活儿，更何况这阵子手头工作又多，于是她考虑了一会儿后，非常客气地说："并不是我不愿意帮忙，你知道的，产品说明书这种东西很专业，我在学校学的也不是专业翻译，这些年又没接触过，那点知识早还给老师了，凭现在这水平恐难胜任啊。"

"别谦虚，你在大学时可是班里最优秀的，我对你很有信心。"

"可我对自己没信心啊，要是平时还好点儿，这段时间公司经常加班，急着赶一个策划书，我可是奋战了三天三夜啦，忙得一塌糊涂，现在一看文件就头疼。我想你男朋友的文件一定很重要吧，为了不耽误事儿，我建议还是找翻译公司做比较合适。"

小张想了想说："嗯，也是，专业翻译确实是件棘手的事，那就让他交给翻译公司做好了。你呀，别太累了，要注意休息，保重身体!"

案例点评

面对自己确实难以应对的请求，小芳怎样巧妙推托，才能既得到好友小张的谅解，又维护两人之间的友谊？小芳首先坦言相告"产品说明书很专业，而自己非专业出身"，其次再摆出客观理由"公司加班，赶策划书"，最后设身处地地提出建议"找翻译公司"，说得思路清楚，且非常真诚，起到了良好的拒绝效果。

有时面对他人的邀约或请求，直接拒绝显得不近人情，而婉言拒绝又达不到拒绝的效果，这时用幽默的话语进行自我调侃，在调侃中陈述理由，以达到拒绝的目的，也不失为一种沟通策略。

场景式实践训练与评估

有一年愚人节，纽约的一家报纸为了愚弄大众，报道了一则马克·吐温去世的消息。人们竟信以为真，很多粉丝悲痛地涌入马克·吐温家。对报纸在愚人节的恶作剧，马克·吐温没有发火，而是风趣地对前来吊唁的人说："报纸报道我的死讯是千真万确的，不过日期却提前了好多年。"

分析上述案例中涉及的人际沟通和礼仪的规则，分享自己生活中经历的这些规则的正面或反面的案例。

评价表

总分：

案例分析准确恰当（50分）	延伸案例分享表述精彩完整（50）			
评语	自我评价		学员签名	
	同伴评价		同伴签名	
	教师评价		教师签名	

阅读链接

罗贯中．三国演义．北京：人民文学出版社，1990.

项目场景式综合实训

1. 实训内容：在影视作品或其他节目中查找并剪辑3分钟左右包含人际沟通和礼仪三规则（任一规则即可）的典型视频案例；拍摄2分钟小组点评视频，点评者出镜拍摄，能恰当运用和体现沟通与礼仪三规则，注意点评方式、形象礼仪和背景和谐，最后合成完整协调的微视频。

2. 实训方式：2～4人为一个小组，协调好小组成员各自的分工和完成任务的进度。

3. 实训成果：小组经过查找、剪辑、文案写作、拍摄、编辑、审核完成微视频成果，并按照时间要求上传至职教云平台。

项目二　人际沟通与礼仪三方向

关键词：上行沟通与礼仪；平行沟通与礼仪；下行沟通与礼仪

人际沟通是针对性很强的交际活动，对象感和指向性要非常明确，所谓“见什么人，说什么话”“到什么山上唱什么歌”。人际沟通与礼仪既是实现人际关系的手段又是目的，必须重视指向问题，即沟通者通过沟通表达和礼仪举止与被沟通者进行交际时，必须立足于当下双方关系的存在，明了社会伦理文化，明确沟通与礼仪的指向类别，做到“心里有话，目中有人”。

进行人际沟通时，必须考虑和顾及对方的身份和地位，以及其与自己是怎样的关系，如前辈后生、上级下级、亲人朋友等，明确了沟通和礼仪的指向，才能有效沟通，实现建构良好人际关系的目标。

任务一　上行沟通与礼仪

重难点：该任务中思想文化教育的落实；对上行沟通与礼仪思想的认识、情感的认同、行为的实现

在沟通中，如果双方并不是处于同等社会地位或伦理辈分，沟通的对象是属于上指的，思想、情感和行为就要实行上行沟通与礼仪。

何为上行沟通与礼仪？上行沟通与礼仪就是对位高者、尊者和长者的沟通和礼仪。如同山川河流有高下之分，人类社会在伦理辈分上同样有上下高低之分。虽然在社会发展和文化交流中，逐渐融入了现代的平等、民主、自由等价值观念，人际交往不再拘泥于繁文缛节，但上行沟通与礼仪基本的底色和框架仍不会变。

上行沟通与礼仪分后辈对前辈以及下级对上级两类。后辈与前辈之间的沟通与礼仪只要遵从和坚持真诚、礼貌和尊敬的规范及方法，两者的交往就会比较顺畅。相较于后辈与前辈之间的上行沟通与礼仪，上下级人际关系就比较微妙和复杂，沟通和礼仪实行起来也困难得多。若处理失当，影响上下级人际关系，处于下位的弱势一方前途命运可能会受到一定的影响，所以，对于上下级间的上行沟通与礼仪，我们要特别谨慎地对待。

上行沟通与礼仪的复杂和微妙在中国现代社会尤其明显，一方面，我们数千年上下尊卑的伦理文化影响深远，另一方面，随着我国社会民主和开放程度的加强，个人性和多元化已得到普遍的认可和包容，同时，互联网技术又促进了扁平化管理进程，等级观

念淡化，地位形成的权威已不那么牢固。在上行沟通与礼仪中，既要考虑传统文化的影响，又要顾及当下的现实，在上下级的上行沟通与礼仪中，下级如果不注意或不慎重，可能就会因为对上级某方面的抵触或不屑而产生冲突和矛盾。如何避免上行沟通与礼仪中的冲突和障碍呢？一是要心存敬意，二是要委婉沟通。

案例阅读1

小徐和王经理

小徐是一名入职不到一年的员工，年轻漂亮，有点小才干，还保持着学生时期的任性。一次办公室搬东西，王经理让三个女员工去搬，自己在办公桌上处理其他事务，并且时不时去看看她们搬完了没有，小徐觉得这个男领导太没有风度，心里很不屑，就回到办公桌，拿着手机犹豫怎样发个朋友圈宣泄一下，王经理发现之后批评道："上班时间玩手机，这是偷懒的表现！"

晚上，小徐的姐姐打电话说明天到小徐所在的城市办点事，她想着明早上班前半小时向王经理请假就行。第二天她按照自己的计划给王经理打电话。

"王经理，我今天有点急事，能不能请一天假？"

"今天公司有很多重要的业务要处理，大家都很忙。"王经理有点不客气地说。

"王经理，今天我确实有点急事啊！"

"那你昨天为什么不事先打招呼啊？这样我还有个准备和安排。"

小徐觉得王经理对自己就是有偏见："不是急事嘛，谁能够未卜先知？"

"如果大家都以有急事为由请假，公司怎么运转？"

"谁家里没有点急事？"小徐针锋相对地说。

"好吧，那你就以家为重吧！"说完，王经理挂了电话。

（资料来源：吴礼权．言语交际与人际沟通．广州：暨南大学出版社，2013.）

案例点评

小徐在职场上自恃年轻漂亮和有些小才干，任性、自我，而不是借助青春和才干，以有礼有节的沟通建立良好的人际关系，做出出色的业绩，所以容易表现出"目无尊长"，摆不正自己的社会角色地位，难免碰壁。

在职场中，上行沟通与礼仪要多换位思考，放低姿态，多看上级的正面和长处，才能心有敬意。自己有了难处和急事，既是有求于人，又会给上级增添麻烦，言语直接、理直气壮是万万不可的。小徐自恃有点资本，和王经理说话直言直语，语气生硬，让王经理感觉她没有一点下属的尊敬，自然也就得不到重视和谅解。

案例阅读2

小钟和王经理

小钟也是一名入职时间不久的员工，她在读书时就很尊敬师长，工作后一直以学习的心态去努力做事，始终保持上行沟通与礼仪的底线：心存敬意和委婉沟通。

一天晚上，小钟的母亲身体有些不舒服，第二天小钟带她去医院，早上上班前向王经理请假。

“王经理，您好！一大早打扰您了。非常抱歉，昨晚我家里遇到点急事，实在没办法，今天只能向您请假了。”

王经理想了想，说道：“可是，今天公司有一项非常重要的业务要你处理啊！”

“王经理，这个我知道，不过，经理啊，我的情况您也知道，不是万不得已，我是从不在紧要关头向您开口请假的。您一向都非常关照我，我也不可能在紧要关头给您添麻烦。”

王经理犹豫了一下，说：“那这样吧，你给小王打个电话，将你准备好的材料发给她，我再和她打个招呼，让她辛苦下，今天替你挡一阵。”

“王经理，您真是体贴下属的好领导！太感谢您了，改天请您吃饭啊！”

“别拍马屁了，安心办好你的事吧，就这样，再见！”王经理轻轻地挂了电话。

（资料来源：吴礼权．言语交际与人际沟通．广州：暨南大学出版社，2013.）

案例点评

小钟深谙上行沟通与礼仪之道，她在向王经理请假时，以礼为先，以理为本，未言事而先道歉，让王经理心中感受到敬意，有代入感，从而消除了抵触感。“不是万不得已”“您一向都非常关照我”等诉苦和表示感激的委婉言辞足以抵消王经理的不快，不得不同意她的请假要求。最后夸赞和请客的话语锦上添花，让居于上位的王经理心里舒坦，这是上行沟通与礼仪的突破点所在。

场景式实践训练与评估

如果在生活或职场中遇到长辈为老不尊、前辈不能率先垂范、上司不能以身作则的场景，应该如何进行有效的上行沟通？

评价表

总分：

能以上行沟通与礼仪规范和技巧处理（50分）	表达生动形象，场景案例准确恰当（50分）		
评语	自我评价		学员签名
	同伴评价		同伴签名
	教师评价		教师签名

阅读链接

吴礼权．言语交际与人际沟通．广州：暨南大学出版社，2013.

任务二　平行沟通与礼仪

重难点：该任务中思想文化教育的落实；平行沟通时怎样在平等中保持必要的敬畏

平行沟通与礼仪是指沟通双方社会地位平等、辈分相当的人际沟通与礼仪。平行沟通与礼仪在我们日常生活中的使用频率是最高的，我们在与兄弟姐妹、同伴、同事，特别是情投意合的亲朋好友相处时都要用到平行沟通与礼仪。很多古代名篇佳句都与平行沟通与礼仪有关，比如李白的“桃花潭水深千尺，不及汪伦送我情”，苏轼的“但愿人长久，千里共婵娟”，高适的“莫愁前路无知己，天下谁人不识君”，等等。

在平辈、平级和朋友之间，人们在沟通与礼仪上往往忽视了“彼此有别”，不存敬畏之念，于是率性而为，口不择言，以致“情感的小船说翻就翻”。因此在兄弟姐妹之间、情侣或夫妻之间、妯娌或姑嫂之间、同事之间等的交往中常常出现危机和芥蒂，有的最终行同路人，甚至反目成仇。那么，平行沟通时怎么做才能永葆高山流水，确保亲情友情长青呢？

秘诀就是坚持以诚相待和给对方面子。具体来说就是多为对方着想，不说伤人自尊的话，不做不给人面子的事，给予及时、准确、真诚的理解、赞美和帮助，同时保持适当的距离，给对方一定的空间。

案例阅读1

王熙凤初见林黛玉

《红楼梦》中黛玉初进贾府，贾母等人一番悲喜交加的接待之后，王熙凤晚到一步，未见其人，先闻其声：“我来迟了，不曾迎接远客！”接着携着黛玉的手，仔细打量，送到贾母身边坐下。

王熙凤由衷地赞叹道：“天下真有这样标致的人物，我今儿才算见了！况且这通身的气派，竟不像老祖宗的外孙女，竟是个嫡亲的孙女，怨不得老祖宗天天口头心头一时不忘。”

在有喜有悲的沟通后，她又精心安排了黛玉在贾府的生活起居，连黛玉带来的丫头也都安排妥帖。

案例点评

王熙凤能有在贾府的风光地位，不仅仅是因为她先天条件优越，更是因为她有着超强的人际交往能力。黛玉是贾母心爱的外孙女，王熙凤与林黛玉之间属于平行沟通，因为晚到，她表示了歉意和自责，并立即把黛玉作为中心人物，给足了黛玉面子，“携手”是姐妹之间的亲密动作，表达了作为大嫂对她的欢迎和接受，“仔细打量”充分体现了她对黛玉的重视，“送到贾母身边”表达了自己对黛玉的爱护和关心。一番夸奖，给了投亲的黛玉满满的温暖，顺带又夸赞了贾母和在场的其他贾府姐妹们。“竟是个嫡亲的孙女”完全符合黛玉进贾府的这个场景，沟通得体，礼仪周到。

案例阅读2

黛玉的“醋劲儿”

这里宝玉又说：“不必温暖了，我只爱吃冷的。”

薛姨妈忙道：“这可使不得，吃了冷酒，写字手打飐儿。”

宝钗笑道：“宝兄弟，亏你每日家杂学旁收的，难道不知道酒性最热，若热吃下去，发散的就快，若冷吃下去，便凝结在内，拿五脏去暖他，岂不受害？从此还不快不要吃那冷的了。”

宝玉听这话有理，便放下冷的，命人暖来方饮。

黛玉嗑着瓜子儿，只抿着嘴笑。可巧黛玉的丫鬟雪雁走来给黛玉送小手炉儿，黛玉因含笑问她：“谁叫你送来的？难为他费心，那里就冷死了我。”

雪雁道：“紫鹃姐姐怕姑娘冷，使我送来的。”

黛玉一面接了，抱在怀中，笑道：“也亏你倒听他的话。我平日和你说的，全当耳旁风，怎么他说了你就依，比圣旨还快些。”

案例点评

案例中是宝玉和黛玉在薛宝钗家里吃饭的场景，他们三人是平行沟通，宝钗笑着劝宝玉不要喝冷酒，先夸赞他“每日家杂学旁收”，意思就是博学多闻，很给宝玉面子，再说道理，最后以真诚和关切的口吻劝说他“从此还不快不要吃那冷的了”。宝玉立马“放下冷的，命人暖来方饮”，真诚地给了宝钗面子。黛玉和宝钗在对宝玉的情感上有“瑜亮情结”，所以黛玉心里吃醋，表面笑着，却借丫头雪雁奉紫鹃之命送手炉的下行沟通，运用“双关”修辞的“对象双关”（指桑骂槐）婉转地讽刺宝玉不听自己的话，薛宝钗不过小题大做，宝玉却言听计从。虽然黛玉“抿着嘴笑”“含笑”“笑道”，在这样的场景下她也考虑到了对方的面子问题，但她还是借题发挥，婉转讽刺，发泄自己的不满，难免伤了宝玉和宝钗的自尊心。

如果黛玉真诚地正面借题发挥，“难为紫鹃体贴我，这么关心我冷不冷”，让宝玉和宝钗略有冷落黛玉的反省和内疚，就能以自己的真诚激发对方的真诚，不会让对方产生负面的抵触情绪。

场景式实践训练与评估

假如今天是你20岁生日，面对带着你喜欢的礼物前来祝贺的一群好友，和他们做个平行沟通，表达一下自己的感受和心情。

评价表

总分：

把握平行沟通与礼仪的准则（50分）	表达精彩到位（50分）			
评语	自我评价		学员签名	
	同伴评价		同伴签名	
	教师评价		教师签名	

阅读链接

曹雪芹．红楼梦．北京：人民文学出版社，1990.

任务三　下行沟通与礼仪

重难点： 该任务中思想文化教育的落实；下行沟通时需要把握的准则和要点

下行沟通与礼仪，是指人际交往中主动的一方在社会地位和伦理辈分上高于对方的沟通与礼仪。中国的人际交往中或显或隐地讲究“为长必尊”“位上必谨”，所以有尊长敬上的习俗。下行沟通与礼仪相对容易，可直来直往，也可委婉表达。

在现代社会，人们特别是年轻人更容易接受多方面的信息，思想独立，个性突出，相互也更加包容，逐渐摒弃了上下尊卑，追求相互平等，特别是在现代企业人际沟通与礼仪中，大家都互相激励、支持和尊重，除了企业高层，对一般团队管理者都以“张哥”“李姐”称呼，而前辈和团队管理者在下行沟通与礼仪中，如果不顾及晚辈或团队成员的接受程度和感受深浅，不应用一定的技巧和方式方法，则往往使“后浪一代”口服心不服，表面上听从和顺从，内心却全是不满和怨气。

下行沟通与礼仪的成功关键在于要使被沟通者心悦诚服，这就要遵从尊重、赏识、扶持对方的原则，时时、处处考虑对方的面子和自尊，比如表扬时直接、公开，批评时则旁敲侧击、委婉含蓄等都是必要的沟通与礼仪规则。

案例阅读1

晏子使楚

晏子将使楚。楚王闻之，谓左右曰：“晏婴，齐之习辞者也。今方来，吾欲辱之，何以也?”左右对曰:“为其来也,臣请缚一人,过王而行,王曰:‘何为者也?’对曰:‘齐人也。’王曰:‘何坐?’曰:‘坐盗。’”

晏子至,楚王赐晏子酒,酒酣,吏二缚一人诣王。王曰:“缚者曷为者也?”对曰:“齐人也,坐盗。”王视晏子曰:“齐人固善盗乎?”晏子避席对曰:“婴闻之,橘生淮南则为橘,生于淮北则为枳,叶徒相似,其实味不同。所以然者何?水土异也。今民生长于齐不盗,入楚则盗,得无楚之水土使民善盗耶?”王笑曰:“圣人非所与熙也,寡人反取病焉。”

案例点评

案例中楚王是主人,为楚国君主,晏子是客人,是齐国之臣,齐楚两国虽是平等的国家,楚王接待晏子是高规格接待,但伦理地位上二人有上下尊卑之分,楚王对晏子实行的是下行沟通与礼仪。楚王理应对晏子以礼相待,亲切平等地沟通,让使臣感受到善意,但楚王却心存戏弄之意,故意给晏子制造难堪和尴尬。对楚王的不怀好意,晏子不意气用事,而是忍辱负重,始终坚持和遵从上行沟通与礼仪的原则,舍弃了硬碰硬的反驳策略,明智地选择了比喻修辞中“就近取譬”的手法,生动形象地驳回了楚王的羞辱之词,楚王只好笑着真诚致歉。

案例阅读2

有一回,学者沈谦到华视录制教学节目,见华视业务能力和地位都很高的教学部主任周奉和颇得人缘,在电视台如此复杂的环境里,同事和客户对他也是赞誉有加,少有微词,于是便向他请教有什么妙方。周奉和笑了笑说:“做什么事,采取低姿态总是比较安全顺当,飞机低空飞行,连雷达都探测不到!”

(资料来源:沈谦.修辞学.台北:五南出版社,2010.)

案例点评

社会地位和辈分较高的人,应多采取一些下行沟通与礼仪的规则,谨慎、客气、低调地给对方面子。在人际沟通中低调、大方、有内涵,往往不会被人忽视,反而能得到更多人的尊重。正如庄子所说:“海纳百川,有容乃大。居于低位而不卑,吸纳百川而不满。唯其不争,天下莫能与其争。”

场景式实践训练与评估

假如你工作稳定,对工作性质、工作环境和待遇都很满意,但是新来的直接领导工作作风霸道,在业务理解上与你多有差异,在沟通中领导也常常显得简单粗暴,这种关乎自己的下行沟通与礼仪让你感觉很不舒服,你将如何改变现状?

评价表

总分：

有借鉴性、可行性和针对性的见解（50 分）	抓住下行沟通与礼仪准则和要点解决当下问题（50 分）		
评语	自我评价		学员签名
	同伴评价		同伴签名
	教师评价		教师签名

阅读链接

1. 晏子．晏子春秋：卷六．上海：上海古籍出版社，1991.

2. 沈谦．修辞学．台北：五南出版社，2010.

项目场景式综合实训

1. 实训内容：在影视作品或其他节目中查找并剪辑 3 分钟左右包含人际沟通和礼仪三方向之一的典型视频案例；拍摄 2 分钟小组点评视频，点评者出镜拍摄，能恰当运用和体现沟通与礼仪三方向，注意点评方式、形象礼仪和背景和谐，最后合成完整协调的微视频。

2. 实训方式：2～4 人为一个小组，协调好小组成员各自的分工和完成任务的进度。

3. 实训成果：小组经过查找、剪辑、文案写作、拍摄、编辑、审核完成微视频成果，并按照时间要求上传至职教云平台。

项目三　人际沟通与礼仪四程序

关键词：称呼；提事；议事；结束

从理论上讲，人们每一次的人际沟通都是一个完整的起承转合过程，但在实际沟通过程中，考虑到各种各样的因素存在，效果性比完整性更重要，沟通的过程不一定要明确和完整，正如中国诗词和绘画，美在或隐或现中。

人际沟通与礼仪完整的过程包括称呼、提事、议事、结束四个程序。

任务一　称呼

重难点：该任务中思想文化教育的落实；人际沟通和礼仪中称呼上的规范和要点

我们经常会在一些场合向陌生人寻问“怎么称呼您?”或者向熟人寻问“怎么称呼那位客人?”在生活和工作的很多场景中，我们也经常要向他人介绍对自己的称呼，或对他人的称呼。人们在见面时，称呼准确得体，一下子就会拉近与对方的距离；如果称呼不当或错误，就会让对方心生不快或反感。

称呼要注意亲疏远近和主次，遵从先长后幼、先高后下、先女后男、先疏后亲的原则，在公关场合，更要做到先后有序，礼貌到位。恰当有礼的称呼是向对方提事、议事的良好开端；使用不当或无礼的称呼，可能就没有“后来”了。

对不同职业的人称呼不同，技工人员一般称“师傅”，农民称呼“老乡”“大叔”“大哥”“大姐”等，医务人员称“大夫”“护士”，公职人员称“同志”，外企工作人员称“先生”“女士”，私企除高层外，一般年轻人以“哥”“姐”相称呼，等等；对官场、学界有职位、职称和学衔的，敬称其职位、职称和学衔，如果不是公关场合，尽量不带“副”字。不同地域也有不同的称呼习俗，比如北方人一般称呼“大哥”“大姐”或“美女”“帅哥”，广东人一般称呼“靓女”“靓仔”等。需要注意的是，在实际人际沟通中，如何称呼没有固定的模式，要根据关系的亲疏远近、不同的地域习俗、人的心理差异等确定不同的准确称呼。

需要说明的是，称呼是一种文化现象，传统社会对人的称呼更为严格规范，现代社会则稍显随意，网络称呼“亲”“宝宝”“小姐姐”“小伙伴”等也流行一时，在口头沟通与礼仪中也经常使用，但在正式场合一般不如此称呼。

案例阅读1

林冲和鲁智深的江湖情缘

智深正使得活泛，只见墙外一个官人看见，喝采道："端的使得好。"智深听得，收住了手，看时，只见墙缺边立着一个官人，头戴一顶青纱抓角儿头巾，脑后两个白玉圈连珠鬓环，身穿一领单绿罗团花战袍，腰系一条双獭尾龟背银带，穿一对磕瓜头朝样皂靴，手中执一把摺叠纸西川扇子，生的豹头环眼，燕颔虎须，八尺长短身材，三十四五年纪。口里道："这个师父端的非凡，使得好器械。"众泼皮道："这位教师喝采，必然是好。"智深问道："那军官是谁？"众人道："这官人是八十万禁军枪棒教头林武师，名唤林冲。"智深道："何不就请来厮见？"那林教头便跳入墙来。两个就槐树下相见了，一同坐地。林教头便问道："师兄何处人氏？法讳唤做甚么？"智深道："洒家是关西鲁达的便是。只为杀得人多，情愿为僧。年幼时也曾到东京，认得令尊林提辖。"林冲大喜，就当结义智深为兄。智深道："教头今日缘何到此？"林冲答道："恰才与拙荆一同来间壁岳庙里还香愿，林冲听得使棒，看得入眼，着女锦儿自和荆妇去庙里烧香，林冲就只此间相等，不想得遇师兄。"智深道："智深初到这里，正没相识，得这几个大哥，每日相伴。如今又得教头不弃，结为弟兄，十分好了。"便叫道人再添酒来相待。

案例点评

鲁智深和林冲结为兄弟，纯属偶然，而这一偶然的交情成了后面林冲逃脱死神之手的必然。当时鲁智深正和几个泼皮耍弄禅杖武艺，林冲为鲁智深的功夫喝彩，引起了鲁智深的注意，根据各自的外貌判断，林冲礼貌地称呼鲁智深"师父"，鲁智深也很礼貌地称林冲为"军官"。之后，鲁智深邀请林冲进园子说话，两人展开了进一步的沟通，林冲更加尊敬地称鲁智深为"师兄"，鲁智深了解到林冲为禁军教头，尊称他头衔"教头"，合适的称呼拉近了彼此的距离，加上两人性情意趣相投，随即结交为兄弟，再以兄弟相称呼，那就有生死之交的意味了。

案例阅读2

面试中小黄的问好

小黄到应聘公司面试行政助理一职，最后一轮是结构化面试，由于单独面对几个考官，小黄难免有点紧张，发挥得不是太好，这时一个领导模样的人走进考场和人事经理耳语了几句，小黄听到那个领导走时，人事经理站起来客气地小声说"王总慢走！"刚好那个王总走时顺便看了面试者小黄一眼，小黄灵机一动，礼貌地站起来说："王总您好！王总慢走！"王总微笑地点了点头，小黄看到人事经理和其他两位面试官也都会意地笑了。

案例点评

结构化面试的场景是一名应聘者应对多名面试官，是对心理素质、经验经历、知识结构、能力特长等的全面考查。面试中，应聘者小黄可能由于面试经验和经历不足，造成了自己紧张，没有发挥好，直接影响了自己的面试成绩和结果。有没有翻盘的机会呢？当然是有的，但是这需要面试者沉着而灵活，洞察和及时抓住一切可能给自己加分的机会，取得各位面试官的认可和肯定。小黄没有因为自己前面表现不好就放弃努力，而是通过观察领导到来和离去时面试官的反应，判断出了领导的姓氏和职位，然后不失时机地对领导准确称呼和问好，无疑给自己争取了加分。

恰当的时机、合适的称呼，往往会有峰回路转或柳暗花明的效果。

场景式实践训练与评估

分享一下你的经历中有哪些典型的因为称呼得体而打开局面的场景，又有哪些因为称呼不当而导致尴尬的场景。完整生动地对在场的人讲述，时间控制在 3 分钟以内。

评价表

总分：

<table>
<tr><th>称呼得体的场景描述准确简练（50 分）</th><th colspan="2">称呼不当的场景描述准确简练（50 分）</th></tr>
<tr><td rowspan="3">评语</td><td>自我评价</td><td>学员签名</td></tr>
<tr><td>同伴评价</td><td>同伴签名</td></tr>
<tr><td>教师评价</td><td>教师签名</td></tr>
</table>

阅读链接

施耐庵，罗贯中．水浒传．北京：人民文学出版社，1990.

任务二　提事

重难点：该任务中思想文化教育的落实；怎样做到人情练达，提事从容巧妙

沟通中的称呼是为了给提事打开局面，为实现互助、合作、发展的目的奠定基础。在实际的沟通中，人们往往觉得有口难开，欲言又止，不好意思向对方提起求情、求助或分享与合作的事。有人说，人际关系都是分担和分享出来的，“一个好汉三个帮，一个篱笆三个桩”“有人分享，更为吉祥”。在沟通与礼仪中，会“说事”和会“办事”一样重要。恰当的称呼后，就应该分析对方的特点及心理，思考如何适时提出需要解决的事情，实现沟通的目标。

提事没有固定的模板和样式，属于很有弹性的人情世故。在平行和下行沟通与礼仪中，提事相对直接，即与平辈或关系较亲近的朋友、同事或者是后辈、下级，在基本的客套后，直接提事，不绕弯子，可以让对方感到亲切和被信任。如果吞吞吐吐，绕来绕去，反而会拉开原本较近的情感距离。如果进行上行沟通，一般适宜采用间接提事的方式，比如在请人吃饭的间隙提事，在合适的时间赠送合适的礼品时提事，或者让其他合适的人先打个招呼再提事，又或者在对方需要帮助时做点自己力所能及的事情后再巧妙提事。这样，通过礼仪的外在形式彰显对对方的礼貌和尊敬，同时给自己提事留下回旋的余地，达到顺利提事的效果。

提事是直截了当还是间接婉转与地域文化和性别差异也有一定的关系。一般北方人无论男女提事都比较直接干脆，南方人提事相对来说更加委婉。就性别而言，男性一般比较干脆直接，女性一般更喜欢婉转含蓄。

案例阅读1

张辽机智劝降关公

……却说程昱献计曰："云长有万人之敌，非智谋不能取之。今可即差刘备手下投降之兵，入下邳，见关公，只说是逃回的，伏于城中为内应，却引关公出战，诈败佯输，诱入他处，以精兵截其归路，然后说之可也。"操听其谋……曹操自提大军杀入城中，只教举火以惑关公之心。关公见下邳火起，心中惊惶，连夜几番冲下山来，皆被乱箭射回。

捱到天晓，再欲整顿下山冲突，忽见一人跑马上山来，视之乃张辽也。关公迎谓曰："文远欲来相敌耶？"辽曰："非也。想故人旧日之情，特来相见。"遂弃刀下马，与关公叙礼毕，坐于山顶。公曰："文远莫非说关某乎？"辽曰："不然。昔日蒙兄救弟，今日弟安得不救兄？"公曰："然则文远将欲助我乎？"辽曰："亦非也。"公曰："既不助我，来此何干？"辽曰："玄德不知存亡，翼德未知生死。昨夜曹公已破下邳，军民尽无伤害，差人护卫玄德家眷，不许惊忧。如此相待，弟特来报兄。"关公怒曰："此言特说我也。吾今虽处绝地，视死如归。汝当速去，吾即下山迎战。"张辽大笑曰："兄此言岂不为天下笑乎？"公曰："吾仗忠义而死，安得为天下笑？"辽曰："兄今即死，其罪有三。"公曰："汝且说我那三罪？"辽曰："当初刘使君与兄结义之时，誓同生死；今使君方败，而兄即战死，倘使君复出，欲求兄相助，而不可复得，岂不负当年之盟誓乎？其罪一也。刘使君以家眷付托于兄，兄今战死，二夫人无所依赖，负却使君依托之重。其罪二也。兄武艺超群，兼通经史，不思共使君匡扶汉室，徒欲赴汤蹈火，以成匹夫之勇，安得为义？其罪三也。兄有此三罪，弟不得不告。"

公沉吟曰："汝说我有三罪，欲我如何？"辽曰："今四面皆曹公之兵，兄若不降，则必死；徒死无益，不若且降曹公，却打听刘使君音信，如知何处，即往投之。一者可以保二夫人，二者不背桃园之约，三者可留有用之身：有此三便，兄宜详之。”公曰：“兄言三便，吾有三约。若丞相能从，我即当卸甲，如其不允，吾宁受三罪而死。”辽曰：“丞相宽洪大量，何所不容。愿闻三事。”公曰：“一者，吾与皇叔设誓，共扶汉室，吾今只降汉帝，不降曹操，二者，二嫂处请给皇叔俸禄养赡，一应上下人等，皆不许到门，三者，但知刘皇叔去向，不管千里万里，便当辞去：三者缺一，断不肯降。望文远急急回报。”张辽应诺，遂上马，回见曹操，先说降汉不降曹之事。操笑曰：“吾为汉相，汉即吾也。此可从之。”辽又言：“二夫人欲请皇叔俸给，并上下人等不许到门。”操曰：“吾于皇叔俸内，更加倍与之。至于严禁内外，乃是家法，又何疑焉。”辽又曰：“但知玄德信息，虽远必往。”操摇首曰：“然则吾养云长何用？此事却难从。”辽曰：“岂不闻豫让众人国士之论乎？刘玄德待云长不过恩厚耳。丞相更施厚恩以结其心，何忧云长之不服也？”操曰：“文远之言甚当，吾愿从此三事。”

案例点评

《三国演义》中下邳之战时，云长孤军被曹操围困在山上，曹操深爱云长忠义和才干，派张辽去劝降。张辽与云长是情义上的兄弟，立场上的敌人。劝降以忠义著称的云长，提事是很困难的事情，张辽机智地舍弃了立场之争，完全站在兄弟的角度，情与理皆备，真诚地为兄弟前后、进退考虑，助他突破当下困局，让云长先在感情上接受，之后再面对立场问题，他两方周全，求同存异，让双方在道理上说通。情和理的问题解决了，投降也就没有问题了。张辽劝说时先礼后兵，先情后理，即便他站在敌对立场上传曹操的命令，也含着铮铮汉子对朋友救命之恩的情义，张辽真乃一大将而非一武夫。

案例阅读2

蒯通巧妙劝韩信

武涉已去，齐人蒯通知天下权在韩信，欲为奇策而感动之，以相人说韩信曰：“仆尝受相人之术。”韩信曰：“先生相人何如？”对曰：“贵贱在于骨法，忧喜在于容色，成败在于决断，以此参之，万不失一。”韩信曰：“善。先生相寡人何如？”对曰：“愿少间。”信曰：“左右去矣。”通曰：“相君之面，不过封侯，又危不安。相君之背，贵乃不可言。”

案例点评

刘邦手下大将韩信打下齐国之地后，拥兵自重，自称齐王，刘邦虽然十分生气，但在谋士分析利害之后还是确认了韩信齐王的称号。齐地一高人蒯通看到刘邦、项羽和韩信之间，韩信实力最强，知晓此时韩信自信满满的心理，而刘邦对韩信有知遇之恩，蒯通深知游说韩信背叛刘邦有一定风险，他决定有策略地劝说韩信脱离刘邦自立以夺天下。

他果断行动，以相人的身份去求见韩信，那时的人很迷信相人，当时齐国又以盛产术士闻名。蒯通和韩信见面提事，不宜单刀直入、直奔主题，于是他运用了“设彀”这一修辞手法：“在下曾经跟人学过相面之术。”韩信一听，兴趣盎然，急切地问蒯通道：“先生您是怎么相人的？”蒯通知道韩信入了他的套路，随即说道：“看一个人的命运是贵是贱，这要看骨法；看一个人内心是喜是忧，要看他脸上的表情；看一个人做事的成败，则要看他的决断力。如此三方面结合，那相人的结果就会万无一失了。”韩信觉得他说得有理，忙说：“先生请给寡人相相面，看寡人如何？”蒯通不动声色，让韩信把手下支开，然后趋前一步，运用“双关”修辞，利用“背”有“脊背”和“背弃”两种含义，神秘地说道：“大王，相您之面，不过封侯，有危险又不安，相您之背，真是贵不可言。”韩信至此完全听懂了蒯通的策反之意，但蒯通没有留下任何策反的把柄。最后韩信念及刘邦的知遇之恩，没有听从蒯通所提的计谋。后来刘邦找机会夺了他的王号，降为淮阴侯，最终韩信惨死于吕后与萧何之手。韩信后悔自己当初没有听从蒯通之策。

场景式实践训练与评估

举例说说你所经历的人际沟通与礼仪中某次印象深刻的向他人提事的场景，有没有感到很为难？现在有没有什么好的办法和途径解决？如果没有感到为难，为什么你的提事能够顺理成章？

评价表

总分：

场景描述准确到位（50分）	方法途径准确恰当（50分）		
评语	自我评价		学员签名
	同伴评价		同伴签名
	教师评价		教师签名

阅读链接

1. 罗贯中．三国演义．北京：人民文学出版社，1990.
2. 司马迁．史记．北京：古籍出版社，2000.

任务三 议事

重难点：该任务中思想文化教育的落实；人际沟通中，议事时如何在做到自己讲清楚和说明白的同时，让对方欣然听从、坦然服从、乐于跟从

人际沟通与礼仪的真正目的是议事，即对于需要设计和办理的事情通过对话讨论达成共识和一致。事情提出后，能否议事成功，就要看沟通中能否抓住要害和主旨，能否

讨论出过人的解决问题的策略和方式方法，能否一切尽在运筹帷幄之中。

议事的第一重境界是思维逻辑缜密，言语表达诚恳准确，没有歧义或误解，不可条理不清、言语啰唆、言不由衷、词不达意；第二重境界是简明扼要，重点清晰，观点不躲闪、不含糊，传情达意无歧义，意思清晰，态度明朗，这一境界适合下行沟通与礼仪和平行沟通与礼仪的社会伦理规范，“讲清楚、说明白”，不可语焉不详、欲言又止，否则会让人觉得虚情假意、装腔作势；第三重境界是要有足够的语言文字修养和修辞智慧，不仅要将适宜和易于沟通的“事”“意”“情”表达得清楚明了，还要把不宜和不易沟通的“事”“意”“情”表达得极其得体，让对方清楚明了、心情愉悦。

案例阅读1

梁启超给徐志摩的证婚词

梁启超是多方面的大家，徐志摩对他极为崇敬，在北大拜梁启超为师。梁启超喜欢爱徒徐志摩，但对他的爱、自由和美的信仰不以为然又无可奈何。徐志摩留学英国期间，结识了梁启超的好友林长民的女儿林徽因。徐对林一见钟情，便向发妻张幼仪递交了离婚通知书。梁启超闻讯后，写信对徐志摩的草率行为进行了严厉批评。但徐志摩坚持“我将于茫茫人海中访我唯一灵魂之伴侣：得之，我幸，不得，我命，如此而已”。后林徽因嫁给了梁启超的儿子梁思成，徐志摩随即转而追求京城名花有主的陆小曼。

徐志摩的父亲坚决不同意儿子娶陆小曼，后经胡适、刘海粟等人斡旋，徐父才勉强同意儿子再婚，但他提出：婚礼必须由胡适做介绍人，由梁启超证婚，否则不予承认。

1926年10月3日（农历七月初七），中国的“情人节”，徐志摩与陆小曼在北京北海公园举行了盛大的婚礼。梁启超被拉来做证婚人，他微笑着说：“我的学生徐志摩，什么都好，就是不该找我当证婚人，希望不要再有下回了。”

在婚礼现场，他的证婚词是：“我来是为了讲几句不中听的话，好让社会上知道这样的恶例不足取法，更不值得鼓励——

“徐志摩，你这个人性情浮躁，以至于学无所成，做学问不成，做人更是失败，你离婚再娶就是用情不专的证明！

“陆小曼，你和徐志摩都是过来人，我希望从今以后你能恪遵妇道，检讨自己的个性和行为，离婚再婚都是你们性格的过失所造成的，希望你们不要一错再错自误误人。

“不要以自私自利作为行事的准则，不要以荒唐和享乐作为人生追求的目的，不要再把婚姻当作是儿戏，以为高兴可以结婚，不高兴可以离婚，让父母汗颜，让朋友不齿，让社会看笑话！

“总之，我希望这是你们两个人这一辈子最后一次结婚！这就是我对你们的祝贺！我说完了！”

案例点评

梁启超当时对爱徒徐志摩的离异和再婚打心底里不赞同，但徐志摩和陆小曼冲破各种阻力而结合已成事实，他的证婚在这一场景下属于下行沟通与礼仪，他不得不以明确的言辞表明自己的态度，他的议事就事论事，针对当事人徐志摩和陆小曼，说给参加婚礼的人，表明了他对徐志摩和陆小曼婚姻的态度，也表达了对徐志摩的希望，语义明晰，态度明朗。在这个场景下，心里对徐、陆婚礼持赞成或反对态度的来宾都会觉得痛快淋漓，彰显了梁启超坦荡真诚的君子风范和仁厚有德的师长风度。

案例阅读2

宝钗如何向黛玉提尴尬事　议如何做大家闺秀

且说宝钗等吃过早饭，又往贾母处问过安，回园至分路之处，宝钗便叫黛玉道："颦儿跟我来，有一句话问你。"黛玉便同了宝钗，来至蘅芜苑中。进了房，宝钗便坐了笑道："你跪下，我要审你。"黛玉不解何故，因笑道："你瞧宝丫头疯了，审问我什么？"宝钗冷笑道："好个千金小姐，好个不出闺门的女孩儿，满嘴说的是什么？你只实说便罢。"黛玉不解，只管发笑，心里也不免疑惑起来，口里只说："我何曾说什么？你不过要捏我的错儿罢了。你倒说出来我听听。"宝钗笑道："你还装憨儿。昨儿行酒令你说的是什么？我竟不知那里来的。"黛玉一想，方想起来昨儿失于检点，那《牡丹亭》《西厢记》说了两句，不觉红了脸，便上来搂着宝钗，笑道："好姐姐，原是我不知道随口说的。你教给我，再不说了。"宝钗笑道："我也不知道，听你说的怪生的，所以请教你。"黛玉道："好姐姐，你别说与别人，我以后再不说了。"宝钗见他羞得满脸飞红，满口央告，便不肯再往下追问，因拉他坐下吃茶，款款的告诉他道："你当我是谁，我也是个淘气的。从小七八岁上也够个人缠的。我们家也算是个读书人家，祖父手里也爱藏书。先时人口多，姊妹弟兄都在一处，都怕看正经书。弟兄们也有爱诗的，也有爱词的，诸如这些'西厢''琵琶'以及'元人百种'，无所不有。他们是偷背着我们看，我们却也偷背着他们看。后来大人知道了，打的打，骂的骂，烧的烧，才丢开了。所以咱们女孩儿家不认得字的倒好。男人们读书不明理，尚且不如不读书的好，何况你我。就连作诗写字等事，原不是你我分内之事，究竟也不是男人分内之事。男人们读书明理，辅国治民，这便好了。只是如今并不听见有这样的人，读了书倒更坏了。这是书误了他，可惜他也把书糟踏了，所以竟不如耕种买卖，倒没有什么大害处。你我只该做些针黹纺织的事才是，偏又认得了字，既认得了字，不过拣那正经的看也罢了，最怕见了些杂书，移了性情，就不可救了。"一席话，说的黛玉垂头吃茶，心下暗伏，只有答应"是"的一字。

案例点评

《红楼梦》中刘姥姥进大观园有个行酒令的场景，林黛玉的行酒令里有来自《牡丹亭》和《西厢记》的“良辰美酒奈何天”“纱窗也没有红娘报”“双瞻玉座引朝仪”三句。薛宝钗与黛玉相距很近，她机警地发现了黛玉行酒令中的不妥之处，热闹之中好像没有其他人知晓，因此她没有声张，但话已出口并敏感多疑的黛玉可能也疑心到了宝钗，怎样尽早打消黛玉的疑虑，并表达一下自己的建议呢？必须在无人知晓的时间、地点和黛玉“议事”。

第二日，黛玉和宝钗等人照例去给贾母请安，回来分手之时，宝钗叫住黛玉：“颦儿跟我来，有一句话问你。”称呼黛玉小名，提事又很有悬念，因为此事非同小可，宝钗要确保万无一失不被第三人听到。到了宝钗闺房，宝钗没有采用平行沟通与礼仪的直接议事方式，故意采用了下行沟通与礼仪的方式：“你跪下，我要审你。”黛玉欲拉回到平行沟通，笑道：“你瞧宝丫头疯了，审问我什么？”宝钗考虑到黛玉的面子，旁敲侧击，冷笑道：“好个千金小姐，好个不出闺门的女孩儿，满嘴说的什么？你只实说便罢。”

黛玉何等聪明，这等“罪责”，若是宝钗说出后就与自己“同罪”了。“我何曾说什么？你不过要捏我的错儿罢了。你倒说出来我听听。”宝钗没有跳进黛玉的“坑儿”，点到为止又让黛玉退无可退：“你还装憨儿。昨儿行酒令你说的是什么？我竟不知那里来的。”黛玉不觉红了脸，便上来搂着宝钗，笑道：“好姐姐，原是我不知道随口说的。你教给我，再不说了。”再次给宝钗挖坑儿，宝钗并不上当，笑道：“我也不知道，听你说的怪生的，所以请教你。”黛玉完全被征服，只好再次求情：“好姐姐，你别说与别人，我以后再不说了。”至此，为了避免黛玉尴尬，同时表示确实是出于对黛玉的关心，宝钗转而说到了家里曾经藏书很多，自己也曾经接触一些禁书，但很快丢开了，并诚恳劝说黛玉别看杂书以免移了性情。宝钗很巧妙地用了化解对方尴尬的技巧，就是和对方一起尴尬，自然而然地达到了沟通与礼仪的目的。

场景式实践训练与评估

时至夏末秋初，天气有了凉意，办公室靠窗坐的小肖把窗户打开后就忙起了自己的事情，但其他人却被窗外的风吹得静不下心。说说在该场景下适合选择下面哪种“提事”“议事”的策略和方法去提醒小肖关一下窗户，为什么？

A. “小肖，怎么突然这么冷，是不是办公室的空调出问题了？”

B. “小肖，今天怎么这么冷，办公室的空调打不开了吗？”

C. “小肖，今天还是蛮冷的，当心着凉啊！”

D. “办公室的空气确实有点不好，应该开开窗户透透气。不过，小肖，今天蛮冷的，你靠窗坐，当心着凉。”

E. “小肖，窗户是否可以开小点?”

评价表

总分：

选择准确恰当（30分）	分析有针对性和启发性（70分）			
评语	自我评价		学员签名	
	同伴评价		同伴签名	
	教师评价		教师签名	

阅读链接

曹雪芹．红楼梦．北京：人民文学出版社，1990.

任务四　结束

重难点：该任务中思想文化教育的落实；如何使人际沟通巧妙有效地结束

无论是从理论上还是实践上看，人际沟通都应当是有始有终的过程，有效的结束是实现人际沟通有效性的重要一步。草草结束，虚晃一枪，都是用心不够的表现。人际沟通的结束包括直接结束和间接结束。直接结束就是直接将议事的主旨和要点用结束的方式强调一遍，提醒对方别忘了，一般用于平行沟通与礼仪中；间接结束是指委婉含蓄地强调议事的主旨和要点，让对方心领神会并能够重视，一般用于上行沟通与礼仪中。

结束时常用的话术包括：“就这么说定了啊!”“今天认识您收获很大!”“今天我们交流得很愉快，后面一定要按时间推进落实。”“非常感谢!”“略备了一点薄礼，还请笑纳!”“顺便给您带了点小礼品，还望您能收下!”等等。

案例阅读1

晁盖的仗义尺度和礼仪高度

《水浒传》第十九回，林冲火拼了王伦，推举晁盖和吴用等坐上了前三把交椅，一切停当后，众人开始议事：

晁盖道：“我等今日初到山寨，当初只指望逃灾避难，投托王伦帐下为一小头目。多感林教头贤弟推让我为尊，不想连得了两场喜事。第一赢得官军，收得许多人马船只，捉了黄安。二乃又得了若干财物金银。此不是皆托众兄弟才能?”众头领道：“皆托得大哥哥的福荫，以此得采。”晁盖再与吴用道：“俺们弟兄七人的性命，皆出于宋押司、朱都头两个。古人道：‘知恩不报，非为人也。’今日富贵安乐，从何而来?早晚将些金银，可使人亲到郓城县走一遭。此是第一件要紧的事务。再有白胜陷在济州大牢里，我们必须要去救他出来。”吴用道：“兄长不必忧心，小生自有刮划。宋押司是个仁义之人，紧地不望我们酬谢。虽然如此，礼不可缺，早晚待山寨略安，必用一个兄弟自去。白胜的事，可教陌生人去那里使钱，买上嘱下，松宽他，便可脱身。我等且商量屯粮造船，制办军器，安排寨栅城垣，添造房屋，整顿衣袍铠甲，打造枪刀弓箭；防备迎敌官军。”晁盖道：“既然如此，全仗军师妙策指教。”

案例点评

林冲火拼了王伦，晁盖和吴用等妥妥地做了梁山寨主，一切停当后，晁盖和吴用等头目开始商议山寨安定和发展大业，一番“大哥”“兄长”“众兄弟”的称呼之后，大哥晁盖负责提事和议事：晁盖先感谢林教头，总结两件大喜事鼓舞人心，提起最近要办理的两件要紧的事务是感恩宋江和搭救同伙白胜。这里虽然显示了晁盖的仗义，但作为首领大哥，应该以整个梁山水泊的长治久安为重，不能仅考虑个人或少数人的恩怨，军师吴用首先对晁盖的提事和议事表达称赞和认可，并提出了当务之急是保障安全，备战官军，晁盖作为新任的山寨之主，虽然雄心壮志和运筹帷幄明显不足，却宽宏大量有余，议事结束后他强调和补充说：“既然如此，全仗军师妙策指教。”他的结束语表现出了他对商议结果的赞许、认可和对兄弟的信任。

案例阅读2

触龙说赵太后

赵太后新用事，秦急攻之。赵氏求救于齐，齐曰：“必以长安君为质，兵乃出。”太后不肯，大臣强谏。太后明谓左右：“有复言令长安君为质者，老妇必唾其面。”

左师触龙言：愿见太后。太后盛气而揖之。入而徐趋，至而自谢，曰：“老臣病足，曾不能疾走，不得见久矣。窃自恕，而恐太后玉体之有所郄也，故愿望见太后。”太后曰：“老妇恃辇而行。”曰：“日食饮得无衰乎？”曰：“恃粥耳。”曰：“老臣今者殊不欲食，乃自强步，日三四里，少益耆食，和于身。”太后曰：“老妇不能。”太后之色少解。

左师公曰：“老臣贱息舒祺，最少，不肖；而臣衰，窃爱怜之。愿令得补黑衣之数，以卫王宫。没死以闻。”太后曰：“敬诺。年几何矣？”对曰：“十五岁矣。虽少，愿及未填沟壑而托之。”太后曰：“丈夫亦爱怜其少子乎？”对曰：“甚于妇人。”太后笑曰：“妇人异甚。”对曰：“老臣窃以为媪之爱燕后贤于长安君。”曰：“君过矣！不若长安君之甚。”左师公曰：“父母之爱子，则为之计深远。媪之送燕后也，持其踵，为之泣，念悲其远也，亦哀之矣。已行，非弗思也，祭祀必祝之，祝曰：‘必勿使反。’岂非计久长，有子孙相继为王也哉？”太后曰：“然。”

左师公曰："今三世以前，至于赵之为赵，赵王之子孙侯者，其继有在者乎？"曰："无有。"曰："微独赵，诸侯有在者乎？"曰："老妇不闻也。""此其近者祸及身，远者及其子孙。岂人主之子孙则必不善哉？位尊而无功，奉厚而无劳，而挟重器多也。今媪尊长安君之位，而封之以膏腴之地，多予之重器，而不及今令有功于国，一旦山陵崩，长安君何以自托于赵？老臣以媪为长安君计短也，故以为其爱不若燕后。"太后曰："诺，恣君之所使之。"

于是为长安君约车百乘，质于齐，齐兵乃出。

案例点评

从人际沟通与礼仪四程序的视角看《战国策》经典名篇《触龙说赵太后》，触龙与赵太后的沟通千回百折，委婉含蓄，让本来固执己见的赵太后自然而然地听从了自己的劝说，达到了沟通的目标和效果。触龙以自己小儿子求职之事提事，诱导赵太后与他谈论儿女的教育和发展问题，采用"设彀"的修辞手法，婉转其词，赵太后在不知不觉中已完全"进入"了触龙所设的彀中。一声爽朗的"然"，就说明她已经完全接受了"父母之爱子，则为之计深远"的道理。触龙的谏说直到结束也没有直白提及让长安君出质齐国以救赵国，倒是太后情不自禁地说出了"诺，恣君之所使之"（老妇明白了，就依您的意思执行吧）这句结束语。于是，双方心照不宣，达成默契，丝毫不显尴尬。其实，触龙说赵太后也是上行沟通与礼仪的经典案例。

场景式实践训练与评估

举例说说在人际沟通中，你在恰当地称呼、巧妙地提事、有理有据地议事等程序后，因为用了精彩有效的结束而圆满完成了沟通的目标，或者因为结束不佳而留下遗憾的场景，并分析其原因。

评价表

总分：

<table>
<tr><th>所举场景案例准确恰当（50分）</th><th colspan="3">分析准确到位，表述精彩完整（50分）</th></tr>
<tr><td rowspan="3">评语</td><td>自我评价</td><td></td><td>学员签名</td></tr>
<tr><td>同伴评价</td><td></td><td>同伴签名</td></tr>
<tr><td>教师评价</td><td></td><td>教师签名</td></tr>
</table>

阅读链接

1. 施耐庵，罗贯中．水浒传．北京：人民文学出版社，1990.

2. 刘向．战国策．南京：南京大学出版社，2019.

项目场景式综合实践活动

1. 实训内容：在影视作品或其他节目中查找并剪辑3分钟左右包含人际沟通与礼仪四程序（任一程序即可）的典型视频案例；拍摄2分钟小组点评视频，点评者出镜拍摄，能准确运用沟通与礼仪四程序，注意点评方式、形象礼仪和背景和谐，最后合成完整协调的微视频。

2. 实训方式：2～4人为一个小组，协调好小组成员各自的分工和完成任务的进度。

3. 实训成果：小组经过查找、剪辑、文案写作、拍摄、编辑、审核完成微视频成果，并按照时间要求上传至职教云平台。

项目四　人际沟通与礼仪四要素

关键词：角色定位；选择时机；创设场景；调节心境

良好的人际沟通不仅要准确把握自己在场景中的角色，同时需要准确掌握沟通对象角色的准确信息，然后根据角色定位，确定合适的时间并创设适宜的空间。比如一个内部小型月计划会议，适合月初在小型圆桌会议室召开，如果是多单位参加的重要会议，则要注意会议室的安排，如标语、桌签、座次、签到和接待等；再比如去拜访和会谈，应先了解对方近况如何，约定好时间，准备好拜访和会谈的场景和礼品，做到在合适的时间、合适的地点与合适的人沟通。外在的天时、地利、人和协调好后，调节好内在的心境，人际沟通就大多无往不胜，马到成功。

任务一　角色定位

重难点：该任务中思想文化教育的落实；在人际沟通中怎样做到角色准确定位，有所为而有所不为

子曰："可与言而不与言，失人。不可与言而与之言，失言。知者不失人，亦不失言。"（《论语·卫灵公》）孔子此言明确了在人际交往中首先要判明对象角色，看是否需要或能够与对方进行沟通，其次再考虑怎样和对方进行沟通。

人都是有社会角色的，人际沟通与礼仪中的"角色"是指具有特定身份、地位、职业、文化、爱好和性格的具体的人。人在不同的阶段、不同的场景，面对不同的对象，展现的是不同的角色，所以在人际沟通中要知晓自己的角色，认清对方的角色，摆正位置，面面俱到，才能无往不胜。

在人际沟通中，能够和敢于表达清楚思想、观点、情感、意愿不是难事和最佳境界，最难以达到的境界是认清对方角色，让对方欣然接受你表达的思想、观点、情感和意愿。

对沟通的对象角色定位准确，才能用心考虑表达什么、在什么时间和什么场景表达、以什么方式表达、表达结果会怎样等，否则就会对牛弹琴，鸡同鸭讲。

案例阅读1

长孙皇后劝谏唐太宗

有一次，当着文武百官的面，魏徵把李世民惹火了。李世民登时面红耳赤，只是不好当众发作，是他自己让大臣"事有得失，毋惜尽言"的，如果当堂发作，岂不是自打

耳光？可是一退朝回到后宫，他再也控制不了自己，火气立刻就爆发了。他大声嚷嚷着总有一天要杀死魏徵。长孙皇后心里一惊，忙问要杀谁？李世民气呼呼地说："魏徵这个混蛋，总在朝廷当着众人的面羞辱我。"长孙皇后太了解自己的丈夫了，火气一旦发作，人脑袋的去留还不是眨眼之间的事。她什么话也没有说，只是悄悄退入后室。过了一会儿，又穿上庄严肃穆的朝服出来了。唐朝有规定：皇后穿朝服表示有受封、祭祀、朝会等隆重活动。太宗一见皇后这身打扮，有点发蒙，忙问缘由。长孙皇后回答说："我听说君主圣明，臣子们就忠诚。现在陛下圣明，所以魏徵能够直言劝告。我因能在您这圣明之君的后宫而感到庆幸，怎么能不向您祝贺呢？"唐太宗一听这话，马上明白了长孙皇后的用意，怒火一下子就熄灭了。

（资料来源：赵威．帝王之妻的标杆人物长孙皇后．学习时报，2019：4.）

案例点评

唐太宗是中国历史上少有的雄才大略的皇帝，他倡导兼听则明，广开言路。因为有他这样的明君，才会有魏徵那样的贤臣。魏徵性情耿直，屡次直言相谏，李世民感觉丢了面子而心中恼怒，扬言要杀了他。非常贤能的长孙皇后知道这不仅人命关天，更关乎皇帝的声誉和国家的正确方向。在封建专制社会，君臣关系是首要关系，她非常清楚唐太宗和自己的夫妻关系是第二位的，君臣关系才是第一位的。于是她采取了"设彀"的方法，在后宫穿上庄严肃穆的朝服，引得唐太宗问她缘由，然后她把提事、议事婉转地表达出来，避免了女人干政的嫌疑，巧妙地救了忠心耿直的魏徵。长孙皇后在重大事情上对自己的角色和身为皇帝的丈夫的角色定位清晰准确，既取得了良好的沟通成效，也赢得了唐太宗对她的尊敬。

案例阅读2

诸葛亮舌战群儒

《三国演义》中，曹操一路挥师南下，孙刘联盟抗曹，最终力挽狂澜。而在双方联盟之前，诸葛亮在劝说孙权联合抗曹时却遭到了东吴诸谋士的责难：

（鲁肃）次日至馆驿中见孔明，又嘱曰："今见我主，切不可言曹操兵多。"孔明笑曰："亮自见机而变，决不有误。"肃乃引孔明至幕下。早见张昭、顾雍等一班文武二十余人，峨冠博带，整衣端坐。孔明逐一相见，各问姓名。施礼已毕，坐于客位。张昭等见孔明丰神飘洒，器宇轩昂，料到此人必来游说。张昭先以言挑之曰："昭乃江东微末之士，久闻先生高卧隆中，自比管、乐。此语果有之乎？"孔明曰："此亮平生小可之比也。"昭曰："近闻刘豫州三顾先生于草庐之中，幸得先生，以为如鱼得水，思欲席卷荆襄。今一旦以属曹操，未审是何主见？"孔明自思张昭乃孙权手下第一个谋士，若不先难倒他，如何说得孙权，遂答曰："吾观取汉上之地，易如反掌。我主刘豫州躬行仁义，不忍夺同宗之基业，故力辞之。刘琮孺子，听信佞言，暗自投降，致使曹操得以猖獗。今我主屯兵江夏，别有良图，非等闲可知也。"昭曰："若此，是先生言行相违也。先生自比管、乐，管仲相桓公，霸诸侯，一匡天下，乐毅扶持微弱之燕，下齐七十余城：此二人者，真济世之才也。先生在草庐之中，但笑傲风月，抱膝危坐。今既从事刘豫州，当为生灵兴利除害，剿灭乱贼。且刘豫州未得先生之前，尚且纵横寰宇，割据城池，今得先生，人皆仰望。虽三尺童蒙，亦谓彪虎生翼，将见汉室复兴，曹氏即灭矣。朝廷旧臣，山林隐士，无不拭目以待：以为拂高天之云翳，仰日月之光辉，拯民于水火之中，措天下于衽席之上，在此时也。何先生自归豫州，曹兵一出，弃甲抛戈，望风而窜；上不能报刘表以安庶民，下不能辅孤子而据疆土，乃弃新野，走樊城，败当阳，奔夏口，无容身之地：是豫州既得先生之后，反不如其初也。管仲、乐毅，果如是乎？愚直之言，幸勿见怪。"孔明听罢，哑然而笑曰："鹏飞万里，其志岂群鸟能识哉？譬如人染沉疴，当先用糜粥以饮之，和药以服之，待其腑脏调和，形体渐安，然后用肉食以补之，猛药以治之：则病根尽去，人得全生也。若不待气脉和缓，便投以猛药厚味，欲求安保，诚为难矣。吾主刘豫州，向日军败于汝南，寄迹刘表，兵不满千，将止关、张、赵云而已：此正如病势尪羸已极之时也，新野山僻小县，人民稀少，粮食鲜薄，豫州不过暂借以容身，岂真将坐守于此耶？夫以甲兵不完，城郭不固，军不经练，粮不继日，然而博望烧屯，白河用水，使夏侯惇、曹仁辈心惊胆裂：窃谓管仲、乐毅之用兵，未必过此。至于刘琮降操，豫州实出不知，且又不忍乘乱夺同宗之基业，此真大仁大义也。当阳之败，豫州见有数十万赴义之民，扶老携幼相随，不忍弃之，日行十里，不思进取江陵，甘与同败，此亦大仁大义也。寡不敌众，胜负乃其常事。昔高皇数败于项羽，而垓下一战成功，此非韩信之良谋乎？夫信久事高皇，未尝累胜。盖国家大计，社稷安危，是有主谋。非比夸辩之徒，虚誉欺人：坐议立谈，无人可及，临机应变，百无一能。诚为天下笑耳。"这一篇言语，说得张昭并无一言回答。

座上忽一人抗声问曰："今曹公兵屯百万，将列千员，龙骧虎视，平吞江夏，公以为何如？"孔明视之，乃虞翻也。孔明曰："曹操收袁绍蚁聚之兵，劫刘表乌合之众，虽数百万不足惧也。"虞翻冷笑曰："军败于当阳，计穷于夏口，区区求救于人，而犹言'不惧'，此真大言欺人也。"孔明曰："刘豫州以数千仁义之师，安能敌百万残暴之众？退守夏口，所以待时也。今江东兵精粮足，且有长江之险，犹欲使其主屈膝降贼，不顾天下耻笑。由此论之，刘豫州真不惧操贼者矣。"虞翻不能对。

座间又一人问曰："孔明欲效仪、秦之舌，游说东吴耶？"孔明视之，乃步骘也。孔明曰："步子山以苏秦张仪为辩士，不知苏秦、张仪亦豪杰也。苏秦佩六国相印，张仪两次相秦，皆有匡扶人国之谋，非比畏强凌弱，惧刀避剑之人也。君等闻曹操虚发诈伪之词，便畏惧请降，敢笑苏秦、张仪乎?”步骘默然无语。忽一人问曰：“孔明以曹操何如人也?”孔明视其人，乃薛综也。孔明答曰：“曹操乃汉贼也，又何必问?”综曰：“公言差矣。汉传世至今，天数将终。今曹公已有天下三分之二，人皆归心。刘豫州不识天时，强欲与争，正如以卵击石，安得不败乎?”孔明厉声曰：“薛敬文安得出此无父无君之言乎！夫人生天地间，以忠孝为立身之本。公既为汉臣，则见有不臣之人，当誓共戮之：臣之道也。今曹操祖宗叨食汉禄，不思报效，反怀篡逆之心，天下之所共愤，公乃以天数归之，真无父无君之人也！不足与语，请勿复言。”薛综满面羞惭，不能对答。座上又一人应声问曰：“曹操虽挟天子以令诸侯，犹是相国曹参之后。刘豫州虽云中山靖王苗裔，却无可稽考，眼见只是织席贩屦之夫耳，何足与曹操抗衡哉。”孔明视之，乃陆绩也。孔明笑曰：“公非袁术座间怀桔之陆郎乎？请安坐，听吾一言：曹操既为曹相国之后，则世为汉臣矣，今乃专权肆横，欺凌君父，是不惟无君，亦且蔑祖，不惟汉室之乱臣，亦曹氏之贼子也。刘豫州堂堂帝胄，当今皇帝，按谱赐爵，何云无可稽考？且高祖起身亭长，而终有天下，织席贩屦，又何足为辱乎？公小儿之见，不足与高士共语!”陆绩语塞。

座上一人忽曰：“孔明所言，皆强词夺理，均非正论，不必再言。且请问孔明治何经典?”孔明视之，乃严畯也。孔明曰：“寻章摘句，世之腐儒也，何能兴邦立事？且古耕莘伊尹，钓渭子牙，张良、陈平之流，邓禹、耿弇之辈，皆有匡扶宇宙之才，未审其生平治何经典。岂亦效书生，区区于笔砚之间，数黑论黄，舞文弄墨而已乎?”严畯低头丧气而不能对。

忽又一人大声曰：“公好为大言，未必真有实学，恐适为儒者所笑耳。”孔明视其人，乃汝南程德枢也。孔明答曰：“儒有君子小人之别。君子之儒，忠君爱国，守正恶邪，务使泽及当时，名留后世。若夫小人之儒，惟务雕虫，专工翰墨，青春作赋，皓首穷经，笔下虽有千言，胸中实无一策。且如杨雄以文章名世，而屈身事莽，不免投阁而死，此所谓小人之儒也，虽日赋万言，亦何取哉。”程德枢不能对。众人见孔明对答如流，尽皆失色。时座上张温、骆统二人，又欲问难。忽一人自外而入，厉声言曰：“孔明乃当世奇才，君等以唇舌相难，非敬客之礼也。曹操大军临境，不思退敌之策，乃徒斗口耶。”众视其人，乃零陵人，姓黄，名盖，字公覆，现为东吴粮官。当时黄盖谓孔明曰：“愚闻多言获利，不如默而无言。何不将金石之论为我主言之，乃与众人辩论也?”孔明曰：“诸君不知世务，互相问难，不容不答耳。”于是黄盖与鲁肃引孔明入。

案例点评

刘备一方在生死存亡之际，认识到必须结盟东吴孙权才有喘息之机，于是孔明亲自出使东吴。在说服关键人物孙权和周瑜之前，必须先压制住东吴的主降派。对东吴意见不一的众谋臣，孔明可谓是做足了功课，在当时信息难以通达的情况下，他对东吴君臣各个关键人物的角色了如指掌，所以在和东吴联合抗曹的议事中，才有舌战群儒的佳话。在与东吴众谋臣对话沟通时，孔明或彬彬有礼，或针锋相对，或旁敲侧击，或迎头痛击，对象角色不同，表达的内容和方式也各不一样，大大遏制了东吴主降派的气势。

孔明在与东吴众谋臣的辩论，以及与三军统帅周瑜和霸主孙权的对话中，都做到了角色定位精准，真正做到了游刃有余，针锋相对，不卑不亢，进退适度，攻守犀利、严实而洒脱大度，真乃一场漂亮的各个击破的“舌战”。

场景式实践训练与评估

举例说说你在人际沟通中因为角色定位不精准，造成沟通不畅和尴尬的场景，或因为角色定位准确而使沟通顺利进行的场景和心得体会。

评价表

总分：

所举案例准确恰当（50分）	分析和表述准确精彩（50分）		
评语	自我评价		学员签名
	同伴评价		同伴签名
	教师评价		教师签名

阅读链接

罗贯中．三国演义．北京：人民文学出版社，1990.

任务二　选择时机

重难点：该任务中思想文化教育的落实；理解和运用沟通与礼仪的时机选择

我们常说“机不可失，时不再来”，时机非常重要，各种人际沟通与礼仪的策划和实施也要善于谋求、选择和抓住时机。“选择时机”是指沟通要选择恰如其分的时间节点，时间节点可大可小，大可以是特定的时代背景，小可以是当下的三五分钟。选择的时机恰当，可事半功倍；相反，则费力不讨好。

有些沟通必须选择在此时此刻，有些则必须选择在彼时彼刻；有些可以选择在众人面前，有些则必须选择在私密场合。如果时机选择不当，即使是高妙的沟通也无济于事。孔子就非常重视沟通的时机，例如，子曰：“侍于君子（领导和上司）有三愆（过失）：言未及之而言，谓之躁。言及之而不言，谓之隐。未见颜色而言，谓之瞽（瞎了眼）。”（《论语·季氏》）墨子对沟通时机的选择也是一语中的，认为沟通唯有切合时机才能发挥作用，例如，子禽问曰：“多言有益乎？”墨子曰：“虾蟆蛙蝇，日夜恒

鸣，口干舌擗，然而不听。今观晨鸡，时夜而鸣，天下振动。多言合益？唯其言之时也。”（《墨子·佚文》）

人际沟通与礼仪不是自娱自乐，是有所为而有所不为，为了实现“有为”的目标，必须选择最为恰当的时机，即便是最亲近的人之间的沟通，也要选择恰当的时机才能取得最佳效果。

案例阅读1

杨修之死

操屯兵日久，欲要进兵，又被马超拒守；欲收兵回，又恐被蜀兵耻笑：心中犹豫不决。适庖官进鸡汤。操见碗中有鸡肋，因而有感于怀。正沉吟间，夏侯惇入帐，禀请夜间口号。操随口曰：“鸡肋！鸡肋！”惇传令众官，都称“鸡肋”。

行军主簿杨修，见传“鸡肋”二字，便教随行军士，各收拾行装，准备归程。有人报知夏侯惇。惇大惊，遂请杨修至帐中问曰：“公何收拾行装？”修曰：“以今夜号令，便知魏王不日将退兵归也。鸡肋者，食之无肉，弃之有味。今进不能胜，退恐人笑，在此无益，不如早归：来日魏王必班师矣。故先收拾行装，免得临行慌乱。”夏侯惇曰：“公真知魏王肺腑也！”遂亦收拾行装。于是寨中诸将，无不准备归计。

当夜曹操心乱，不能稳睡，遂手提钢斧，绕寨私行。只见夏侯惇寨内军士，各准备行装。操大惊，急回帐召惇问其故。惇曰：“主簿杨德祖先知大王欲归之意。”操唤杨修问之，修以鸡肋之意对。操大怒曰：“汝怎敢造言，乱我军心！”喝刀斧手推出斩之，将首级号令于辕门外。

原来杨修为人恃才放旷，数犯曹操之忌：操尝造花园一所，造成，操往观之，不置褒贬，只取笔于门上书一“活”字而去。人皆不晓其意。修曰：“‘门’内添‘活’字，乃‘阔’字也。丞相嫌园门阔耳。”于是再筑墙围，改造停当，又请操观之。操大喜，问曰：“谁知吾意？”左右曰：“杨修也。”操虽称美，心甚忌之。

又一日，塞北送酥一盒至。操自写“一合酥”三字于盒上，置之案头。修入见之，竟取匙与众分食讫。操问其故，修答曰：“盒上明书‘一人一口酥’，岂敢违丞相之命乎？”操虽喜笑，而心恶之。

操恐人暗中谋害己身，常分付左右：“吾梦中好杀人，凡吾睡着，汝等切勿近前。”一日，昼寝帐中，落被于地，一近侍慌取覆盖。操跃起拔剑斩之，复上床睡。半晌而起，佯惊问：“何人杀吾近侍？”众以实对。操痛哭，命厚葬之。人皆以为操果梦中杀人，惟修知其意，临葬时指而叹曰：“丞相非在梦中，君乃在梦中耳。”操闻而愈恶之。

操第三子曹植，爱修之才，常邀修谈论，终夜不息。操与众商议，欲立植为世子。曹丕知之，密请朝歌长吴质入内府商议，因恐有人知觉，乃用大簏藏吴质于中，只说是绢匹在内，载入府中。修知其事，径来告操。操令人于丕府门伺察之。丕慌告吴质。质曰："无忧也。明日用大簏装绢，再入以惑之。"丕如其言，以大簏载绢入。使者搜看簏中，果绢也，回报曹操。操因疑修害曹丕，愈恶之。

操欲试曹丕、曹植之才干。一日，令各出邺城门，却密使人分付门吏，令勿放出。曹丕先至，门吏阻之，丕只得退回。植闻之，问于修。修曰："君奉王命而出，如有阻当者，竟斩之可也。"植然其言。及至门，门吏阻住。植叱曰："吾奉王命，谁敢阻当。"立斩之。于是曹操以植为能。后有人告操曰："此乃杨修之所教也。"操大怒，因此亦不喜植。

修又尝为曹植作答教十余条。但操有问，植即依条答之。操每以军国之事问植，植对答如流。操心中甚疑。后曹丕暗买植左右，偷答教来告操。操见了大怒曰："匹夫安敢欺我耶。"此时已有杀修之心，今乃借惑乱军心之罪杀之。修死年三十四岁。

案例点评

曹操能够成功的原因之一在于他深知人才的重要性，也清楚自己当年不如争霸各方豪杰的背景、资历、地位和实力，因此他以宽容之心、真挚的沟通、诚挚的礼仪笼络了各路人才。易中天先生说，曹操招揽人才，能帮忙的最好，帮凶、帮腔，哪怕帮闲的也不拒之门外，有才的、有名的，哪怕徒有虚名的都来者不拒。所以三国鼎立之时，曹操手下良将谋臣最多，智谋超人者不乏其人，这些人才中，在人际沟通与礼仪方面做到恰如其分者比比皆是。可也有在这方面犯错误的，不当言而言之，在不恰当的时机进行不合时宜的沟通，杨修就是一个典型的例子。论出身、人品、才学、智谋等，杨修绝对是曹操众多谋士中的佼佼者，他在曹操身边工作，自然对曹操的脾气秉性等都很熟悉。曹操本来深爱其人其才，但杨修无视曹操对他一再的宽容，无视曹操的权威和忌讳，更是在曹操吃了败仗，幽愤之际，一而再再而三地不论时机发表不合时宜的任性言论，让曹操尴尬难堪，忍无可忍。

杨修不考虑自己作为曹操贴身谋士的角色和一些敏感的时机，不但不谨言慎行，反而卖弄自己的才智，以致丢了性命。

案例阅读2

宝钗小惠全大体

话说贾府的管家人王熙凤生病在家，无法管理贾府一大摊子的事情了。王夫人临时组建了由宝钗、探春和李纨三人组成的管家小组，在种种改革事宜商定并逐步落实后，薛宝钗在推进工作时多方考虑和斡旋，善于和老婆子们进行沟通，讲礼仪，得到了很多婆子的尊重。在大家都满意的情况下，宝钗不失时机地和大家说笑道：

“妈妈们也别推辞了，这原是分内应当的。你们只要日夜辛苦些，别躲懒纵放人吃酒赌钱就是了。不然，我也不该管这事，你们一般听见，姨娘亲口嘱托我三五回，说大奶奶如今又不得闲儿，别的姑娘又小，托我照看照看。我若不依，分明是叫姨娘操心。你们奶奶又多病多痛，家务也忙。我原是个闲人，便是个街坊邻居，也要帮着些，何况是亲姨娘托我。我免不得去小就大，讲不起众人嫌我。倘或我只顾了小分沽名钓誉，那时酒醉赌博生出事来，我怎么见姨娘？你们那时后悔也迟了，就连你们素日的老脸也都丢了。这些姑娘小姐们，这么一所大花园，都是你们照看，皆因看得你们是三四代的老妈妈，最是循规遵矩的，原该大家齐心，顾些体统。你们反纵放别人任意吃酒赌博，姨娘听见了，教训一场犹可，倘若被那几个管家娘子听见了，他们也不用回姨娘，竟教导你们一番。你们这年老的反受了年小的教训，虽是他们是管家。管的着你们，何如自己存些体统，他们如何得来作践。所以我如今替你们想出这个额外的进益来，也为大家齐心把这园里周全的谨谨慎慎，使那些有权执事的看见这般严肃谨慎，且不用他们操心，他们心里岂不敬伏。也不枉替你们筹画进益，既能夺他们之权，生你们之利，岂不能行无为之治，分他们之忧。你们去细想想这话。”

家人都欢声鼎沸说：“姑娘说的很是。从此姑娘奶奶只管放心，姑娘奶奶这样疼顾我们，我们再要不体上情，天地也不容了。”

案例点评

宝钗在贾府婆子们对她们的改革都没有异议后，不失时机地对后面要完全落实和完成改革任务的婆子们做了动员式的沟通与礼仪表达。她没有声明自己的权力和重复那些严厉的处罚措施，“姨娘亲口嘱托我三五回”“我若不依，分明是叫姨娘操心”“何况是亲姨娘托我。我免不得去小就大，讲不起众人嫌我。倘或我只顾了小分沽名钓誉，那时酒醉赌博生出事来，我怎么见姨娘？你们那时后悔也迟了，就连你们素日的老脸也都丢了”。宝钗这几句话态度明确：你们不负我那就是不负我亲姨娘。婆子们十分看重自己的利益和脸面，面对这些上了年纪的老婆子们，宝钗礼仪到位：“这些姑娘小姐们，这么一所大花园，都是你们照看，皆因看得你们是三四代的老妈妈，最是循规遵矩的，原该大家齐心，顾些体统。”如果谁不谨慎行事，出了问题由年轻小辈来处罚，“何如自己存些体统，他们如何得来作践”。她特别选择这个大家认同改革的时机，说服婆子们努力工作就是为了赢得尊重、获得利益、知恩图报：“所以我如今替你们想出这个额外的进益来，也为大家齐心把这园里周全的谨谨慎慎，使那些有权执事的看见这般严肃谨慎，且不用他们操心，他们心里岂不敬伏。也不枉替你们筹画进益，既能夺他们之权，生你们之利，岂不能行无为之治，分他们之忧。你们去细想想这话。”宝钗这番话，审时度势，顾全大局，让婆子们心服口服。

场景式实践训练与评估

如果你是公司新员工培训师，近期需要以“新员工把握沟通时机的要点和规则”为专题对新员工进行培训，请你列出专题培训提纲，并以培训师的角色和大家分享。

评价表

总分：

角色体验到位（40分）	列出和分享的事项全面、准确、切合实际（60分）		
评语	自我评价		学员签名
	同伴评价		同伴签名
	教师评价		教师签名

阅读链接

1. 罗贯中．三国演义．北京：人民文学出版社，1990.
2. 曹雪芹．红楼梦．北京：人民文学出版社，1990.

任务三　创设场景

重难点：该任务中思想文化教育的落实；顾及场景，能在固有的场景中有所作为，发挥场景的主观能动性，更有效地进行沟通

古圣先贤对人际沟通与礼仪的场景（场合和场面）都有清醒而深刻的认识，例如，“邦有道，危言危行；邦无道，危行言孙”（《论语·宪问》）道出了孔子对沟通与礼仪场景的清醒的现实主义人生态度，显示出他处世的老到，知晓什么场景说什么话。场景是客观存在的，同时又具有一定的主观能动性，沟通者可以创设有利于双方沟通活动的场景，舍弃不利的场景，还可以选择场景中有利的方面，同时协调不利的方面。

沟通的场景可大可小，大可以指一个国家和时代，小可以指某一个空间、座次和时间点。我国清代实行文字狱，难以广开言路，畅所欲言，整个时代场景使人们不得不谨言慎行。移动互联网时代，网红主播或设置原生态的农家小院或设置商业柜台等场景，通过轻松自如的主播沟通，斩获百万粉丝。

场景影响着沟通双方的情绪、心理和思路，适宜的场景能让沟通更加顺畅，而不恰当的场景可能会让沟通受阻。不管沟通什么，不管以什么样的媒体方式进行沟通，必须注意场景。有些沟通可以在大庭广众之下进行，有些则必须另寻私密些的场景。有些人不知晓看场景沟通、分场合说话，以致沟通与礼仪不得体，人际关系不通畅，影响个人发展。

沟通的场景是客观与主观融合而成的。对于沟通场景，主动积极地作为非常重要。比如召开什么样的会谈和会议就要设置什么样的会场，否则会影响会谈和会议的效果。办公环境管理就要求营造有利于和谐沟通的办公环境，现在很多企业的办公环境敞亮又透明、平等又个性、随性又有序，就是为了便于公司内外的沟通交往。

案例阅读1

扁鹊见蔡桓公

扁鹊见蔡桓公，立有间。扁鹊曰："君有疾在腠理，不治将恐深。"桓侯曰："寡人无疾。"扁鹊出，桓侯曰："医之好治不病以为功。"居十日，扁鹊复见，曰："君之病在肌肤，不治将益深。"桓侯不应。扁鹊出，桓侯又不悦。居十日，扁鹊复见，曰："君之病在肠胃，不治将益深。"桓侯又不应。扁鹊出，桓侯又不悦。居十日，扁鹊望桓侯而还走。桓侯故使人问之，扁鹊曰："疾在腠理，汤熨之所及也；在肌肤，针石之所及也；在肠胃，火齐之所及也；在骨髓，司命之所属，无奈何也。今在骨髓，臣是以无请也。"居五日，桓侯体痛，使人索扁鹊，已逃秦矣。桓侯遂死。

案例点评

讳疾忌医肯定是不好的，但就人际沟通场景来说，扁鹊见蔡桓公面色不佳有意提醒，却没有注意一国之君的面子和场景，不是蔡桓公到他的诊所求诊，而是扁鹊在公共场合偶然见到蔡桓公，在众人当前的场景下，近似诅咒地见面就说蔡桓公有病，不治就会严重。扁鹊没有招致杀头之祸已算是幸运。扁鹊医术高超，责任感强，如果可以委婉地提醒蔡桓公，也许更能体现一代名医的全面能力。

如果出现像蔡桓公那样反应冷淡、没有兴趣、心不在焉等冷场的现象，可以转换话题，说说对方感兴趣的内容，比如扁鹊可以和蔡桓公先谈谈养生和长寿的话题，或者以幽默的话语、神态、动作、语调调整对方情绪，然后再导入病情方面的沟通。

案例阅读2

曹操割发代首

《三国演义》中曹操曾号令部队不得损坏百姓庄稼：

官军经过麦田，皆下马以手扶麦，递相传送而过，并不敢践踏。操乘马正行，忽田中惊起一鸠。那马眼生，窜入麦中，践坏了一大块麦田。操随呼行军主簿，拟议自己践麦之罪。主簿曰："丞相岂可议罪？"操曰："吾自制法，吾自犯之，何以服众？"即掣所佩之剑欲自刎。众急救住。郭嘉曰："古者《春秋》之义：法不加于尊。丞相总统大军，岂可自戕？"操沉吟良久，乃曰："既《春秋》有法不加于尊之义，吾姑免死。"乃以剑割自己之发，掷于地曰："割发权代首。"

案例点评

曹操对郭嘉的信任堪比刘备对孔明。面对曹操定下的"严法"和曹操自己首先犯了"严法"的尴尬场景，曹操手下主簿说的"丞相岂可议罪?"这个理由显然不适合"自定严法"、犯法事实的尴尬场景，没有给曹操摆脱难堪和困境的沟通平台和高度。高明的郭嘉毫不否定和纠缠于曹操有"罪"和犯法的事实，而是将沟通重点放在怎样让曹操有台阶下。面对这样尴尬的场景，他引经据典，结合当下需要，将剑拔弩张的生死问题变成了罚与不罚、如何罚的问题，并迅速把沟通推进到有利于曹操罪不当罚和罪不当诛理论"研讨"的场景，自然让曹操站到了有理有据又合情合理可以免受处罚的高度，同时也能让众人心服口服。曹操割发代首，立即从犯法之人转变为高风亮节、一身正气、以身作则的形象。

场景式实践训练与评估

说说自己印象中因为没有顾忌所处的场景而导致沟通失败和尴尬的事例，同时分享自己印象中因为很注重创设恰如其分的沟通场景而助力自己沟通顺畅的事例，并分析其中的原因。

评价表

总分：

所举案例准确恰当（50分）	分析精彩到位（50分）		
评语	自我评价		学员签名
	同伴评价		同伴签名
	教师评价		教师签名

阅读链接

罗贯中．三国演义．北京：人民文学出版社，1990.

任务四　调节心境

重难点： 该任务中思想文化教育的落实；面对沟通中的尴尬、难堪和紧张，如何及时调节心境，从容应对

如果说沟通与礼仪的四要素中前三个较为客观和外在，调节心境则更偏向内在和情商。进行人际沟通要内外兼修、和谐一致，沟通与礼仪实施者要始终根据外在因素的变化，调节内在的心境。

从心理学上来说，人的心理包括社会心理和个性心理。社会心理是指某一社会集团或社会群体的人共同的心理倾向，它与集团或群体的文化习俗有密切的关系。各个民族和地方沟通与礼仪的不同心境，源自各自的文化传统差异。我国北方人和南方人在群体心理上有似豪放派词和婉约派词的差异，北方人豪爽直接，直来直去，“须关西大汉，执铜琵琶，铁绰板，唱‘大江东去’”，南方人则细致周到，多委婉含蓄，“只合十七八女郎，执红牙板，歌‘杨柳岸，晓风残月’”。知识分子多阳春白雪色彩，劳动大众尚下里巴人风格；企业人多交流实干兴邦，文艺工作者常谈论艺术理论和作品。

个性心理是指每个生命个体所具有的心理倾向，它与每个生命个体的教育经历、成长环境、文化熏陶和个人修养等密切相关。比如，一般出身于书香门第、受过良好的高等教育的人，崇尚温文尔雅的礼仪和婉转含蓄的沟通；出身于一般市民家庭、经历基本义务教育的人，喜欢干脆利落的礼仪和直来直去的沟通。心境调节就是对人的社会心理和个性心理的调适，在沟通中，我们要根据外在的因素和沟通的对象，及时准确地调节我们较为复杂的社会心理和个性心理，达到最佳的沟通心境。

在沟通中，要在对对方进行研究和把握其心理的基础上，对自己有节制地进行心境调节。比如在参加比较重大、正式的谈判、面试、演讲等活动前，可以听听音乐、看看小画册、讲点幽默故事，或与别人开个小玩笑，甚至嚼点口香糖或吃点话梅，或闭目仰首，在想象中营造一个静谧、优雅的环境，这些手段都有助于舒缓紧张的情绪。自己的心境调节好了，又知晓对方心理，往往就能把话说到对方心坎上。我们不能够改变风的方向，但可以调整风帆，向着目的地努力前进。

案例阅读1

庄辛根据楚襄王的变化调节自我

庄辛谓楚襄王曰：“君王左州侯，右夏侯，辇从鄢陵君与寿陵君，专淫逸侈靡，不顾国政，郢都必危矣。”襄王曰：“先生老悖乎？将以为楚国袄祥乎？”庄辛曰：“臣诚见其必然者也，非敢以为国袄祥也。君王卒幸四子者不衰，楚国必亡矣。臣请辟于赵，淹留以观之。”庄辛去之赵。留五月，秦果举鄢、郢、巫、上蔡、陈之地，襄王流揜于城阳。于是使人发驺，征庄辛于赵。庄辛曰：“诺。”庄辛至，襄王曰：“寡人不能用先生之言，今事至于此，为之奈何？”庄辛对曰：“臣闻鄙语曰：‘见兔而顾犬，未为晚也，亡羊而补牢，未为迟也。’臣闻昔汤、武以百里昌，桀、纣以天下亡。今楚国虽小，绝长续短，犹以数千里，岂特百里哉？

“王独不见夫蜻蛉乎？六足四翼，飞翔乎天地之间，俯啄蚊虻而食之，仰承甘露而饮之，自以为无患，与人无争也。不知夫五尺童子，方将调饴胶丝，加己乎四仞之上，而下为蝼蚁食也。蜻蛉其小者也，黄雀因是以。俯噣白粒，仰栖茂树，鼓翅奋翼，自以为无患，与人无争也。不知夫公子王孙，左挟弹，右摄丸，将加己乎十仞之上，以其类为招。昼游乎茂树，夕调乎酸咸，倏忽之间，坠于公子之手。

“夫黄雀其小者也，黄鹄因是以。游于江海，淹乎大沼，俯噣鳝鲤，仰啮蓤衡，奋其六翮，而凌清风，飘摇乎高翔，自以为无患，与人无争也。不知夫射者，方将修其碆卢，治其缯缴，将加己乎百仞之上。彼礛磻，引微缴，折清风而抎矣。故昼游乎江河，夕调乎鼎鼐。

“夫黄鹄其小者也，蔡圣侯之事因是以。南游乎高陂，北陵乎巫山，饮茹溪流，食湘波之鱼，左抱幼妾，右拥嬖女，与之驰骋乎高蔡之中，而不以国家为事。不知夫子发方受命乎宣王，系己以朱丝而见之也。

“蔡圣侯之事其小者也，君王之事因是以。左州侯，右夏侯，辇从鄢陵君与寿陵君，饭封禄之粟，而载方府之金，与之驰骋乎云梦之中，而不以天下国家为事。不知夫穰侯方受命乎秦王，填黾塞之内，而投己乎黾塞之外。”

襄王闻之，颜色变作，身体战栗。于是乃以执珪而授之，封之为阳陵君，与淮北之地也。

案例点评

楚襄王虽背负着父亲楚怀王被秦国扣押并客死的屈辱，却不思治国安邦，提升国家实力，发愤以图强，一味贪图虚名和享乐，有识爱国志士忧心如焚。楚王室德高望重的宗亲庄辛对楚襄王当头棒喝，直面斥责，但由于在角色定位方面没有考虑到楚襄王非一般晚辈，而是一国之君，因此庄辛实话实说和直来直去的沟通策略完败，还被回骂老糊涂，妖言惑众，庄辛也只好躲得远远的，以独善其身。第二次进谏之所以成功，有两个方面的原因：一是糊涂但并不愚笨的楚襄王在秦国的重击之下心灵受到极大触动，责任感和使命感开始萌发，对庄辛的良言也有了虚心接受的心态；二是庄辛看到楚襄王的变化，及时调节了自己的心境，考虑到楚襄王的心理和角色地位，采取迂回曲折的沟通策略，以讽喻手法循循善诱，在楚襄王逐渐接受了他旁敲侧击的劝谏后，才抛出治国理念的主旨“人无远虑，必有近忧，应居安思危，振作进取”，使楚襄王“颜色变作，身体战栗”。

楚襄王在秦国重击之下，心情是沮丧的。庄辛先是以引用俗语的沟通策略为楚襄王打气鼓劲，“见兔而顾犬，未为晚也；亡羊而补牢，未为迟也”；接着以“用典”的沟通策略，以汤武两明君仅以百里之地而昌盛，桀纣两昏君坐拥天下而灭亡的历史事实，婉转地劝勉楚襄王做一个好君王；再接着以蜻蜓、黄雀和黄鹄自以为与人无争和与人无患却被人射杀烹食的编撰故事，以讽喻沟通策略，自然地引出蔡圣侯曾贪图享乐、无忧无患，结果被楚宣王捕获的历史故事，水到渠成地指明楚襄王悠然享乐与不思进取的事实和几乎亡国的结果，使楚襄王心灵深处受到震动，在保全面子的情况下，乐意接受劝谏并自我反省。庄辛适应楚襄王特定时刻的心境，及时调节自己沟通的心境，成功地实现了与君王的沟通。

案例阅读2

林肯迅速调节心境，机智化解怒火与气愤

有一次，美国前总统林肯正在演讲时，突然有一个青年递给他一张纸条。林肯打开一看，上面只有“傻瓜”两个字。林肯脸上掠过一丝阴云，随即镇定地说：“本总统收到过许多匿名信，全部只有正文，不见署名；而今天正好相反，刚才这位先生只是署上了自己的名字，却忘记了给我写正文。”说完，便继续他的演讲。

案例点评

在人际沟通中，会遇到一些意外破坏自己心境的事情，我们既不能怒怼，也不能任人捉弄，要及时调节心境，以便用机智、机敏、幽默、诙谐、调侃等适宜的方式和方法进行化解。案例中，作为总统的林肯正演讲得兴致勃勃，突然接到一张纸条，被人戏称为“傻瓜”。但众目睽睽之下，不能反唇相讥，更不能置之不理，他及时调节了自己的心境，以幽默的话语顺利地化解了自己的气愤和尴尬。

场景式实践训练与评估

说说自己在人际沟通中突然遇到破坏了心境的事端，自己在情急之下没有很好地进行心境调节，使原本和谐顺畅的沟通进程遭遇“滑铁卢”式的失败，并由此又产生了多米诺骨牌效应，造成其他一些不良后果的例子，并分析其中的原因。

评价表

总分：

所举案例准确恰当（50分）	分析准确到位（50分）			
评语	自我评价		学员签名	
	同伴评价		同伴签名	
	教师评价		教师签名	

阅读链接

刘向．战国策．北京：中华书局，2017.

项目场景式综合实践活动

1. 实训内容：在影视作品或其他节目中查找并剪辑3分钟左右包含人际沟通与礼仪

四要素（任一个要素即可）的典型视频案例；拍摄 2 分钟小组对案例的点评视频，体现四要素的恰当运用，点评者出镜拍摄，注意点评方式，形象礼仪和背景和谐，最后合成完整协调的微视频。

2. 实训方式：2～4 人为一个小组，协调好小组成员各自的分工和完成任务的进度。

3. 实训成果：小组经过查找、剪辑、文案写作、拍摄、编辑、审核完成微视频成果，并按照时间要求上传至职教云平台。

模块二

人际沟通与礼仪技巧

在把握了人际沟通与礼仪基本原则的基础上，还要学习和领悟并能灵活运用一定的技巧。人际沟通与礼仪技巧包括形象仪态技巧、个性风格技巧、有声语技巧、体态语技巧、控场技巧、表达技巧等。

项目五 人际沟通与礼仪之形象仪态

关键词：表情；神态；仪表；着装；仪态

美国形象设计师罗伯特·庞德曾经说过一句话：“这是一个两分钟的世界，你只有一分钟向人们展示你是谁，另一分钟让他们喜欢你。”我们常说“眼见为实”，人们总是容易通过一个人的外在形象去判断一个人的内在。心理学中有一个著名的赫拉别恩法则，即人的印象形成是这样分配的：55%取决于对方的外表及仪态，包括服装、个人面貌、体形、肤色、仪态等；38%取决于对方的声音，包括语气、语调、音色、语速等；只有7%才是对方所讲的真正内容。这告诉我们，我们的形象有时不是我们自己决定的，而是取决于别人眼中看到的我们是什么样子的。著名形象设计师英格丽·张曾写过一本风靡世界的畅销书《你的形象价值百万》。所以，为了实现人际沟通与礼仪的目标，我们必须积极地塑造我们的外在形象、声音形象和能力形象。

任务一 仪容仪表与礼仪

重难点：该任务中思想文化教育的落实；如何运用真诚的微笑拉近与他人的距离；形象是一种生产力，懂得根据身份和场合打造自己的形象

仪容仪表是指一个人呈现出来的外观，通常是指这个人的外部轮廓、容貌、表情、服饰和举止的总和。仪容通常是指人的外观、外貌，重点是指人的容貌，既包括一个人的天然面貌、后天打造的妆容，也包括表情和神态。仪表更多的是指一个人的着装。仪表可以通过专人设计进行打造，但良好的仪容，尤其是表情、神态，则更多是一个人性格、气质、态度的直接外化。我们经常说要懂得“察言观色”，就是因为一个人的脸色、表情就是他内心世界的晴雨表。

传说山东有个手艺人，他很喜欢雕塑妖魔鬼怪的形象，也雕塑得活灵活现，技艺传出去后，很多人都找他雕塑，因此赚了不少钱。一天，他照镜子时发现自己的相貌与之前相比变得凶恶、丑陋、古怪了，他向寺庙的长老诉说了这一烦恼，长老跟他说：“我可以帮你，但你必须先给我雕塑几尊神态不同的观音像。”于是，手艺人就开始不断研究观音的心态和神情，琢磨观音的德行和表情，有时甚至到了忘我的境界。半年之后，当他把形象善良、慈悲、宽容的观音雕塑出来后，他突然发现，自己的相貌也变得正气、慈善和安详了。

林肯说过一句话：“一个人四十岁以前的脸是父母决定的，但四十岁以后的脸应是自

己决定的。一个人要为自己四十岁以后的长相负责。”正所谓“相由心生”，一个人的容貌是他在生活中日积月累之后的结果，是一个人生活环境、情绪心态、世界观、人生观的外现。一个人如果总是抱怨、愤怒、不满，他的长相就会越来越尖酸刻薄；如果在生活中豁达、开朗、与人为善，他的脸就会更加明媚阳光，让人乐于接近。在人际交往中，微笑的力量是十分强大的。笑容不仅会感染人，而且能给人巨大的鼓舞，拉近人与人之间的距离。因此，众多服务行业的从业人员从岗前培训就开始训练微笑，努力让微笑走在服务前面。非服务行业的从业者也需要通过微笑建立与他人协作的良好渠道。

除了仪容，良好的仪表对我们的整体形象也至关重要。一个人穿着邋遢、不整洁，就会让我们对他产生不信任的感觉。我们的形象除了是自己审美的体现，更是对沟通对象和所在场合的态度的体现。在诺贝尔奖颁奖典礼上，男士要穿燕尾服，女士要穿长礼服，这种正式程度最高的着装本身就是对诺贝尔奖的最大致敬。一个刚入职的年轻员工，如果着装过于招摇，也容易让别人过多关注他的外在形象，猜度他的家境，而忽略了对他能力的判断。很多公司和岗位都对自己的员工有着装的要求，四大会计师事务所之一的普华永道的一位前台工作人员，就曾经因为没有根据公司要求穿高跟鞋而被解雇。2018 年在网上引起热议的“最帅指挥官”，实际上是一名地勤人员，他因为帅气的外表被乘客拍照上传到网络，结果却因为没有按照公司穿着制服的规定扣好外套的扣子而被处罚。

在人际沟通中，形象是一个系统工程，既要让穿着、举止不出错，还要让表情神态传达正确的情绪。我们要提升自己的审美水平，也要了解不同场合对形象的要求，更要学会管理自己的表情，让自己的外在形象传递出我们想要表达的内容。

在人际沟通的正式场合，男性着装正式度最高的是燕尾服。深色西装套装搭配白色衬衫、深色系领带、黑色系皮鞋和腰带，就是非常正式的装扮了。在正式度不那么高的场合，男士可以穿配套西装，颜色稍浅的西装，可以搭配彩色的衬衫。正式度如果再低一点，则可以不穿西装外套，穿其他颜色的皮鞋等，也可以不打领带，或者选择带领子的 Polo 衫加休闲西裤。

对于女性来说，正式度最高的着装就是礼服裙。在正式度稍低的场合，可以选择套裙或配套裤装，搭深色高跟鞋。在半正式场合，可以穿带袖子的连衣裙，也可以搭配针织外套。女性服装的选择余地会比较大，但切忌选择薄、紧、透、露、短的款式，裙长及膝是最优选择。

男女的服装选择总体来说都要遵循以下原则：（1）正式级别度越高，颜色越深，饱和度越低；（2）有外套比没有外套正式；（3）套装比配套服装正式；（4）全身着装颜色不超过三种；（5）可以用配饰进行呼应。

在正式交际场合，无论是男性还是女性，妆容和头发都要利落干净，不能让头发遮住眉毛，否则会让人感觉萎靡不振、不够自信。男性要注意修剪鼻毛和鬓角，注意衣服肩膀上不要残留头皮屑。女性要化相应的妆容，会显得气色更好，更有精气神，白天可以化淡妆，口红颜色不宜过于艳丽，晚宴妆可以稍浓一点。

案例阅读1

穿衣打扮不能随便

经理派谢小姐到广州参加有关公司的商品交易洽谈会。谢小姐对洽谈资料进行了精心细致的准备。当各种业务资料准备完毕后，她开始为选择以什么形象参加会议犯愁了。根据自己大学期间礼仪形象学习的经历，她选择身着浅红色吊带上装和白色丝织裙裤，脚穿白色旅游鞋，一头飘逸乌黑的长发披散在肩上。谢小姐认为这样既能突出女性特点和自己的甜美清新，又具有时代感。她相信这样的形象一定能赢得客商的青睐。结果，出席会议的那天，谢小姐看到参会的人员顿时觉得很尴尬，男士们个个都是西装革履，女士们都穿了职业装，唯独谢小姐穿着“具有时代感、甜美清新”的服装来参会。整个洽谈会期间，一向爱笑善谈的谢小姐表情总不够自然，言谈也放不开。

案例点评

在商务活动中，形象、礼仪、仪容仪表都要符合主题、符合场景、符合身份，尤其是在交流会、洽谈会等重要的场合，更需要注意。谢小姐在生活中甜美清新，但这只能是日常生活中的仪容仪表形象，在职场中显然不能刻意装扮成“甜妹子”的形象。

案例阅读2

微笑是顾客的阳光

希尔顿早年在得克萨斯州经营了一家旅馆并做出了一定的成绩，但希尔顿的母亲对此却不屑一顾，她指出，要使经营真正得到发展，需要掌握一种秘诀，这种秘诀简单、易行、不花本钱却又行之长久。

希尔顿冥思苦想，终得其解。这个秘诀不是别的，就是微笑。他发现只有微笑才同时具备以上四个条件，且能发挥强大的功效。之后，“微笑服务”就成了希尔顿旅馆经营的一大特色。“希尔顿”之所以能成为当今世界的著名酒店品牌之一，可以说微笑服务就是制胜法宝。希尔顿成功的秘诀说明了一个真理，那就是服务业与顾客打交道，顾客得到的不只是有形的商品，还有无形的服务。这种服务包括生理上的享受，也包括精神和心理需求的满足。能否最大限度地满足顾客的双重需求，是服务业形象优劣的关键。在激烈的竞争中，满足顾客生理需求的服务往往难分高下，而最能体现出差距的恰恰是顾客精神需求的满足。这时，微笑的魅力就不可低估了。

希尔顿说过："微笑是顾客的阳光。"受阳光沐浴的顾客当然不会忘记温暖着他们的太阳。

请记住：微笑是阳光；微笑是世界性的通用语言；微笑是人际交往的润滑剂；微笑是沟通的桥梁；微笑是无本的投资……

（资料来源：李妍．酒店服务礼仪．北京：中国人民大学出版社，2019.）

案例点评

西方有句谚语："不会笑就别开店。"中国人也常说："笑口常常开，财源滚滚来。"微笑是人类最美好的形象。当然，不真诚、不自然、伪装和心怀叵测的笑容，不但不会为形象增光，还会破坏原来坦然的形象。心理学家在研究人的微笑时发现了最具有魅力的笑，即人在最真诚的时候露出的微笑，这种微笑让你的眼睛也一起笑，这是我们无法控制的，是发自内心的微笑。分布在眼睛周围的肌肉，只有在内心真正感到幸福时才会有反应，使眼睛放出愉悦的光彩。这种微笑显示了一个人对生活的满意和自信，是一个人最佳的形象。有的人会说，我对面的这个人又不是我爱的人，我笑不出来。我们要清楚，一个人对他人甚至陌生人能够保持微笑，这其实是他内心强大、包容、幸福的体现，也是他个人修养的体现。所以，微笑示人，不仅是爱别人，更是爱自己的表现。

场景式实践训练与评估

假设小组某个成员为获奖代表，他将要在表彰大会上上台领奖并发言，请为其设计整体造型，要求从妆容、头发到服装再到表情都要进行设计。之后，请以小组为单位进行互评，改进后再交给老师进行评价。

评价表

总分：

造型适宜恰当（50 分）	改进方法和措施切实可行（50 分）			
评语	自我评价		学员签名	
	同伴评价		同伴签名	
	教师评价		教师签名	

阅读链接

李妍．酒店服务礼仪．北京：中国人民大学出版社，2019.

任务二　仪态与礼仪

重难点：本任务中思想文化教育的落实；观察记录日常生活中的种种不良仪态，并能分享自己的专业观察；理解什么样的仪态能够让别人感觉到被尊重

仪态也叫仪姿、姿态，泛指人们的身体所呈现出的各种姿态，它包括举止动作、神态表情和相对静止的体态。人们的面部表情、体态变化等都可以表达思想感情。仪态是表现个人涵养的一面镜子，也是构成一个人外在礼仪的主要因素。不同的仪态显示人们不同的精神状态和文化教养，传递不同的信息，因此仪态又被称为体态语或态势语。

不同国家、不同民族，以及不同的社会历史背景，对不同阶层、不同群体的仪态都有不同标准或不同要求。传统西方贵族阶层和统治集团的上层人物的仪态讲究绅士风度；我国在几千年的封建社会历史中，对皇家宫室、儒雅学士等群体也逐渐形成了很多特定的仪态标准和要求。如今，在社会主义社会，我们提倡讲文明、讲礼貌，个人仪态要符合社会主义文明。

现代文明中的仪态美有四个标准：一是仪态文明，要求有修养，讲礼貌，不应在异性和他人面前有粗野的动作和体态；二是仪态自然，既要庄重，又要表现得大方，不要虚张声势、装腔作势；三是仪态美观，这是高层次的要求，要优雅脱俗，美观耐看，能给人留下美好的印象；四是仪态敬人，要避免失敬于人的仪态，要通过良好的仪态来体现敬人之意。

美国著名作家威廉·H. 丹福思说："我相信一个站立得很直的人，思想也是同样正直的。"当我们看见武警官兵、解放军战士腰杆笔直、抬头挺胸从天安门城楼前走过的时候，内心会不由自主地升腾起一种信任感和自豪感。相反，如果我们看到一个人含胸驼背、塌腰凸肚，就会对他产生不好的印象。

心理学上有一个重要的首因效应，即一个人在短短七秒之内就会给别人留下难以磨灭的第一印象。同时，在交往认知中，对方的某个特别突出的特点、品质会掩盖人们对对方其他品质和特点的正确了解，这种错觉现象，心理学中称为晕轮效应。所以，我们对一个人的后续印象都离不开最重要的第一印象的影响。虽然第一印象并非总是正确的，但却是最鲜明、最牢固的，会决定着以后双方交往沟通的进程。如果一个人在初次见面沟通时的仪态给人留下了良好的印象，人们就会更愿意和他接近，彼此的沟通也能更顺畅，并会影响人们对他以后一系列行为和表现的解释。反之，对于一个初次见面就引起对方反感的人，即使由于各种原因难以避免与其接触，人们也会对其很冷淡，在极端的情况下，甚至会在心理上和实际行为中与其产生对抗。因此，时刻注意自己的仪态举止，给他人留下良好的第一印象，这对我们日后工作和交流的开展都至关重要。

案例阅读1

榻边捉刀的盖世英雄

曹操自从统一北方后，在当时匈奴人的心中就成了偶像，服服帖帖的匈奴人派使者来送礼，不过曹操自认为形象不行，个子有点矮，样子不够帅，于是找了崔琰来代替自己。崔琰长得高大帅气，四尺长的美髯，颇有威严，曹操需要他来威慑匈奴，他自己则扮成侍卫，拿着环首刀站在崔琰的榻边。

曹操对自己的形象很重视，也想判断匈奴使者到底侦查能力如何，因此会见结束后便派下属去问匈奴使者对曹操的看法。结果匈奴使者却说：魏王（崔琰）长得固然好看，但床头捉刀人才是真英雄啊，气势逼人！曹操听后大惊失色，忙命人杀掉了匈奴使者。

我们可以看看曹操身边大臣们的身高，司马懿身高1米75左右，因为是家族遗传，司马懿家族身高都很高；再看看崔琰，据说是比曹操高了一个头。而曹操的真实身高只有1米55到1米6之间。由此我们可以看出，曹操单从样貌上来说其实是个长相普通的人。那么匈奴使者是怎么看出曹操才是真英雄的呢？

其实，一个人的语言和服饰造型可以包装，但是仪态动作和眼神表情却是很难包装的。曹操是一代枭雄，胆识超群、聪慧过人。他打的胜仗多，见的达官显贵也多，他能够"挟天子以令诸侯"，还有什么人会放在心上？即便作为一个捉刀人立于榻侧，想必也是挺胸抬头，器宇轩昂，眼神坚定，不曾躲闪。反倒是崔琰，虽然假扮成曹操坐在殿上，却如坐针毡，生怕露出马脚，瞻前顾后，时时瞥看曹操的眼色。孰真孰假，善于观察的匈奴使者自然看出了端倪。

案例点评

一个人良好的体态和举止的背后，是他读过的书、走过的路、见过的人和经历过的事。无论你走进会议室还是宴会厅，无论你是董事长还是普通员工，无论你有没有在说话，你的身体语言即仪态就已经悄然地在和别人进行交流了。你的走路姿势、站姿、坐姿、进门的仪态、告别的姿势等，都在用无声的丰富的语言告诉人们你是谁，你有什么心态，你是领导者还是被领导者，你是对生活充满自信的成功者，还是消极对待人生的失败者。也许你还没意识到你的每一个动作都会有这么大的影响，但是不要忘了每个观察你的人都是业余心理学家，他们会时刻分析你的每一个动作。习惯成自然，曹操隐藏不了他一贯的英雄气势，所以即使扮作侍卫，也被认为是真英雄。

我们可以通过学习和训练，打造自己优雅大方的仪态。自信的人首先要站得笔直，平时如果有含胸驼背的习惯，可以选择每天5分钟贴墙站：脚跟、臀部、肩胛骨、手掌、后脑勺全部贴墙，目视前方，肩膀打开，用力向后压，感觉有棵树从身体里长出来，不断向上延伸。训练时间长了，就会有面无形的墙贴在背后。其实，站直身体不仅是为了仪态美观，更重要的是保护我们脆弱的腰椎和颈椎。脖子前倾一寸，颈椎压力便增加一倍。塌腰凸肚会引发骨盆后倾，过度挺直腰又会有骨盆前倾的可能。因此，我们要检视自己是否头正、颈直、肩平、胸挺、腹收、腰立，无论男女都尽量不跷二郎腿、不抖腿。

案例阅读2

良好仪态中潜藏着文明与美德

2017年9月1日晚，大型公益节目《开学第一课》在央视播出。在以“中华骄傲”为主题的节目中，主持人董卿以跪姿采访了南昌籍著名翻译家许渊冲老先生，这一幕被网友们称赞为“最美的中华骄傲”。主持人的跪姿采访，带给观众很多思考，更为电视机前的孩子们上了很好的“开学第一课”。

董卿的这一跪，蕴含了中华民族尊师重教的传统美德。文以载道，道以化人。面对96岁高龄的许渊冲老先生，董卿以跪地的身姿，附耳提问，专注倾听，以实际行动致敬大师，尊重文化。有人说，董卿的跪姿采访，跪下去的是身体，站起来的是灵魂。不仅是在《开学第一课》中，董卿在《万家灯火平安夜》《朗读者》等节目中，面对坐在轮椅上的被采访者，也都以跪姿与其进行对话，充分表达了对采访对象的尊重。董卿在舞台上的数次跪姿采访，是面对特定的采访对象发自内心的礼貌和尊敬，更是流淌在血液中的美德和文明的彰显。

案例点评

被人赞美长得漂亮，没什么值得骄傲的，那应该是我们的父母感到骄傲。被人赞美努力、认真、勤奋等，是自身努力得到了认可。被人赞美讲文明和有美德，则实属不易。越是不起眼的习以为常的仪态小细节，越能够暴露一个人最本质的底色，暴露一个人的修养、习惯和对他人是否有一颗尊重的心。《孝经》第十二章中有言：“安上治民，莫善于礼。礼者，敬而已矣。”礼仪的核心就是尊重。同时，仪态与礼仪是需要学习的，《荀子·修身》中写道“礼者，所以正身也；师者，所以正礼也。无礼何以正身？无师，吾安知礼之为是也？”仪态与礼仪，是用来端正身心的；老师，是用来正确阐明礼法的。没有仪态礼法，用什么来端正身心呢？没有老师，我哪能知道仪态礼法是这样的呢？所以，我们应该学习礼仪，端正仪态，规范举止。

《弟子规》有言：“或饮食，或坐走，长者先，幼者后……路遇长，疾趋揖，长无言，退恭立。骑下马，乘下车，过犹待，百步余……进必趋，退必迟，问起对，视勿移……步从容，立端正，揖深圆，拜恭敬。勿践阈，勿跛倚，勿箕踞，勿摇髀。缓揭帘，勿有声，宽转弯，勿触棱。”站立坐卧长幼有序，迎接送别礼貌恭敬，行为举止端庄稳重，这些优良传统和仪态值得我们发扬和学习。

场景式实践训练与评估

请以小组为单位，以“尊重”为主题，扮演公司接待员的角色，模拟接待第一次来本公司拜访的两位客户（一位领导和一位随员）的场景。请分角色饰演不同人物，不用语言和动态动作，只通过静态的肢体动作和表情等仪态呈现主题。请小组间轮流进行评价。

评价表

总分：

场景创设合理（50 分）	仪态端庄规范（50 分）		
评语	自我评价		学员签名
	同伴评价		同伴签名
	教师评价		教师签名

阅读链接

1. 英格丽·张．你的形象价值百万．武汉：长江文艺出版社，2015.
2. 刘义庆．世说新语．长沙：岳麓书社，2018.

项目场景式综合实践活动

1. 实训内容：创设一次商务宴请活动的场景，要求进行角色扮演，按照身份设计整体仪容、仪表和仪态，通过拍摄微视频的方式呈现出来。

2. 实训方式：6～8 人为一个小组，协调好小组成员各自的分工和完成任务的进度。

3. 实训成果：小组分工协作，经过脚本写作、分配角色、选择合适场地进行拍摄、编辑、审核完成微视频成果，并按照时间要求上传至职教云平台。

项目六　人际沟通与礼仪之个性风格

关键词： 气质；气度；风度；个性；风格

成熟练达的人际沟通，离不开沟通者的个性风彩和魅力，如果芸芸众人，如出一辙，千人一面，就不会有个人的光彩和魅力，沟通也难以给人留下美好而持久的印象。那么，在人际沟通中，怎样才能使自己的个性风格让对方舒服、愿意深度交往呢？

关键在于，在沟通中，在欣赏、尊重和倾听的同时，要敢于和巧于传达自己的信息，表达自己的思想与感情。陶渊明在官场和乡里彰显的是“性本爱自然”的个性风格，李白一句“天子呼来不上船”展现出他洒脱的个性风格，苏东坡借“清风明月”体现出他超然通透的个性风格。沟通的个性风格还有“自信人生二百年，会当击水三千里”的胸怀，“会当凌绝顶，一览众山小”的高远，“生当作人杰，死亦为鬼雄”的豪迈，以及“起来慵整纤纤手”“和羞走，倚门回首”的娇柔可爱，等等。

任务一　气质和风度

重难点： 该任务中思想文化教育的落实；气质和风度在人际沟通与礼仪中的提升和运用技巧

在人际沟通与礼仪中所表现出的气质和风度，往往决定着沟通的成败。气量大、风度好，方显大格局；气量狭小、没有风度，则“不足为谋”。

通常意义上的气质是指人的姿态、样貌、穿着、性格、行为、学识等元素结合起来给别人的一种感觉。

在心理学上，气质是指人典型的、稳定的心理特点，包括心理活动的速度（如语言、感知及思维的速度等）、强度（如情绪体验的强弱、意志的强弱等）、稳定性（如注意力集中时间的长短等）和指向性（如内向性、外向性）。这些特征的不同组合，便构成了个人的气质形态，它使人的全部心理活动都染上了个性化的色彩，属于人的性格特征之一。气质能够给人的沟通与礼仪行为涂上某种色彩，与日常生活中人们所说的“脾气”“秉性”“性情”等含义相近。某种气质的人更容易形成某种性格，性格可以在一定程度上掩饰、改变气质。气质的可塑性小，性格的可塑性大。

气质可以表现一个人内在的人格魅力，使人们在沟通与礼仪行为中表现出诸如高雅、高洁、恬静、温文尔雅、豪放大气、不拘小节、雷厉风行等不同风格。气质是长久的内在修养平衡以及文化修养养成的一种结合，是持之以恒的结果。

在人际交往中，气质魅力看似无形，实则有形。它是通过一个人对待生活的态度、个性特征、言行举止等表现出来的。气质外化在一个人的举手投足之间。与人沟通的姿态，待人接物的风度，皆属气质。热情而不轻浮，大方而不傲慢，是气质高雅的表现；狂热浮躁或自命不凡，则是气质低劣的表现。

气质魅力首先表现在丰富的内心世界上。理想是人内心世界的一个重要方面，因为理想是人生的动力和目标，没有理想追求，内心空虚贫乏，就谈不上气质魅力。品德也是人内心世界的一个重要方面，为人诚恳、心地善良是不可缺少的。文化水平高低也在一定程度上影响着人的气质。

气质魅力还表现在性格上。这就涉及平素的修养。忌怒忌狂，能忍辱谦让，关怀体贴别人，心里有主见，却能兼顾和迁就他人，这样的性格往往透露出大气凛然的风度，也更易让人感受到发自内心的情感。富有感情的人，在外表上当然神采奕奕。

高雅的兴趣是气质魅力的又一种表现。例如，爱好文学常文辞优雅，懂得音乐显得气质非凡，喜欢运动使人挺拔有型，等等。

马南邨在《燕山夜话·涵养》中说："君子忍人所不能忍，容人所不能容，处人所不能处。""容人所知，亦容人所不知，方显气度。"气度体现于沟通与礼仪中谓之风度。相对于内在的气质，风度是指人的外在言谈、举止、神情、姿态等，是人们最直观的素质体现。风度在具体的沟通与礼仪中能够生动真切地展示出人的个性风格。气度和风度往往在最短的时间内就能让人对你心服口服或者藐视冷淡。

一个人的心理承受力和他的风度相辅相成，凡是言谈举止有大家风范的人，往往能听得进良言，也容得下恶语；急人所急，看人所长，静坐常思己过，闲谈不论是非；处事不惊，理智、稳重又大方。

案例阅读1

杨澜诉说国外生活和求职经历

那年的冬天，如果我再找不到工作，灰溜溜地回国几乎成为唯一的选择。可我真的再一次被拒绝了。想起那个面试官的表情，我非常抓狂。她竟然说我的形象和我的简历不相符而拒绝继续向我提问。我低头看自己的打扮，很明显，因为穿着问题，我被她鄙视了。

我的房东莎琳娜太太是一个很苛刻的中年女人。她规定我必须12点之前熄灯睡觉，规定我必须在10分钟之内从浴室出来，规定我如果不穿戴整齐就不准进入她的客厅，不准我用她的漂亮厨房做中餐，她甚至规定我在她有客人来访的时候必须涂口红！

我非常讨厌莎琳娜这种所谓的英伦女人的尊严。但所有人都说，莎琳娜是最好的寄宿房东。我看不出她好在什么地方。就好比当我很多次面试失败回来后，厨房里一点吃的都不会有。并且如果我上楼发出声音，她会站在卧室门口很大声地指责我。

我刚刚洗完头发，坐在床上，一边翻看报纸上的招聘信息，一边吃我带回来的面包卷。这很是违反了莎琳娜的原则。她冲上前来，一把夺过我的面包和报纸，用英文大吼："你这个毫无素质的中国女孩儿！你滚出我的家！"于是我披散着头发，在睡衣外裹上大衣冲出了门。25 年来，我以非常漂亮的成绩和能力一路所向披靡，从来没有人说过我没有素质。我家并不贫穷，但 25 年来我的妈妈一直告诉我，能力才是最重要的。我不能明白以"貌"取人在这里居然成为一个正义的词语。这简直是对我 25 年的人生观的侮辱！

我愤怒地冲进一家咖啡馆，天气实在太冷，我也很饿。咖啡馆的人居然很多。侍者以一种奇怪的眼神把我引到一个空座位边，那是咖啡馆里唯一的空位。我的对面是一个英国老太太，她看起来比莎琳娜更加讲究，就像伊丽莎白女王一样尊贵与精致。我下意识地收起自己宽松睡裤下的运动鞋。然后我看到她裙子下着了丝袜和漂亮高跟鞋的腿，以她这样的年纪，却仍然把这样的鞋子穿得非常迷人。

在欧洲的很多高级餐厅里，衣衫不整是被拒绝进入的。我想我能进来的原因大概是我穿了价值不菲的大衣。我不由得暂时收起自己的愤怒，说："给我一杯热咖啡，谢谢。"侍者走开后，对面的老太太并不看我，而是从旁边拿了一张便笺写了一行字递给我，是非常漂亮的手写英文：洗手间在你的左后方拐弯。我抬头看她，她正以非常优雅的姿势喝咖啡，没有看我半眼。我的尴尬难以言明，第一次觉得不被尊重是应该的。

我的头发被风吹得非常凌乱，我的鼻子旁边甚至还沾了一点面包屑！虽然我的大衣质地非常好，但我的睡裤被它衬得很老旧。我第一次有点看不起自己。这样的打扮，我有多不尊重自己，以致别人觉得我也不尊重她们。我想起下午去面试时自己的日常便装，那应该也是对一个高级经理职位的不尊重吧？当我再回到座位的时候，那个老太太已经离开了。那张留在铺了细柔格子餐桌布上的便笺多了另一句漂亮的手写英文：作为女人，你必须精致，这是女人的尊严。

我逃也似的走出了那家咖啡厅。莎琳娜竟然坐在客厅里等我，一见我就对我说，我超过了 12 点 10 分钟才回来，所以明天必须去帮她清洗草坪。我答应了她，并向她道歉。我发现莎琳娜教了我许多同样有用的东西：12 点之前睡觉能让我第二天精力充足，穿戴整洁美观能让别人首先尊重我，穿高跟鞋和使用口红使我得到了更多绅士的帮助，我开始感觉自己的自信非常充足而且有底气，我不再希望别人通过看我的简历来判断我是不是有能力。

我最后一次面试，是一家大牌化妆品公司的市场推广。我得体的着装打扮为我的表现加了分。那个精致干练的女上司对我说：你非常优秀，欢迎你的加入。我没有想到，我的上司居然就是我在咖啡馆里遇到的那位英国老太太。她非常有名，是这个化妆品品牌的销售冠军！

案例点评

杨澜无论是在央视做主持人还是后来经营文化公司，撇开高颜值外，她始终以气质女性的形象吸引着大众的眼球，她的经历和学识积淀成的修养，使得她的气质和风度令人折服。她五官天生精巧秀丽，有不甘于人后的气质，其实这些许多女性也都具备，真正让她逐渐为大众喜爱的，是她在公众沟通与礼仪中所表现出的亲和力与机智，以及平和高远的气度和自律自强的风度。

案例中，杨澜的留学生活和求职经历告诉我们：没有人有义务必须透过连你自己都毫不在意并且不能让人尊重和叹服的形象、气质和风度，去发现你优秀的内在。所以在人际沟通中，关注自身形象、气质和风度，可以给人留下良好的第一印象，也可以将自身内在魅力完美持久地呈现出来。

案例阅读2

萧楚女沟通的风度

我国早期无产阶级革命家、社会活动家萧楚女，靠着平时的刻苦训练和严格要求，练就了非凡的沟通能力。在重庆国立第二女子师范学校教书时，除了博览群书和认真备课外，他每天天刚亮就跑到学校后面的山上，找一处僻静的地方，把一面镜子挂在树枝上，对着镜子开始练习沟通表达，从镜子中观察自己的表情和动作，涵养自己胸怀天下和为人民谋幸福的气度，以唤起更多志同道合之人的担当意识和责任感。经过经年累月的刻苦修炼，他掌握了高超的当众沟通表达的技巧和艺术，他发言的号召力和鼓动性水平也快速提高。1926 年，他 30 岁时在毛泽东主办的广州农民运动讲习所工作，充分发挥了自己磨炼出来的能力和才华，他当众沟通的气质和风度至今受到世人的推崇。

案例点评

“冰冻三尺，非一日之寒。”就像许多著名的沟通大师一样，萧楚女为人叹服和称道的沟通能力也不是天生的，他通过刻苦的训练，练就了沟通表达的稳定气质和过人风度，这种魅力大大促进了他教育工作的开展和革命事业的发展。

场景式实践训练与评估

列表分析自己在日常沟通典型场景中因性格、心态不同所表现出的气质和风度的优势与不足，并有针对性地提出改进方法和措施，主动和大家说说自己的总结和分析。

评价表

总分：

分条列项准确恰当（50分）	改进方法和措施切实可行（50分）			
评语	自我评价		学员签名	
	同伴评价		同伴签名	
	教师评价		教师签名	

阅读链接

苗一梅，孙海芳．如何与陌生人打交道．2版．北京：机械工业出版社，2012.

任务二　个性与风格

重难点： 该任务中思想文化教育的落实；怎样修炼自己沟通中的个性风格

每个人的形象、气质与性格不同，会形成不同的个性，不同的个性会形成不同的人际沟通与礼仪风格。沟通者要结合自己的真知灼见、真情实感、真才实学，养成自己独特的沟通与礼仪的个性风采和风格魅力。比如有人沟通时慷慨激昂，如战鼓催征；有人鞭辟入里，令人警醒；有人娓娓道来，如绵绵细雨，沁人心脾；有人旁征博引，引人深思；有人朴实无华，真实感人……

个性开朗、外向的人，对生活充满热情，性格鲜明，勇于表现自己，不怕犯错。这使他们在与他人沟通时能够镇定自若，从容大方。相反，个性拘谨、内向的人，由于他们可能不善沟通，会失去很多接触社会的锻炼机会，常表现得畏畏缩缩、不够自然。

外在的形象、后天形成的个性和内在气质决定了一个人人际沟通与礼仪的风格，个性和风格并无高下好坏之分，关键在于沟通者本人是否愿意改变自我，掌握一定的个性和风格技巧，接受更多的实践锻炼机会，树立信心，根据对象和场景，发挥出自己的个性和魅力。

人际沟通与礼仪的个性和风格技巧包括修饰自己的声音以使其独特动听、让语调传递美好的心声、姿态自然大方、内容简明生动、表达直抵人心、善用修辞等。

人际沟通与礼仪的个性风格千差万别，基本类型一般包括：（1）见解明确，用语简练，表意丰富，言简意赅，干脆利落，扼要精致。契诃夫曾说："简洁是天才的姐妹，是智慧的灵魂。"简洁明快的风格能够体现出高格调、高境界。（2）繁丰铺排，词彩艳丽，纵横叙说，细致描述，酣畅淋漓，形象生动。这种风格一般适用于说明强调特殊问题。（3）用语通俗，深入浅出，语句朴实，语气自然，表述明白，情真意切，实事求是，少渲染、少雕饰，却不单调乏味、浅薄呆板。（4）庄重典雅，情趣脱俗，词句稳妥，文明优雅，态度持重，格调高雅，有强烈的书卷气息，适用于特殊的场合表达。（5）激昂雄浑，劲健恢宏，气魄宏大，具有阳刚之美，语句遒劲，气势雄伟，感情奔放，内涵丰富，境界开阔，感染力强，令人胸襟开阔，精神激昂。（6）委婉含蓄，引而不发，欲说还隐，意在言外，深沉曲折。（7）幽默风趣，寓庄于谐，妙趣横生，轻松愉快，形象生动，意味深长。

案例阅读1

鲁迅先生的沟通风格

鲁迅先生出生于绍兴都昌坊口一个封建士大夫家庭，7 岁启蒙，12 岁就读于三味书屋，勤学好问，博闻强记，课余喜阅读野史笔记及民间文学书籍，对绘画艺术产生了浓厚兴趣，自此打下了坚实的文化基础。他读书不囿于四书五经，多方寻求课外读物，努力掌握历史文化知识。绍兴的悠久历史和灿烂文化，特别是众多古越先贤的道德文章，给鲁迅的思想以很大的影响。至鲁迅少年时代，祖父因科场案下狱，父亲病故，家道从此中落。鲁迅由一个封建士大夫大家庭的长房长孙，变成了一个破落户子弟。家庭所遭受的一系列重大变故，使少年鲁迅饱受人间冷暖、世态炎凉，认识到了封建社会的腐朽和没落。1902 年，鲁迅以优异的成绩毕业，被官派赴日留学。他先入东京弘文学院学习日语，后入仙台医学专门学校习医。因深受资产阶级民主革命浪潮的影响，他积极投身于反清革命的洪流之中，课余“赴会馆，跑书店，往集会，听讲演”，立下了“我以我血荐轩辕”的誓言。1906 年，鲁迅在现实面前，有感于国内同胞的愚弱，认识到改变国民性的重要性，便毅然弃医从文，迈出了人生道路上具有决定意义的一步，选择了文学艺术，以笔作为自己救国救民的战斗武器。这种独特的成长经历和人生选择，养成了鲁迅写作和与人沟通擅长于哲理性思考、思想深邃、幽默犀利的个性和风格，在那个大变革时代，这种为国为民的孺子牛精神和横眉冷对腐朽落后的斗士般的个性风格，深受革命者的推崇。

案例点评

个性是一个人所有特质的总和，包括自然特质和社会特质，是一个人在人生的舞台上所扮演角色的行为模式中反映出来的内心活动。在人际沟通与礼仪中，每个人都有不尽相同的个性特点。有的人说话机智幽默，耐人寻味；有的人说话平实朴素，直截了当；有的人说话激情满怀，思绪奔涌；有的人说话委婉含蓄，意味深长。凡能言善辩、人际沟通能力超群者无不表现出自己鲜明的个性特征。鲁迅先生的成长经历和家国情怀铸就了他深刻犀利而不失诙谐幽默的沟通与礼仪风格。每个人都应在沟通中找到自己的个性风格，并恰当运用沟通个性风格技巧，增强自己沟通的魅力。

案例阅读2

曹操的“城府”与“诚实”

时有王朗、钟繇、王粲、陈琳一班文官，进献诗章。诗中多有称颂曹操功德巍巍、合当受命之意。曹操逐一览毕，笑曰：“诸公佳作，过誉甚矣。孤本愚陋，始举孝廉。后值天下大乱，筑精舍于谯东五十里，欲春夏读书，秋冬射猎，以待天下清平，方出仕耳。不意朝廷征孤为典军校尉，遂更其意，专欲为国家讨贼立功，图死后得题墓道曰：‘汉故征西将军曹侯之墓’，平生愿足矣。念自讨董卓，剿黄巾以来，除袁术、破吕布、灭袁绍、定刘表，遂平天下。身为宰相，人臣之贵已极，又复何望哉？如国家无孤一人，正不知几人称帝，几人称王。或见孤权重，妄相忖度，疑孤有异心，此大谬也。孤常念孔子称文王之至德，此言耿耿在心。但欲孤委捐兵众，归就所封武平侯之国，实不可耳：诚恐一解兵柄，为人所害；孤败则国家倾危；是以不得慕虚名而处实祸也。诸公必无知孤意者。”

案例点评

曹操胸怀大志，操心国事，所以对他人素日里的闲言碎语，乃至磕磕绊绊都不予理会，这是他沟通与礼仪风格中城府的一面。在大是大非上，对别人可能的揣度和误解只在适宜的时候借机抒怀言志，真诚表达，打消一部分人的疑虑，以望他们理解；在手下极力夸赞和称颂时，他真诚表达自己的想法，这是他沟通与礼仪风格中诚实的一面。他的城府和诚实沟通风格既告诫他人自己不会被忽悠和糊弄，又让他人觉得适时的称颂是必要的。

我们在学习沟通与礼仪个性风格技巧时，必须有自我意识，时刻从自己的实际情况出发，把各种技巧和自己的个性特征结合起来，根据自己的个性锻炼自己的沟通能力，让自己的沟通能力体现自己的个性风格，展现自己的魅力。

场景式实践训练与评估

想想自己的沟通与礼仪个性风格鲜明吗？请列表分析自己沟通与礼仪个性风格中突出的优势和需要完善的地方，并将自己的个性风格技巧分享给大家。

评价表

总分：

<table>
<tr><th>分条列项优势和需完善之处准确恰当（50分）</th><th colspan="3">分享自己的个性风格技巧（50分）</th></tr>
<tr><td rowspan="3">评语</td><td>自我评价</td><td></td><td>学员签名</td></tr>
<tr><td>同伴评价</td><td></td><td>同伴签名</td></tr>
<tr><td>教师评价</td><td></td><td>教师签名</td></tr>
</table>

阅读链接

1. 谢红霞．沟通技巧．3版．北京：中国人民大学出版社，2018.

2. 贾鹏．微沟通：无“微”不至的沟通艺术．北京：企业管理出版社，2012.

项目场景式综合实践活动

1. 实训内容：在影视作品或其他节目中查找并剪辑3分钟左右人际沟通与礼仪气质风度与个性风格鲜明、技巧运用明确的典型视频案例；拍摄2分钟小组对视频案例中沟通与礼仪气质风度与个性风格的点评视频，点评者出镜拍摄，运用相关技巧，并体现出自己的风格、个性及优势，注意点评方式、形象礼仪和背景和谐，最后合成完整协调的5分钟左右微视频。

2. 实训方式：2～4人为一个小组，协调好小组成员各自的分工和完成任务的进度。

3. 实训成果：小组经过查找、剪辑、文案写作、拍摄、编辑、审核完成微视频，并按照时间要求上传至职教云平台。

项目七　人际沟通与礼仪之有声语

关键词：语音标准；语意准确；语速、语调、语气适当；用语文化与文明技巧

沟通主要是以有声语和体态语作为信息载体传情达意，所以在人际沟通中，不仅要做到语音标准、语意准确、情感适度，还要做到轻重适当、停连准确、快慢适宜、语调高低有致、语气交错相宜，从而使沟通双方在语言中获得美感的同时，实现交流心得、传情达意、增进情感的目的。

语音标准，要求沟通者在掌握科学发声方法的基础上，调节发音气息，做到口齿清晰、字正腔圆；语意准确和情感适度，要求沟通者能够恰当地掌握语调的高低升降变化，合理地安排停顿、语速和重音，运用表达语意的各种感情色彩的特殊技巧，准确无误地与人交际。

任务一　语音标准

重难点：该任务中思想文化教育的落实；语音标准的意识和方法技巧的运用

秦始皇的贡献之一是倡导和推行“书同文，车同轨”，统一规范了全国的文字。后来为了减少在口语沟通与礼仪上的障碍，我国历朝历代都实行“官话”与地方方言并存的政策。到了现代社会，东西南北中广泛交流沟通，频繁往来，国家开始大力推广普通话。用普通话沟通是现代“大交际”的需要，也是一个人文化素养的体现。沟通中使用普通话要做到语音标准，吐字清晰。要做到语音标准，就要发声科学规范，口齿清晰，字正腔圆。尤其是不同方言区的人在沟通交际过程中，要尽量使用普通话，以促进有效沟通，增进相互理解与合作。口音较重的沟通者，应注意避免发音含混以及区域方言带来的沟通障碍和歧义。

标准的普通话不是一朝一夕就能够练成的，需要一个长期练习的过程。只要掌握正确的学习方法和途径，把握其中的练习技巧，就可以做到沟通无障碍。

案例阅读1

士兵的救命稻草

某士兵被俘虏了，对方的长官答应满足他三个愿望再枪毙他。士兵说：“我要和我的马说几句话。”长官答应后，他便在马耳朵旁悄悄地说了几句话。第二天，马带着一位美女回来了。接着，长官对士兵说：“你还有两个愿望，说吧！”士兵说：“我要和我的马再

说几句话。”长官又同意了。第二天马又带回来一位美女。最后，长官说：“你还有最后一个愿望，说吧！”士兵还是说：“我还是要和我的马说几句话。”长官感到很奇怪：这家伙，死到临头了，三个愿望难道都是美女？于是他就悄悄地走到马厩旁，想听个究竟。只见这位士兵揪着马耳朵大叫：“我是叫你去带一个女（旅）的人来，不是一个女人！”弄了半天，原来这位士兵的方言存在 n 和 l 不分，也就是鼻音、边音不分的现象，怪不得他会“旅”和“女”不分。

案例点评

随着现代社会各个方面的迅猛发展，各地区的人们因为求学、求职、经商、旅游等交往日益频繁，为了有效避免方言差异带来的沟通障碍甚至无法沟通的情况，普通话的学习尤其是标准普通话的学习显得十分必要且十分重要。毫无疑问，在我们日常的学习和生活交际中，普通话已充分发挥了其克服方言隔阂、增进相互沟通交流、促进社会交往的巨大作用。

上面的案例中，鼻音与边音不分的现象在某些方言区（如湖南、湖北、四川等）较为常见。很多方言区的人除了鼻音、边音分不清，普遍还存在后鼻音和前鼻音不分、舌尖后音和舌尖前音不分（如粤方言、闽方言、客家方言）、四声调使用和普通话不对称的现象，有些方言区还存在 j、q、x 与 g、k、h 不分，f 和 h 不分，i 和 ü 不分等情况。

在普通话训练过程中，可以利用汉字的声旁或韵母类推的方法记住一些代表字，比如哪些字的声母是 zh、ch、sh，哪些字的声母是 z、c、s；还可以借助声韵的配合规律来分辨，例如 ua、uai、uang 三个韵母，在普通话中只跟 zh、ch、sh 拼，不跟 z、c、s 拼；也可以通过字词的对比训练，比如对比辨音练习 an 和 ang（训练方法：读准韵母，再分别造词），如 an—ang：反问—访问；开饭—开放；心烦—心房；铲子—厂子。

绕口令训练也是一种有效的方法，比如：柳林镇有个六号楼，刘老六住在六号楼。有一天，来了牛老六，牵了六只猴；来了侯老六，拉了六头牛；来了仇老六，提了六篓油；来了尤老六，背了六匹绸。牛老六、侯老六、仇老六、尤老六住上刘老六的六号楼，半夜里，牛抵猴，猴斗牛，撞倒了仇老六的油，油坏了尤老六的绸。牛老六帮仇老六收起油，侯老六帮尤老六洗掉绸上油，拴好牛，看好猴，一同上楼去喝酒。

案例阅读2

付晓飞和付小费

有两个瑞典留学生想起个中文名字，于是他们的中文老师按照他们的英文名发音和汉语音节、人名的特点，帮他们取了中文名：一个叫“卫凯乐”，一个叫“付晓飞”，还跟他们大致解释了汉语意思，两位瑞典留学生感觉还挺自豪的。没想到，第二天，付晓飞来上课时问老师："为什么我告诉中国朋友我的名字时，他们都笑了？"老师一听，原来这位留学生把"付晓飞"说成了"付小费"。

案例点评

要训练标准的普通话，除了分清易混淆的声母和韵母，声调的学习也不可忽视，尤其是对于一些本国母语没有声调的留学生来说更要注意。中国人学习普通话时，如果自己的方言声调与普通话有差异，就要把握准确普通话的阴、阳、上、去四声调。常用的训练方法有三种：一是用包含四个声调的词语和成语练习；二是跟读朗诵练习；三是记住一些声调特征明显或容易混淆的字词。

场景式实践训练与评估

熟读以下四首绕口令，分清易混淆的普通话声母、韵母和声调。以以下任一绕口令为例，介绍自己老家所在的方言区用普通话进行沟通时，容易在声、韵、调方面犯错的地方。

1. 黑化肥发灰，灰化肥发黑；黑化肥发灰会挥发，灰化肥挥发会发黑；黑化肥挥发发灰会挥发，灰化肥挥发发黑会发挥。

2. 树上结了四十四个涩柿子，树下蹲着四十四头石狮子；树下四十四头石狮子，要吃树上四十四个涩柿子。涩柿子不让石狮子吃涩柿子，石狮子偏要吃四十四个涩柿子。

3. 尤大嫂去买肉，冉大妈去买油，尤大嫂买肉不买油，冉大妈买油不买肉。俩人集上碰了头，尤大嫂请冉大妈到家吃炖肉，冉大妈请尤大嫂去她家喝蜂蜜白糖加香油。

4. 七巷一个漆匠，西巷一个锡匠。七巷漆匠偷了西巷锡匠的锡，西巷锡匠拿了七巷漆匠的漆。七巷漆匠气西巷锡匠偷了漆，西巷锡匠讥七巷漆匠拿了锡。请问锡匠和漆匠，谁拿谁的锡？谁拿谁的漆？

评价表

总分：

<table>
<tr><th>绕口令朗读标准、清晰、流畅（50 分）</th><th colspan="4">分享各自方言区以普通话沟通时声、韵、调易错之处（50 分）</th></tr>
<tr><td rowspan="3">评语</td><td>自我评价</td><td></td><td>学员签名</td><td></td></tr>
<tr><td>同伴评价</td><td></td><td>同伴签名</td><td></td></tr>
<tr><td>教师评价</td><td></td><td>教师签名</td><td></td></tr>
</table>

阅读链接

1. 王志刚．口才艺术与人际沟通．北京：北京大学出版社，2010.

2. 普通话学习网．

任务二 语速、语调、语气技巧

重难点：该任务中思想文化教育的落实；沟通与礼仪的语速、语调和语气技巧的运用

在人际沟通中，除了要做到语音清晰，还应做到表意明确，这需要在使用较标准的普通话进行沟通的同时，学会选用准确的词句来表达思想感情。要清晰准确地表达个人的思想、生动地传情达意，语速、语调、语气表达技能必不可少。这些技能主要有语句的停顿与连贯、语音的轻重、语速的快慢、语调的高低、语气的交错和情感的调度等多个方面。

第一，任何人进行沟通，都不可能一口气连续不停地表达，必然要有语句的停顿与连贯技能的运用，清晰地表达也是人际沟通的礼仪所在。恰当运用停连关系，能够让沟通显得跌宕有致、层次清晰。第二，要注意语音的轻重，在表达时对需要突出的内容做重或轻的处理，毕竟每个人说出来的每段话，其内容的重要性并不都是一样的。第三，要注意语速的快慢，这既与个人的沟通风格、心理状态、沟通环境有关，也与沟通的内容有很大的关系。沟通者在与人交际的过程中应做到语速快慢得体、缓急合适、快而不乱、慢而不滞，以实现清晰明了地沟通，有声有色地沟通，直达人心地沟通。第四，日常沟通交际中，若目中无人，则语调平直；若目中有人、心中有情，语气、语调、语速便自然满含情义。目中无人的平直语调也容易引起对方的听觉疲劳，所以在交流的过程中适时地使用高升、曲折、降抑语调，可以大大提升个人说话的感染力与吸引力。第五，同样一句话，若用不同的语气来表达，可以使人产生不同的心理感受，因此在沟通中，语气的运用亦非常重要。语气的类型有很多，或声硬气足，或声沉气缓，或声急气促……要结合说话的需要交错使用合适的语气，显示出对对方的态度。

在与人沟通的过程中，语句的停顿与连贯、语音的轻重、语速的快慢、语调的高低、语气的交错都要以内在的真情实感为根本，没有内在的真情实感，这些技巧的使用就会显得浮夸与造作，唯有沟通者的真情实感才能换来对方的感同身受。总之，选准用词、提升技巧，恰当抒发个人情感，形成个人所特有的沟通韵律和魅力，最终就可以实现鼓舞人、打动人和说服人的目标。

案例阅读1

会不会修电视机

张大妈家的电视机出毛病了。她想起隔壁的小刘是个电工，就去敲小刘家的门："小刘呀，你会不会修电视机？"

"我不会修电视机。"（重音放在"修"字上）

"不会修，敢情是装配过电视机……"

“我不会修电视机。”（重音放在“电视机”三个字上）

“我家收录机也坏了，帮我……”

“我不会修电视机。”（重音放在“我”字上）

“你们厂的小哥儿多，你帮我找一个……”

小刘急得直抓头，说：“大妈，你怎么总是听不懂我的话呢？”

张大妈问：“我说，你怎么老是把话答岔呢？”

案例点评

张大妈问小刘话，为什么小刘“答非所问”？原因就是小刘在语言表达的过程中，不恰当地使用了语音的重音。第一次重音在“修”字上，让张大妈认为他强调不会“修”，但“组装”还是懂的；第二次重音在“电视机”上，这让张大妈认为他强调不会修“电视机”，但是会修其他电器；第三次重音在“我”字上，又让张大妈认为他的同行会修。还真不是张大妈听不懂，而是小刘在沟通过程中重音使用不当，导致了沟通不顺，相互间的理解出了问题。

案例阅读2

约翰先生和锁匠

有一次，约翰先生穿着拖鞋走出家门，打算取出邮筒的邮件并给前院的草坪浇浇水，突然一阵大风刮过，门被“砰”的一声关上了。他身上没带钥匙，而这时已是晚上六七点钟。万般无奈，他只好向邻居借电话，请锁匠来开锁。于是，围绕着劳务费即价格问题，约翰先生和锁匠之间进行了沟通对话。约翰说：“你说个价钱吧！”锁匠想了一下，说：“价钱嘛……55 美元。”约翰心想：糟糕，家里到底有没有这么多现金？搞不好得开车去银行取钱。要不要先跟邻居借一下呢……正当他还在思索时，没想到年轻的锁匠听他不吭声，以为他生气了，马上不好意思地说：“好吧，好吧，50 美元好了。”约翰觉得好惊讶，正不知如何回应。“嗯……现在是晚饭时候了……就算你 45 美元好啦。”其实约翰也不知道行情是多少，估计是锁匠心虚自动降价。随后，约翰终于开口了：“40 美元！”这时候，锁匠一副如释重负的样子，说道：“好吧，不过你得给我现金。”

案例点评

古人云：“言而当，知（智）也；默而当，亦知（智）也。”在沟通过程中巧妙地使用停顿是沟通者说话艺术的一种表现。停顿的最直接表现形式就是沉默做思考状，停顿是一种无声的语言，运用得当可以发挥“此时无声胜有声”的作用。案例中的约翰无意中恰当地运用了停顿，也收到了意想不到的沟通效果。

场景式实践训练与评估

下面是《雷雨》中鲁侍萍回忆往事、揭露周朴园对自己始乱终弃的两段话，一段是相认前，另一段是相认后，相认前后，鲁侍萍的怨愤之情由克制到逐渐爆发，语气、语调和语速也起了变化。试体会当事人所处的场景，用恰当的语气、语调和语速朗读下面的文字，与大家分享。

相认之前：

鲁侍萍："她是个下等人，不很守本分的。听说她跟那时周公馆的少爷有点不清白，生了两个儿子。生了第二个，才过三天，忽然周少爷不要她了。大孩子就放在周公馆，刚生的孩子她抱在怀里，在年三十夜里投河死的。"

相认以后：

鲁侍萍："哭？哼，我的眼泪早哭干了，我没有委屈，我有的是恨，是悔，是三十年一天一天我自己受的苦。你大概已经忘了你做的事了！三十年前，过年的三十晚上我生下你的第二个儿子才三天，你为了要赶紧娶那位有钱有门第的小姐，你们逼着我冒着大雪出去，要我离开你们周家的门。"

评价表

总分：

场景体会和运用（20分）	评价人及签名	语气轻重（20分）	语速快慢（20分）	停顿（20分）	语调起伏（20分）
评语	自我评价及签名				
	同伴评价及签名				
	教师评价及签名				

阅读链接

1. 朗诵网 .
2. 曹禺 . 雷雨 . 北京：人民文学出版社，1999.

任务三　用语文化和文明技巧

重难点： 该任务中思想文化教育的落实；用语文化和文明技巧的运用

在沟通与礼仪中，要学会选用精确的词句来传达信息，表达思想，传递情绪和情感。口语沟通不同于书面语沟通，一些语音相同或相近而语意不同的词语，往往会使对方误解。比如，"这次参加考试的学员全部合格"，看书面语不会有误解，但转变成口语就容易将"全部"听成"全不"。又如，有人因为把朋友的一句"你做事件件都讲究"听成了“你做事件件都将就”而引发了口角。可见，在口语沟通中，要做到表意明确，首先就要用准词语，尤其要注意避免使用容易引起误解或存在歧义的词语；同时，必须根据角色、对象、场景和心境等要素来选择所用的词语和句子，以实现有文化、讲文明的沟通。

从语言与文化的关系来看，二者相互影响、相互制约。语言既是文化的一个组成部分，又是文化的载体，因此，语言运用中渗透着文化的巨大影响。由于沟通与礼仪蒙上了浓厚的文化色彩，所以，在一定的场景里，沟通与礼仪活动实际上就是一种文化活动。由于文化的差异，己方认为得体合适的话，可能招致对方的捧腹大笑；己方觉得毫无恶意的话，可能引起对方的反感、不悦，甚至是愤怒。比如在广东，可以用“靓仔”和“靓女”称呼幼儿园的小朋友，也可以称呼老大爷和老奶奶，这在北方很多地方是不可以的，在北方，“美女”的称呼专用于年轻女性，“帅哥”也只用于称呼年轻男性。不了解这些，就有可能引起误解，导致误会。沟通中的语言使用要考虑不同民族、不同区域、不同行业和职业以及不同群体等的文化特点。

“言为心声，语为人镜”，文明用语不仅是对他人的尊重，也是个人修养与素质的体现。“礼到人心暖，无礼讨人嫌”“与人良言，暖于布帛；伤人之言，深于矛戟”“良言一句三冬暖，恶语半句六月寒”，这些都充分地说明了沟通与礼仪中用语文明的重要性。事实上，正是由于用语文明化，人们才能愉快地交际，人们的思想才得以沟通，观念才得以碰撞，灵感才得以出现；正是由于用语文明化，人们的感情才得以表达，情谊才得以培育。要做到用语文明，应注意态度诚恳、措辞谦逊、避开忌讳、把握分寸。

态度诚恳，是文明用语的前提，它有别于虚情假意的客套。措辞谦逊，则要求与他人沟通时用好敬语敬辞、谦语谦辞。如称呼对方家人用“令尊”“令堂”“令郎”“令爱”等，称呼自家人用“家父”“家母”“家严”“家慈”等。在人际沟通中，要注意避开忌讳，一般的交谈或与关系平常的人交谈，坚持“六不问”，即对人的年龄、婚姻、住址、收入、经历和信仰都不要询问，这些都属于个人隐私问题。在沟通内容上，一般不要涉及疾病、死亡、灾祸等不愉快的事情，遇到不得不说的情况，以“仙逝”“驾鹤西去”等代替直接说“死”字。与人沟通，还要注意亲疏有度、把握分寸，“交浅”不可“言深”；男女有别，雅俗不同，老少有差异，谨言和随意应区分，还有职场中上下级的用语也有区别等，这都是沟通的基本文明礼仪。一般而言，善意的、诚恳的、赞许的、礼貌的、谦让的话语应多说；恶意的、虚伪的、贬斥的、无礼的、强迫的话语不应说，因为这样的话语只会造成冲突，破坏关系，伤及感情。当然，有些话虽然出自好意，但如果措辞用语不当，语速、语调和语气不妥，也可能导致坏的结果。掌握沟通用语的分寸，才能获得好的人际交往效果。

案例阅读1

朱元璋的赏与罚

明代开国皇帝朱元璋少年时家里很贫苦，常和一些穷孩子放牛砍柴。后来朱元璋做了皇帝，他从前的一些穷朋友还过着很苦的日子，大家听说儿时的伙伴做了皇帝，都想找朱元璋沾点儿光，弄个一官半职。其中有两个与朱元璋小时相处较多的穷朋友，他们结伴而行，来到皇宫中见到了朱元璋。第一位穷朋友开口说："还记得我们一起割草的时候吗？有一天，我们在芦苇荡里偷了些蚕豆放到瓦罐里去煮，没等煮熟你就抢豆子吃，把瓦罐都打破了，豆撒了一地，你抓了一把撒在地上的豆就往口里塞，却不小心连草叶子也送进嘴里了，结果一根草棒卡在喉咙里，卡得你直翻白眼，还是我出的主意，弄了一把青菜叶子放在手上一揉，塞到你嘴里叫你硬咽下去，才把草棒子吞了下去，不然，你哪有今天啊！"朱元璋一听，顿时变了脸，连忙喝叫武士把他推出去斩首。可怜这个穷朋友，官没做成却成了刀下鬼。朱元璋又问同来的另一位穷朋友："你有什么说的？"那人连忙答道："想当年，微臣跟随陛下东征西战，一把刀斩了多少'草头王'。陛下冲锋在前，抢先打破了'罐州城'，虽然逃走了'汤元帅'，但却逮住了'豆将军'，遇着'草霸王'挡住了咽喉要道，多亏了'菜将军'帮忙，不然，哪有今天啊！"朱元璋听了，顿时心花怒放，夸奖道："这才是寡人的功臣啊！"随即降旨大赏。

案例点评

朱元璋登上帝位之后，身份与当年可谓是天壤之别，前为平民、苦僧、乞丐，后为九五之尊，贵不可言。发小前往投奔，期待能赏赐个一官半职。但可怜第一位发小，不知道"到了什么山头唱什么歌"的道理，在皇帝面前，沟通呈现的内容为揭老底、戳痛处、炫糗事，而且语气中带着戏谑，丝毫没有对天子的尊重与敬畏，最终的后果是龙颜大怒，自己成了刀下鬼。第二位发小见机行事，懂得今非昔比，儿时的伙伴如今贵为天子，面对朝廷文武百官，他表达出"主上"自小就有不凡的龙威，扬"主"战功，迎合天子当下的需求，适合官场和朝堂文化。同样的一件恩德之事，选择不同的词语，运用不同的语速、语调和语气技巧，表达的结果截然不同。

案例阅读2

小郑的"礼"和"理"

某大酒店客房部实习生小郑和往日一样，整理完工作车，便开始了一天的工作。小郑根据情况来到905房间打扫卫生，整理床的时候，听到走廊内有人叫服务员。她便立即放下手中的工作，快步走出房间。906房间门口站着一位先生，手里拎着很多东西，小郑微笑着迎上去问候客人，并询问有什么事需要帮助。站在906房间门口的先生说："我的一位朋友住在906房间，早上他打电话给我，让我把东西送过来，并在这里等他回来。""先生，请问您朋友贵姓?"小郑微笑着问客人。"怎么，不信任我?"客人用质疑的语气反问小郑，并把手里提的东西往地毯上一放，从上衣口袋里掏出他的证件，伸到小郑面前，是警官证。小郑明白客人误解了自己的意思，但还是有礼貌地笑着对客人说："先生，您误会了，首先，我对您肯定是信任的，但是您的朋友住我们的酒店，这个房间目前的使用权归他，如果不经他本人同意，我们是无权为任何人开门的。您想，如果这个房间是您的，而在您不在的情况下，我们服务员……"

访客听完小郑的一席话后，脸上流露出了温和的笑容。他拿起手机拨通了朋友的电话，讲明情况，又把电话递给了小郑。电话里说："小姐，谢谢你，我是906房间的客人，叫××，麻烦你把房间门打开，让我的朋友进去，我马上就回来，谢谢!"挂断电话后，小郑对访客说："先生，对不起，请稍等，我去拿钥匙。"小郑借机打电话到总台，对906房间的情况再次进行了确认，并在最短的时间内来到了客人面前打开房门，帮客人把东西提进房间。放好东西后，小郑礼貌地为访客沏了一杯茶，放到他面前。来访的先生微笑着对她说："小姐，你对工作这样认真负责，我的朋友在这里住，还有什么不放心、不满意的，谢谢你!"小郑听到访客的赞赏，心里十分高兴，并对访客说："应该谢的是您，谢谢您对我们工作的支持和理解，耽误了您这么长的时间，实在抱歉，您先休息一下，喝点茶水，如有什么事情，可以拨打电话××××，我们随时为您提供服务。"说完之后，小郑便退出房间，并帮访客关好房门，继续做自己的工作。

案例点评

上面的案例展现了用语文明有礼的重要性。访客在实习生小郑的耐心解释下，由不高兴到认可，再到最后的赞扬，说明小郑恰如其分地做到了言之有"礼"、言之有"理"。作为楼层服务人员，在某种程度上担负着客人安全保卫的职责，小郑在安全方面有着极高的警惕性，在对客服务过程中很好地做到了这一点。在通过访客电话确认之后，小郑没有立刻拿出钥匙给访客开门，而是以去拿钥匙为由礼貌地让访客稍等，借机在最短时间内与总台联系，再次对906房间的情况进行确认。试想，此时如果小郑这样回答客人："我不能确认电话中您朋友的身份与我们登记的信息一致，我得去前台查询核实。"就有可能冒犯来访者，再次引起对方的不悦，小郑的回答"先生，对不起，请稍等，我去拿钥匙"既做到了尊重对方，又为自己进一步核实信息争取了时间，也给出了令访客满意的答复。"让客人满意"是不少行业文明服务的宗旨，如何提升个人服务的能力，尤其是服务沟通能力，小郑的做法值得借鉴。

场景式实践训练与评估

文明用语是一个人良好的文化素养和文明修养的体现。举例说说自己因为不懂文化和文明用语导致尴尬与受挫的经历，也可以说说自己因为准确文明用语收获的美好记忆。

评价表

总分：

场景表达针对性强（50 分）	自我分析和评价明确（50 分）			
评语	自我评价		学员签名	
	同伴评价		同伴签名	
	教师评价		教师签名	

阅读链接

1. 谢红霞．沟通技巧．3 版．北京：中国人民大学出版社，2018.
2. 贾鹏．微沟通：无“微”不至的沟通艺术．北京：企业管理出版社，2012.

项目场景式综合实践活动

1. 实训内容：在影视作品或其他节目中查找并剪辑 3 分钟左右准确运用人际沟通与礼仪有声语技巧的典型视频案例；拍摄 2 分钟小组对视频案例中沟通与礼仪有声语运用的点评视频，点评者出镜拍摄，准确运用有声语技巧，并注意点评方式、形象礼仪与背景和谐，最后合成完整协调的 5 分钟左右微视频。

2. 实训方式：2～4 人为一个小组，协调好小组成员各自的分工和完成任务的进度。

3. 实训成果：小组经过查找、剪辑、文案写作、拍摄、编辑、审核完成微视频，并按照时间要求上传至职教云平台。

项目八　人际沟通与礼仪之体态语

关键词：体态语；体态语技巧

根据赫拉别恩法则：信息交流的效果＝7％的语言内容＋38％的语调、语速、语气＋55％的表情和动作。表情和动作总称为体态语言，亦称人体示意语言、身体言语表现、动作语言、态势语等，是沟通与礼仪中传情达意的一种重要方式和载体。体态语言既是身体语言，又是心理语言的外露。常见的体态语主要有情态语言、身姿语言、空间语言。

情态语言是指人脸上各部位动作构成的表情语言，如微笑语言、目光语言等。在沟通交往中，微笑语言、目光语言都能传递大量信息。人的面部表情是人内心世界的“荧光屏”。人的复杂心理活动往往会从面部显现出来。嘴的动作是构成面部表情的主要因素，微笑是沟通与礼仪中最美好的语言，是人际交往中的润滑剂，具有解决问题的非凡魅力。达·芬奇说：“眼睛是心灵的窗户。”心理学家海斯在《暴露真情的眼神》一书中写道，在人类所有的沟通信号中，眼神是最能说明问题、最准确的信号。目光语言的功能体现在复杂的动作上：眼睛炯炯有神，是人心情愉快、对前途充满信心的反映；急速眨眼，是在掩饰内心的恐惧；眼球不停地转动，表示可能在打什么主意；双方对视时，一方突然把视线转移，一般意味着胆怯和退缩。

身姿语言包括坐立行走姿势、手势和头部姿势。一位运动员赛场上的英姿，可以展现一个民族的风采；一位商人从事国际贸易，其身姿语言中能透出母国的实力；一位国家领导人，举止动作和语言中往往流露出国家的自信和文明程度。譬如第二次世界大战期间，英国首相丘吉尔在结束演讲时，举起右手，伸出食指和中指，构成“Victory”首字母的“V”字形，代表“胜利”，结果引起了全场欢呼。这个手势沿用至今，人们一直用它来表示鼓舞和增加信心。

空间语言，指的是社交场合中人与人身体之间所保持的距离间隔。空间距离是无声的，但它对人际交往具有潜在的影响和作用，有时甚至决定着人际交往的成败。空间语言可以表明对他人的态度和与他人的关系。谈判时，双方坐在谈判桌的两边，空间语言中透露出严肃紧张的气氛；心理医生所坐的座位一般与患者的座位呈 45 度角，这是用空间语言表明愿意倾听患者的心声。空间一般可分为四种：亲密空间、个人空间、社交空间、公共空间。

体态语的产生先于有声语言，口语可以包装，而体态语常常难以掩饰，它往往直接反映一个人的心理活动。我们在学习沟通技巧时，既要学习如何使用体态语去正确传情达意，又要学习如何通过沟通对象的体态语大致判断其所思所想。比如，在人际沟通与礼仪中，倾听是重要的沟通方式，而是否在倾听，是否在用心倾听，是认同赞许还是质疑否定等，都可以通过体态语表现出来。

在人际沟通与礼仪中，除有声语和体态语外，还要注意叹气、打哈欠等类语言，以及音乐、图画、标语等背景语言的辅助表达作用。

任务一　认知体态语

重难点：该任务中思想文化教育的落实；体态语的丰富性、形象性和广泛性

体态语包括情态、身姿、空间等语言，在人际沟通过程中有着非比寻常的意义，具有形象生动和应用广泛等特点。各个民族、群体、团队及个人都有自己特有的体态语，也有世界通用的比如微笑、握手、拥抱等体态语。随着时代的发展，体态语的内涵和外延都在发生着变化。

在有声语产生之前，除了有限的类语言，体态语是人类交流思想与感情的重要途径，并且一直伴随着有声语的产生和发展，其在沟通与礼仪中的效能是超过有声语的。赫拉别恩法则表明，在人们的交流中，有声语传达的信息、情感和思想只是一小部分，非言语因素传递的含义和有效性占了绝大部分。在特殊场景中，有声语甚至会多余，而体态语却能达到“此时无声胜有声”的效果。

案例阅读1

曾国藩的识人术

晚清名臣曾国藩颇有用人之明，曾提拔了左宗棠、李鸿章等名臣。

某次，李鸿章带了三个人请曾国藩任命差遣，当时曾国藩刚吃饱饭正在散步。他有饭后缓行三千步的习惯，所以那三人就在一旁恭候。

散步之后，李鸿章请他接见那三人，曾国藩却说不必了。李鸿章很惊讶，曾国藩说道：“在散步时，那三个人我都看过了，第一个低头不敢仰视，是一个忠厚的人，可以给他保守的工作；第二个喜欢作假，在人面前很恭敬，等我一转身，便左顾右盼，将来必定阳奉阴违，不能任用；第三个人双目注视，始终挺立不动，他的功名，将不在你我之下，可委以重任。”

后来三人的发展，果然不出曾国藩所料，而第三人就是清末重要将领刘铭传。

缓行三千步，不过一小时的光景。就这一小时的光景，决定了三个人的命运。有人也许要说，曾国藩这也太绝对了吧。其实，一个人的品性，是可以在很短的时间内从他细微的体态动作中看出来的。曾国藩的高明之处就在于，他在缓步的过程中不动

声色地仔细观察了这三个人。这是一场未曾事先通知的考试，因此，三个人的表现也都发乎本性。

案例点评

曾国藩知人善用，一生发掘并栽培贤将无数。他平时留心观察人，并提出了著名的“五到”，即“必取遇事体察，身到、心到、手到、口到、眼到者”。其中“眼到”特别强调“着意看人”，“手到”提出“于人之优劣，事之轻重，随手笔记，以备遗忘”。可见曾国藩平时与人接触时不只是听其言，更注意看其表达身态。他曾在日记中写道：因忆昔年求观人之法，作一口诀。这个口诀就是识人口诀，也可以说是曾国藩对相人术的总结：

邪正看眼鼻，真假看嘴唇。

功名看气概，富贵看精神。

主意看指爪，风波看脚筋。

若要看条理，全在语言中。

这则口诀告诉我们，在判断一个人时，不仅要听他怎么说，更要看他怎么做，正所谓“眼斜心不正”。因此，我们与人交流时要平视对方，多用开放式动作，大方自然，站要站稳，手势要舒展。站立行蹲、举手投足、服饰妆容都能告诉别人你是一个怎样的人。动作姿势是一个人思想感情、文化修养的外在体现。一个胸怀大志、品德端正、富有涵养的人，其举手投足必然优雅大方；一个胸无点墨、趣味低级、缺乏修养的人，其言语动作常显得猥琐、粗鄙或鲁莽。在人际沟通与礼仪中，我们必须留意自己的形象，注意动作与姿势，因为我们的动作、姿势是别人了解我们的一面镜子。我们也可以通过别人的动作、姿势来衡量和了解别人。

案例阅读2

柳永笔下的“执手相看泪眼”与苏轼笔下的“羽扇纶巾”

柳永、苏轼是我国北宋时期不同风格的著名词人。传统社会的离别被文人抒写得或慷慨悲歌，或如诉如泣。柳永在他的《雨霖铃》中抒发与情人离别的悲伤，感人至深：“都门帐饮无绪，留恋处，兰舟催发。执手相看泪眼，竟无语凝噎。”两人离别时虽无一言一语，但动作、表情却把内心悲痛难舍的离情别绪表达得淋漓尽致。

苏轼有感于自己的落魄，状写自己倾慕的英雄豪杰周瑜，没有什么豪言壮言，仅仅是几个典型的体态语的描写，英雄就如在眼前：“遥想公瑾当年，小乔初嫁了，雄姿英发。羽扇纶巾，谈笑间，樯橹灰飞烟灭。”通过对周瑜的体态语和有声语的描绘，活灵活现地展示出一个雄姿勃发和运筹帷幄的青年将领形象。

案例点评

案例中，无论是写自己的柳永还是写他人的苏东坡，都是主要以人物的体态语来表达自己深挚的思想情感，特别形象生动和传神，他们对笔下人物体态语的描写细致入微，足以表现人物和场景。

体态语在沟通与礼仪中主要有三种作用：一是传递信息，表达思想、情感。有些思想、情感和信息单纯依靠有声语言难以尽言，借助体态语就可以得以补充或强调。二是沟通心灵，表达情感。美国的朱利·法思特在《人体语言》一书中指出："一个懂得人体语言并善于应用人体语言的人，如果能将他所了解的姿势同周围人的感情联系起来，他将永远比对方胜过一筹，处于主动地位。"三是动态表现，直观形象。在沟通过程中，虽然有声语也是动态的，但只作用于听觉，在此基础上辅以体态语，就能同时作用于听觉和视觉，产生动态的直观形象。有声语和体态语的协调统一，所产生的冲击力就远远大于单一的有声语了。同时，优美的体态语还能使人获得自我形象的审美价值，自我形象的审美价值越高，与人合作的机会就越多，所以重要的合作和交际往往要亲临现场。

场景式实践训练与评估

人际沟通与礼仪活动中，如果没有体态语的恰当运用，沟通者就会显得拘谨甚至尴尬，但是过多或不恰当的体态语也会让人望而生厌，自然、自信和贴切的体态语才会让沟通与礼仪活动行云流水。

1. 两人一组，以"匆匆那时的我们"为话题，进行 3 分钟沟通与礼仪场景对话。

2. 场景活动结束后，互相评价对方在表达和倾听时使用的体态语是否恰当、自然和自信。

评价表

总分：

体态语的运用恰当、自然、自信（50 分）	评价有声有色（50 分）		
评语	自我评价		学员签名
	同伴评价		同伴签名
	教师评价		教师签名

阅读链接

1. 亚伦·皮斯，芭芭拉·皮斯．身体语言密码．王甜甜，黄佼，译．北京：光明日报出版社，2018.

2. 唐·加博尔．5 分钟和陌生人成为朋友．韩俊燕，张鹤凌，译．北京：中华工商联合出版社，2011.

任务二　体态语技巧

重难点： 该任务中思想文化教育的落实；人际沟通与礼仪中如何娴熟地运用体态语技巧

体态语在人际沟通与礼仪中能反映人们的心理活动，对体态语技巧进行研究，能够让身体语言帮助我们在沟通中更好地表情达意，同时准确判断和感受他人体态语的含义。在《5 分钟和陌生人成为朋友》一书中，作者唐·加博尔探索出了一个软化他人身体语言“SOFTEN”法则。

S：Smile，微笑。微笑来自快乐，会带来快乐并创造快乐。在沟通过程中，微微一笑，就容易被对方真正接受。微笑能使沟通气氛变得轻松、自然和愉悦，也能使人自然放松，不知不觉地缩短心理距离。一个活力四射、随时保持爽朗笑容的人具有天然的魅力。微笑要做到真诚、适度和得体，这是需要修炼的。

O：Open Posture，开放的姿势。双臂交叉放在胸前，属于防御性姿势，会引发沟通对象的戒备心理。双手交叉在背后会显得比较有信心和气势，不过在东方文化中，这种姿势显得有些不够谦虚谨慎。比较而言，双臂自然下垂或者在适当的时候微屈前臂伸出双手，这种开放性的肢体语言比较放松，容易让人亲近。如果做不到开放的姿势，不妨双手交叉放在腰以下，但不要用手搓来搓去，这是不自信的表现。

F：Forward Lean，身体前倾。当与他人沟通交谈时，身体轻微前倾表明你正在听对方讲话，并感兴趣，这是一种恭维的姿态，对方将愿意继续与你交谈。但不要离得太近或前倾得太快，否则会侵犯他人的私人空间。

T：Touch，接触。热情而有力的握手表示你对沟通的对象持一种热情而友好的态度。在商务活动中，握手是彼此位置和权力的最好表达。握手时，如果你的掌心向上，意味着你愿意服从对方，对方肯定会喜欢；而掌心向下的姿势比较适合与下级握手时使用，可迅速树立你的威信；平级的同事之间，手掌垂直的握手方式最有亲切平等的感觉。正确握手的技巧还在于与对方使用相同的力度。女士不要为了凸显女性的温柔而伸出绵软无力的纤纤玉手，在职场上这是缺乏信心和能力的表现。

E：Eye Communication，目光交流。眼睛是心灵的窗口，通过眼神的交流所表达的非语言信息可能是最强烈的信号。眼神交流应该是自发的，而不是被迫的，或者过于主动的。目光的交流会影响他人对你的信任和评价。做眼神交流时，中间最好有一个简短的间隔，目光接触要适度，切记不要一直盯着他人，这样反而会让人感到不适。

N：Nod，点头。点头表示你正在听，并能理解对方所谈的内容。当然，点头不一定意味着赞同。

今日英才教育集团总裁黄一鸣先生认为，关于肢体语言有以下 15 点注意事项：不要双手环抱在胸前或者跷二郎腿；保持眼神交流，但是不要一直盯着别人；人与人之间保持一定距离；双脚不要紧闭，显得有自信；放松你的肩膀；当听别人发表意见的时候，轻微点头表示对讲话者的尊敬；不要作风懒散、弯腰驼背；如果对别人的讲话很感兴趣，上身可以轻轻前倾以表示自己的兴趣；微笑，或讲一些笑话让对话环境更轻松；不要不断地触摸自己的脸，这只会让你觉得紧张；保持目光平视，不要把目光集中在地上，给别人一种不被信任的感觉；放慢说话的速度可以让你冷静，减少压力；不要坐立不安，与其让你的手左右摆动或者触摸自己的脸，不如让你的手加入对话中；不要把手保持在胸前，尽量放在腿的两侧，否则会显得拘束；一定要保持好的态度。

案例阅读1

体态语的一项研究

有研究者曾对交叉双臂这一动作进行了研究，得出了一些很有价值的结果。研究证明，交叉双臂这一动作对我们的倾听效果有非常明显的危害。

研究者将参与研究的志愿者分为两组，让他们去听同一个讲座，并对两组人的倾听姿势做了规定：第一组人被要求保持双腿和双臂的自然状态，不交叉双臂，也不跷二郎腿，以最轻松、自然的状态听讲座；而第二组人和第一组人在同一地点、同一时间听同一场讲座，但是这些人在听讲座的时候要将双臂交叉紧紧抱在胸前，并且跷起二郎腿。

在实验过程中，研究者发现，第二组人对讲座的内容比较挑剔，常常会反驳讲话人的观点，而第一组人的反对意见相对较少。讲座结束后，研究者对两组人的倾听效果进行了考察，结果发现，第一组实验者比第二组实验者掌握的讲座内容要多38%，可见保持放松的倾听姿态会有更好的倾听效果。因此，在倾听他人说话的过程中，如果我们想听得更全面，就应当保持自然、开放的姿势。

双臂交叉所传递的信息很多，如封闭内心、心情不好、不想与人交流，或是掩饰不满、焦虑等情绪。一般来说，交叉着双臂，说明这个人感觉到很不自在，希望能够保护自己，也可能意味着这个人正在疏离你。因为当人感觉到不安全的时候，他往往会缩小自己的肢体空间。譬如在约会时，若女孩摆出了双臂交叉的姿势，你就应该马上意识到：她对你的观点不是很认同。做出这样的姿势后，对方即使口头上表示赞同你的观点，她的肢体语言也已经很明确地告诉你，她并不赞成你的话。

案例点评

上述案例告诉我们，在沟通中，交叉双臂会降低倾听效果，给对方带来不悦的体验和感受，因此我们在交流时要打开自己的双臂，并尽量通过沟通让对方也打开双臂。要想扭转对方的态度，最根本的方法是找出对方摆出这种姿势的原因，对症下药，尽快使对方改变姿势，转变态度，从而转变与我们沟通的心态。这里有几个既简单又有效的方法可以帮助我们轻松打开对方交叉的双臂：一是找一件物品让对方握着，例如一份报纸、一支笔、一张宣传彩页，这样对方就不得不松开他交叉的双臂。二是找一件事情让他做，例如给他一份问卷让他填写，让他没有机会交叉双臂。三是给对方准备有扶手的椅子，这样他就可以把手臂放在椅子的扶手上。四是在沟通过程中，我们可以随时让对方看一些需要让他变换坐姿才能看到的资料，例如放在桌子上的一个小物品，或者一些图像、影音资料，这一方面可以引导他变换坐姿，另一方面也可以引起他的兴趣。五是如果跟我们沟通的不是长辈或领导，当他做出交叉双臂的姿势时，我们可以通过善意的提醒来让他打开交叉的双臂。

案例阅读2

用身体在说话的帕特里克·亨利

1775年3月23日，美国独立战争时期的自由主义者、著名律师和演讲大师帕特里克·亨利，在弗吉尼亚州议会上以传神的体态表达了要为自由奋战到底、“不自由，毋宁死”的决心。

当天会议上，会议主席中途宣布了刚刚收到的消息：英王乔治三世在英国议会的开幕式上发表了一通“杀气腾腾”的讲话，说北美殖民地发生了“具有刑事性质的暴乱”，并且撂下狠话，要用血与火来回答北美大陆会议的“致英王书”。听到这个消息，会议现场瞬间变得严肃起来，嘈杂声不断。这时亨利再也按捺不住，拍案而起。他三步并作两步走向前，跳上会议大厅中央的一张桌子，抢起一根木棒，用力地敲击着桌子边缘，示意大家安静下来。亨利环顾了一下会场，两眼炯炯有神，有一股夺人的英气和锐气，他的面部表情是庄重的，甚至可以说是带有几分冷峻的。他清了一下嗓子，就凛然开口了，好似有源源不断的喷浆从喉咙里奔涌而出：

“主席先生，没有人比我更钦佩刚刚在会议上发言的先生们的爱国精神与见识才能了。但是，对同一事物的看法往往因人而异，因此，尽管我的观点与他们截然不同，我还是要毫无顾忌、毫无保留地讲出自己的观点，并希望不要因此而被认为是对先生们的不敬。此时不是讲客气话的时候，摆在各位代表面前的是国家存亡的大问题，我认为，这是关系到享受自由还是蒙受奴役的大问题。鉴于它事关重大，我们的辩论应该允许各抒己见。只有这样，我们才有可能弄清事情的真相，才有可能不辱于祖国所赋予我们的伟大使命。在这种时刻，如果怕冒犯各位的尊严而缄口不语，我将认为那是对祖国的背叛。”

在座的代表们目不转睛地望着亨利。亨利的这番开场白，首先肯定了在他之前发言的代表们的良善用心，然后婉转地道出自己与一些代表观点相异，接下来他想要驳斥的，是保守派观点、立场的种种谬误，只听到他继续说道：

“我只有一盏指路明灯，那就是经验之灯。除了过去的经验，我没有什么别的方法可以判断未来。而依据过去的经验，我倒希望知道，十年来英国政府的所作所为，有哪一点足以使各位先生有理由满怀希望，并欣然用来安慰自己和议会？难道就是最近接受我们请愿时所流露出的那种狡诈的微笑吗？不要相信这种微笑，先生们，事实已经证明它是你们脚边的陷阱。不要被人家的亲吻出卖了！请诸位自问，接受我们请愿时的和气亲善与遍布我们海陆疆域的大规模备战如何能够相称？难道出于对我们的爱护，心怀和解的善意，有必要动用战舰和军队吗？难道我们流露过绝不和解的愿望，以至于为了赢回我们的爱，而必须诉诸武力吗？我们不要再欺骗自己了，先生们，这些都是战争和征服的工具，是不列颠国君采取的最后争执手段。”

此刻，他稍稍挑了挑双眉，眼睛里流露出深深的忧虑，进而发出一连串的质问：“主席先生，我要向主张和解的先生请教，这些战争部署究竟意味着什么？如果说其目的不是迫使我们屈服的话，那么哪位先生能指出其有其他动机？在我们这块土地上，还有哪些对手值得大不列颠征集如此规模的海陆军队吗？不，先生们，没有其他对手了，一切都是针对我们而来，而不是针对别人。英国政府如此长久地锻造出的锁链要来桎梏我们了。我们应该如何进行抵抗呢？还要靠辩论吗？先生们，我们已经辩论了整整十年了，可辩论出什么新的抵御措施了吗？没有。”

他抬高了下颏，同时情不自禁地提高了嗓门，继续发问道：“我们已经从各方面考虑过了，但一切都是枉然。难道我们还要苦苦哀告，卑辞乞求吗？难道我们还有什么更好的策略没有使用过吗？先生们，我请求你们，千万不要再自欺欺人了。为了阻止这场即将来临的风暴，一切该做的我们都已经做了。我们请愿过，我们抗议过，我们哀求过，我们也曾拜倒在英王的御座前，恳求他出面制止国会和内阁的残暴行径。可是，我们的请愿受到蔑视，我们的抗议反而招致更多的镇压和侮辱，我们的哀求被置之不理，我们被人家轻蔑地从御座边一脚踢开了。事到如今，我们怎么还能沉迷于虚无缥缈的和平希望之中呢？”

这时亨利稍停顿了一下，咽了一口唾液，会场上有人发出低低的轻叹声。众人从亨利的眼中看到了一团燃烧的烈火，听到他发出了有如狮吼般的几句号召：“没有任何希望的余地了。假如我们仍然渴望得到自由，并维护我们多年以来靠奋斗得来的那些珍贵权利不遭侵犯，假如我们不愿放弃我们长期矢志奋斗的伟大斗争，也不愿半途而废，那么，我们就必须战斗！我再重复一遍，先生们，我们必须战斗！我们要诉诸武力，诉诸那万军之主，这才是我们唯一的出路！”

说到这儿，他下意识地点了点头，眼中开始泛起泪花，然后他用诚挚的、恳求的、充满信心的口吻对着一众代表说道：“先生们，只要我们能妥善利用自然之神赐予我们的有利条件，我们就不弱小。一旦我们三百万人民在自己的国土上，为神圣的自由事业而武装起来，那么任何敌人都是无法战胜我们的。此外，先生们，我们并非孤军作战，主宰各民族命运的正义之神，会号召朋友们为我们而战。先生们，战争的胜负不仅仅取决于力量的强弱，胜利永远属于那些机警的、主动的、勇敢的人们。况且，我们已经没有选择的余地了。即使我们那样没有骨气，想退出这场战争，也为时晚矣！我们已毫无退路，除非甘愿受屈辱和奴役！囚禁我们的锁链已经铸就，波士顿草原上已经响起镣铐的叮当响声。战争已不可避免——那么就让它来吧！我再重复一遍，就让它来吧！”

突然间他的发言戛然而止，他已经讲完了他想要讲的大部分心里话，然而他还有顶重要的一句话没说出口，那就是他对自由的热爱。此时此刻，他为自己内心深处的这些想法揪得心一阵紧，脸激动得通红，手臂随之忽上忽下地挥动着，一句句铿锵有力有如电闪雷鸣般的话语就那样从喉咙里势不可遏地喷吐而出：“企图使事态得到缓和是徒劳的。各位先生可以高喊：和平！和平！但根本不存在和平，战斗实际上已经打响。从北方刮来的风暴将把武器的铿锵回响传到我们的耳中。我们的弟兄已经奔赴战场！我们为什么还要站在这里袖手旁观呢？先生们想要做什么？想要达到什么目的？难道宝贵的生命，美好的和平，最终要以镣铐和奴役作为代价来获取吗？”

当他说出这番话时，语调低沉而痛苦，声音微弱而嘶哑，他佝偻着身躯，双手捧着胸口，缓慢地走向讲台前沿，似乎被沉重的镣铐压得直不起腰来。他的动作和声音感染了听众，他们似乎也被奴役和屈辱压迫得透不过气来，整个会场鸦雀无声。忽然，帕特里克抬起头，挺起胸膛，站直身子，双手高举向上，仿佛拽下了镣铐，他高喊道：

“在这场斗争中，我不知道别人会如何行事，但是对我来说，不自由，毋宁死！”

这一番气贯长虹的演说完毕，掌声、欢呼声响彻整个会场，众人情绪激昂，“拿起武器！拿起武器！”的呼喊声在会议大厅里回响着。

案例点评

为了鼓励和号召大家起来抗争，帕特里克·亨利可以说是将身体语言与演讲内容融合得天衣无缝。他的身体语言毫不夸张，所有的动作和表情都是随着演讲情绪的需要而产生，并为演讲效果做出了显著的积极贡献。

在沟通与礼仪中，切忌动作幅度与话语内容本身不符，如情感平淡却用了高手位的动作，或者情绪激烈却毫无动作等。肢体动作不能过多，也不能用力过猛，幅度与多少要视说话时的情绪和内容而定。平时可从各方面进行训练，如站姿、欠身、表情、手势等。在表情训练中可以着重训练自己的眼神、微笑，多做面部体操，让面部肌肉运用自如。相应的训练如挑动眉毛、蹙眉、舒展眉毛训练，转动眼珠训练，手指牵引视线训练，左右眼交替闭眼训练，在舒缓或欢快的音乐中做微笑练习等。

场景式实践训练与评估

体态语可以让人读懂我们的内心，我们可以通过体态语技巧，让体态语传达出对沟通对方的尊重和理解。列出你在与他人的沟通与礼仪中那些受到欣赏和欢迎的体态语技巧，以及那些让他人不满和生厌的表情及举止，列表后主动向大家陈述。

评价表

总分：

列表清晰、完整、有创见（50 分）	陈述时运用体态语技巧（50 分）		
评语	自我评价		学员签名
	同伴评价		同伴签名
	教师评价		教师签名

阅读链接

1. 习近平总书记到各地视察工作与群众沟通的相关新闻视频.
2. 李克强总理到防灾救灾一线与群众沟通的相关新闻视频.

项目场景式综合实践活动

1. 实训内容：在影视作品或其他节目中查找并剪辑 3 分钟左右准确运用人际沟通与礼仪体态语技巧的典型视频案例；拍摄 2 分钟小组对视频案例中沟通与礼仪体态语的点评视频，点评者出镜拍摄，要运用恰当、丰富的体态语，注意点评方式、形象礼仪与背景和谐，最后合成完整协调的 5 分钟左右微视频。

2. 实训方式：2～4 人为一个小组，协调好小组成员各自的分工和完成任务的进度。

3. 实训成果：小组经过查找、剪辑、文案写作、拍摄、编辑、审核完成微视频成果，并按照时间要求上传至职教云平台。

项目九　人际沟通与礼仪之控场

关键词：主体自控；受众控场；控制场景

前面在阐释人际沟通与礼仪的四要素时提出，其中一个要素是场景，我们在进行沟通时要辨识场景、选择场景、创造场景，但最关键的还是要能控制场景，就如同开车，车速、车况一定要在自己的控制之中，否则就容易出现各种各样的事故。我们常说人要有气场，良好的沟通与礼仪活动需要运用灵活的控场技巧，形成强有力的沟通气场，这样才可以更充分地表情达意，展示自己，发挥自己的优势和潜力，更好地与对方沟通，并真正感染对方、说服对方、打动对方、鼓舞对方，让沟通对象融入你创设的场景中，形成良好的互动和对话氛围，获得良好的沟通效果。

在沟通与礼仪中，场景包括主体、受众和场面三个要素。主动沟通是主体，对方是受众，在良好有效的沟通与礼仪中，主体和受众是互动和对话的关系，两者在一定的场面中进行沟通与礼仪活动。控场技巧指的是沟通主体与受众对自我状态、表达内容、语境气氛、场面等进行有效控制的技能和方法。

任务一　主体自控技巧

重难点：该任务中思想文化教育的落实；沟通主体自控技巧的运用

在人际沟通与礼仪的各种场景中，沟通主体首先要克服紧张、胆怯和心虚。那么，怎样克服这些情绪和心境呢？首先，功夫在平时，平时要多主动积极地与人沟通，并不断用心反思和评估自己作为沟通主体的得失成败，以逐步改进和成长；其次，在较为重要的沟通与礼仪活动之前，做好“功课”，将沟通的内容和对象梳理清晰，了解清楚，并练习掌握必要的技巧；再次，在进行沟通与礼仪活动之前，进行自我控场训练和场景模拟训练，梳理自我形象、气质、风格、有声语、体态语等，发挥优势和长处，克服不足和短板，直到满意为止；最后，放下各种心理负担，要学会自我鼓励和激励，学会观察和倾听对方的心声，学会互动和对话，逐步学会创造和控制场景，做到胸有成竹，信心和力量自然饱满。

在具体的沟通过程中，内容上做到饱满、清晰、具体，能用数字的就不用概述，能用故事的就不用道理，能用最新信息的就不用陈词滥调，能用新视角的就不用老眼光；在结构上，要么一、二、三，要么首先、其次、再次，头头是道；在方式上，修辞话语比平铺直叙好，多种表达方式融合比单一的表达方式好。

人际沟通与礼仪从形式上看，主体和受众是相对的，但从目的上说，有时虽然需要认真专注地听对方说，但更重要的是自己要把想要传达的思想情感等信息准确巧妙地表达出来，以达到交际目的。主体在沟通与礼仪中要时时处处充分发挥自己的优势和潜能，善用对方“关注点”进行调控，使表达的内容、动机、目的及形式与对方的认知、需求、审美相吻合，同时在情绪上可以有悲喜哀乐的自然变化，但不可失控，以免与表达的内容不相称。

案例阅读1

孔明自控说服孙权

《三国演义》中孔明为了实现联吴抗曹的目的舌战群儒，使张昭等人哑口无言，但最关键的还是要说服核心人物——东吴霸主孙权和军事统帅周瑜，他见孙权相貌凛凛，便确定了只可激将不可劝说的沟通策略。

孔明曰：“向者宇内大乱，故将军起江东，刘豫州收众汉南，与曹操并争天下。今操芟除大难，略已平矣，近又新破荆州，威震海内，纵有英雄，无用武之地：故豫州遁逃至此。愿将军量力而处之：若能以吴、越之众，与中国抗衡，不如早与之绝；若其不能，何不从众谋士之论，按兵束甲，北面而事之？”权未及答。孔明又曰：“将军外托服从之名，内怀疑贰之见，事急而不断，祸至无日矣。”权曰：“诚如君言，刘豫州何不降操？”孔明曰：“昔田横，齐之壮士耳，犹守义不辱。况刘豫州王室之胄，英才盖世，众士仰慕。事之不济，此乃天也。又安能屈处人下乎。”孙权听了孔明此言，不觉勃然变色，拂衣而起，退入后堂。众皆哂笑而散，鲁肃责孔明曰：“先生何故出此言？幸是吾主宽洪大度，不即面责。先生之言，藐视吾主甚矣。”孔明仰面笑曰：“何如此不能容物耶。我自有破曹之计，彼不问我，我故不言。”肃曰：“果有良策，肃当请主公求教。”孔明曰：“吾视曹操百万之众，如群蚁耳！但我一举手，则皆为齑粉矣！”肃闻言，便入后堂见孙权。权怒气未息，顾谓肃曰：“孔明欺吾太甚！”肃曰：“臣亦以此责孔明，孔明反笑主公不能容物。破曹之策，孔明不肯轻言，主公何不求之？”权回嗔作喜曰：“原来孔明有良谋，故以言词激我。我一时浅见，几误大事。”便同鲁肃重复出堂，再请孔明叙话。

案例点评

为相为将者，必运筹帷幄之间，决胜千里之外。孔明为激将孙权下决心抗曹，充分控制自己沟通的内容、方式、情绪和姿态等，先是夸大曹操的强势，再指出孙权犹豫的危险，特别以对比的方式暗示与孙权齐肩的刘备绝不投降。面对孙权的愤怒，众人的哂笑，孔明一如既往地淡定，稳操胜券的姿态终于使孙权回嗔作喜。同时作为受众的孙权并不是完全被动的，他和孔明之间是相互转换和互动对话的关系。

我们在职场中与人沟通，不是为了一吐为快，自娱自乐，而是为了相互协作，解决困境和问题，以沟通与礼仪去感动、感染和打动、说服对方。

主体控场，一是自我情绪、表达内容与方式、有声语和体态语等的控制，二是“看人下菜”，说合情合理的话，说实时实地的话，说简洁漂亮的话，说直抵对方心坎的话。

人们喜欢与形象得体、气质非凡潇洒、感情真挚的人沟通，他们富有思想智慧，给人向上的力量，哪怕被批驳，有时也能欣然接受。如果形神举止随随便便，或喜怒哀乐无法自控，就会使人感到不舒服，以至于敬而远之。

主体自控，尽量不要平铺直叙，要巧妙使用表达方式和修辞手法，同时，可变换形体和手势以使对方保持兴趣，敏锐地注意自己留给别人的印象，避免言语失当和失控，当然也不能因此而显得拘谨。此外，还要留意他人对自己所说的话和说话方式有什么反应，及时加以调整。

案例阅读2

研发部的梁经理

研发部梁经理初到公司不出一年，工作表现颇受上级主管李副总赞赏，不管是专业能力还是管理绩效，都获得了大家的肯定。在他的缜密规划之下，研发部一些延宕已久的项目都在积极推进当中。

李副总发现，梁经理到研发部以来，几乎每天都加班。他经常早上来到公司后看到梁经理电子邮件的发送时间是前一天晚上 10 点多，有时甚至会看到当天早上 7 点多发送的另一封邮件。这个部门总是梁经理最晚下班，上班时第一个到。但是，即使是在工作量吃紧的时候，其他同人似乎也都准时走，很少跟着他留下来。

李副总对梁经理怎么和其他同事、部属做沟通工作觉得好奇，便开始观察他的沟通方式。原来，梁经理是以电子邮件向部属交代工作的。他的下属除非必要，也都是以电子邮件回复工作进度及提出问题的，很少找他当面报告或讨论。梁经理对其他同事也是如此，电子邮件似乎被他当作和同事们合作的最佳沟通工具。

李副总还发觉，梁经理的部属对部门逐渐没有了向心力，除了不配合加班，还只执行交办的工作，不太主动提出企划或问题。而其他相关部门的经理也不再像梁经理刚到研发部时那样主动到他房间聊聊，现在大家见了面只是客气地点个头。公司中层开会时的讨论，若涉及梁经理，也都是公事公办的味道居多。

李副总有一次还发现：梁经理和陈经理的办公房间相邻，但他俩竟然是在用电话谈工作。李副总询问陈经理，陈经理笑答，这个电话是梁经理打来的，梁经理似乎比较喜欢用电话讨论工作，而不是当面沟通。

了解这些情形后，李副总找梁经理聊了聊，梁经理意识到了沟通与礼仪是人际关系的表现，需要多种多样的场景和情景。

案例点评

很多管理者在工作中忽视了沟通与礼仪的人际关系特性，在职场上，沟通要针对不同的人、不同的事，选择和创造不同的场景。有的工作需要和同事面谈，这样更具有亲和力，也便于透彻地进行沟通；有的工作需要开会讨论，更显得民主公正；有的工作需要在私下先吃饭、喝茶做好铺垫，再在办公室公事公办；有的工作为了追求效率，通过电子邮箱或者QQ、微信群发布，不一而足。沟通主体对沟通场景以及方式进行选择、创设和控制，也是主体控场的一个技巧。

场景式实践训练与评估

选择一个当下学习或工作中需要讨论解决的问题，进行“无领导小组”讨论。

1. 小组指定2名观察者仔细观察并做好记录，讨论后，各小组成员针对每个沟通主体的目标性、主动性、自控性、热情度、舒适度、协调度等互相进行评价，观察者做观察总结。

2. 小组成员之间通过学习讨论取长补短，讨论时间控制在10分钟左右。

评价表

总分：

讨论发言能运用控场技巧（50分）	点评打分客观准确（50分）		
评语	自我评价		学员签名
	同伴评价		同伴签名
	教师评价		教师签名

阅读链接

罗贯中．三国演义．北京：人民文学出版社，1990.

任务二　受众控场技巧

重难点：该任务中文化思想教育的落实；沟通与礼仪受众控场技巧的运用

人际沟通与礼仪中的受众，与沟通主体是相对和相互转换的关系。作为沟通与礼仪受众，要时刻注意倾听和回应，及时和沟通主体进行内容对接、方式对接、情感对接、氛围对接等，以便形成对话关系，这样让沟通双方或多方尽快和尽可能具有同一方向性、同一原则性、同一结果性，而不是南辕北辙，或者顾左右而言他，除非是敌我对立关系，有意为之。我们常说双方只要有合作的空间，无论是沟通还是做事，暂时处于受众角色位置时，对处于主体地位的对方，就要补台而不是拆台，保持你敬我一尺我敬你一丈的态度。不要被动消极应对，要多赞同和点头，少传递质疑和否定。

沟通与礼仪受众在和主体沟通时，内容上要表达确有其事的材料。材料要真实准确、实事求是，这就需要多用数据说话，多用事实说话，在表达中才显得有说服力和逻辑力量。同时，语言运用要准确，否则倘若内容受到对方的怀疑，语言运用又让人不能接受，受众就难以转化为主体，也就难以控场。此外，表达的内容要富有新意和新信息。受众在沟通中尤其要尽可能地表达出不同凡响、超越一般的内容、见解和感受，这样才能使自己的沟通内容更具有生命力，更易吸引对方注意力。

受众要尽可能运用一定的修辞技巧，以取得不同寻常的沟通效果，比如以对比、排比、比喻、夸张等手法回应，用诙谐幽默的话语回应，以故事、悬念、提问等应答，等等。

案例阅读1

董卿的机智"翻转"

董卿连续十三年主持央视春节联欢晚会，连续八年被评为年度"央视十佳主持人"。某晚，由湖北广播电视台承办、湖北卫视倾力担纲的第22届"星光奖"在武汉落幕，来自全国的优秀电视人共同见证了属于自己的荣耀。而作为颁奖典礼主持人之一的董卿在晚会前也接受了媒体的采访。

颁奖典礼上，央视依然是最大的赢家。对于自己的东家屈屈称雄"星光奖"，董卿直言，不管是"春晚""青歌赛"还是其他类似节目，央视毕竟占地域之优、人才之优，"这个是我们的长项"。不过她也表示，央视一年的节目量大概有一百场，"可见央视整体制作量有多大，就好比A拿1 000件产品，B拿100件产品，同台竞技，A的获奖率肯定会大一些。"不过对于此次湖北卫视2011年度元旦晚会的获奖，董卿便直言这类节目打破传统，创意十足，"其实一些地方台也在找自己的突破口，打造能与央视抗衡的亮点，同样值得央视学习"。

案例点评

古人云："动人心者莫先于情。"真诚、真情而不失机智是打动人心的一把钥匙，沟通者的问题、感情和导向直接影响沟通的效果，也影响受众的理解和接受。相关媒体和湖北卫视主持人用先探寻个人问题、后赞许央视的导向，以及明朗的感情影响受众董卿，让受众与沟通主体呼应共鸣，缩短了相互间的距离，使双方沟通彼此的信息、情感和心灵，更好地让对方接受自己的问题和看法。董卿作为受众给予了积极、机智的回应，很快把自己自然而然地转化为主体，对给予央视的赞许，她以打比方和对比修辞，说明央视频频获奖的正常，既坦诚直言又不沾沾自喜，并且自然地把话题再次引到地方台主持人那里。

董卿就地取材，乘势推波助澜，表达出真诚美好的善意，顺应了自己作为主体时地方台主持人受众的心理需求，也不露痕迹地表现了自己的机智——把掌声和赞颂回应给湖北卫视。

案例阅读2

郭嘉以理完胜众谋士，话语兴奋点句句点到“穴位”

在《三国演义》中郭嘉才智过人，是曹操特别倚重的谋臣。“官渡之战”是我国历史上少有的以少胜多的战例，此前曹操和众多谋士多次讨论了征讨袁绍的策略，但曹操一直心神不定。试看战前曹操和郭嘉的沟通：

郭嘉入，操曰：“公来何事也?”嘉袖出一书，白操曰：“袁绍使人致书丞相，言欲出兵攻公孙瓒，特来借粮借兵。”操曰：“吾闻绍欲图许都，今见吾归，又别生他议。”遂拆书观之。见其词意骄慢，乃问嘉曰：“袁绍如此无状，吾欲讨之，恨力不及，如何?”嘉曰：“刘、项之不敌，公所知也。高祖惟智胜，项羽虽强，终为所擒。今绍有十败，公有十胜，绍兵虽盛，不足惧也：绍繁礼多仪，公体任自然，此道胜也；绍以逆动，公以顺率，此义胜也；桓、灵以来，政失于宽，绍以宽济，公以猛纠，此治胜也；绍外宽内忌，所任多亲戚，公外简内明，用人惟才，此度胜也；绍多谋少决，公得策辄行，此谋胜也；绍专收名誉，公以至诚待人，此德胜也；绍恤近忽远，公虑无不周，此仁胜也；绍听谗惑乱，公浸润不行，此明胜也；绍是非混淆，公法度严明，此文胜也；绍好为虚势，不知兵要，公以少克众，用兵如神，此武胜也。公有此十胜，于是败绍无难矣。”操笑曰：“如公所言，孤何足以当之!”荀彧曰：“郭奉孝十败十胜之说，正与愚见相合。绍兵虽众，何足惧耶。”嘉曰：“徐州吕布，实心腹大患。今绍北征公孙瓒，我当乘其远出，先取吕布，扫除东南，然后图绍，乃为上计；否则我方攻绍，布必乘虚来犯许都，为害不浅也。”操然其言，遂议东征吕布。荀彧曰：“可先使人往约刘备，待其回报，方可动兵。”操从之，一面发书与玄德，一面厚遣绍使，奏封绍为大将军、太尉，兼都督冀、青、幽、并四州，密书答之云：“公可讨公孙瓒。吾当相助。”绍得书大喜，便进兵攻公孙瓒。

案例点评

曹操欲讨伐袁绍，自恨力量不及，便以此事咨询郭嘉，作为沟通与礼仪中的受众，郭嘉意识到这是个战略大方向问题，他首先积极肯定了主体曹操的战略方针（方向性），然后用同一性原则有针对性地作答：以刘邦、项羽为例，然后用“十败十胜”深入细致地进行对比分析，得出一个极为肯定的结论。其所用修辞巧妙、数字分层、内容递进、视野高远、言语简练、结论明晰，这种深谋远虑且特别有层次的“反客为主”的沟通，充满了理性和逻辑，巧妙地对沟通主体曹操进行了各个层面的肯定、夸赞和总结，是最高层面的礼仪，完胜其他众多谋臣。对自己领导的真诚赞美，对敌方袁绍骨子里的不屑和藐视，使沟通客体和主体情感上相通并产生共鸣。郭嘉方向上的同一性、情感上的相通性、内容上的逻辑性、言语上的简洁性、方式上的形象性，彻底解除了曹操当时的疑虑和困惑，让曹操心里甘甜无比，反愁为笑。

因为曹操还没有讨论战术问题，所以郭嘉仅以三言两语提醒曹操考虑战术问题。尤其值得肯定的是，作为沟通客体的郭嘉向曹操和其他众谋臣发表的是高见，但一点儿也不高谈阔论，代表团队的自信但毫无自我夸耀之情、沾沾自喜之词。

郭嘉在沟通时对沟通主体的内心有着透彻的了解，急人之所急，善于运用沟通语言的兴奋点，比如十败十胜的战略结论、先除掉吕布的战术建议，都点到了曹操的“心穴”，自然能唤起对方共鸣。

所谓话语兴奋点，是指沟通中能使沟通对象产生激情、刺激和强烈共鸣的话语。在沟通与礼仪中，能够引起对方兴趣的话题和热切关注的事例、名言、佳句、网络热词以及精辟独到的见解都属于话语兴奋点。在沟通中，可以有计划、有目的地选取一些兴奋点语言，拉近沟通双方的心理距离，以满足对方的心理需要。当然，设置话语兴奋点要像郭嘉那样急人所急，言简意赅，解决困境和问题，顺理成章，水到渠成，不要故弄玄虚、刻意为之。

能否成功地设置话语兴奋点，用语言力度提高“刺激”强度，主要取决于沟通者对沟通内容的熟悉程度、对所说话题的感悟程度、对问题分析的透彻程度和对现实立场的鲜明程度。当然，沟通时也要注意礼仪，无论多么激情慷慨，也不能兴奋时手舞足蹈，自己笑得前仰后合，或者伤心时便放声大哭或泣不成声，或者在现场很不安静，要运用一定的沟通智慧和技巧让自己先平静下来，而不是声嘶力竭，或者给人脸色。

场景式实践训练与评估

以“怎样构建我们团结协作的小组作业任务团队”为主题，进行头脑风暴式讨论。

1. 每组遴选一名主持人、一名记录员。

2. 注意自己沟通时所处的主体或客体的位置，运用恰当的控场技巧：开头、中间和结尾的话语技巧的使用，沟通的内容所选用的材料是否有控场性，是否有感情和激情地控场，是否有逻辑和层次，体态语是否恰当，是否使用了恰当的修辞技巧，发言中是否设置了适当的话语兴奋点。

3. 头脑风暴式讨论后，针对控场效果自评和互评，主持人进行总结。

评价表

总分：

讨论沟通能运用控场技巧（70分）	点评客观准确（30分）	
评语	自我评价	学员签名
	同伴评价	同伴签名
	教师评价	教师签名

阅读链接

1. 罗贯中．三国演义．北京：人民文学出版社，1990.
2. 王光华．实用口才交际训练．北京：机械工业出版社，2010.

任务三　场景控场技巧

重难点： 该任务中思想文化教育的落实；如何理解和运用沟通与礼仪的场景选择、场景创设和场景控场技巧

人际沟通与礼仪中的场景要素对打开局面、沟通过程顺利进行和取得理想的效果都很重要，可以选择场景，比如“人约黄昏后，月上了柳梢头”，也可以创设一个场景，比如谈判、会议、教学等，而最高境界则是在选择和创设场景后，能够在沟通与礼仪中进行场景控场，以沟通和礼仪技巧营造适宜的气氛，让沟通生动有趣。比如优秀记者采访，营销达人卖货，名师讲堂说课，企业家谈成功，等等。

“共和国勋章获得者”钟南山院士，“人民英雄”国家荣誉称号获得者陈薇院士、张伯礼医生和张定宇医生，他们无论在庄严宏伟的北京人民大会堂，还是偶或面对记者的采访，在与记者和公众沟通时都能持守一个医生的良知，一个科学家的坚执，彰显人道、常识和真理，又满含对自己职业、事业和国家伟业的深情执念，回答都非常朴实简短，但闪耀着人性的光芒、科学家的光辉，让听者肃然起敬，由衷佩服，具有极强的场景控场性。

案例阅读1

曹刿特殊场景之论战

十年春，齐师伐我。公将战，曹刿请见。其乡人曰：“肉食者谋之，又何间焉？”刿曰：“肉食者鄙，未能远谋。”乃入见。问何以战。公曰：“衣食所安，弗敢专也，必以分人。”对曰：“小惠未遍，民弗从也。”公曰：“牺牲玉帛，弗敢加也，必以信。”对曰：“小信未孚，神弗福也。”公曰：“小大之狱，虽不能察，必以情。”对曰：“忠之属也，可以一战，战则请从。”

公与之乘。战于长勺。公将鼓之。刿曰："未可。"齐人三鼓。刿曰："可矣。"齐师败绩。公将驰之。刿曰："未可。"下视其辙，登轼而望之，曰："可矣。"遂逐齐师。

既克，公问其故。对曰："夫战，勇气也。一鼓作气，再而衰，三而竭。彼竭我盈，故克之。夫大国难测也，惧有伏焉。吾视其辙乱，望其旗靡，故逐之。"

案例点评

在齐国将要进攻鲁国之际，曹刿心怀"国家兴亡，匹夫有责"的使命感，摒弃"肉食者谋之"的短浅见识，抓住这一历史机遇和情景，先质问鲁庄公作战的资本，鲁庄公如实回答了对民的恩惠和对上天的敬畏，曹刿都进行了否定，直到鲁庄公说"小大之狱，虽不能察，必以情"，曹刿这才肯定他尽了国君的本分，是鲁国抗敌作战的资本，并请求随同作战。这场战前的"答辩"发生在鲁庄公的朝堂之上，大敌当前，曹刿作为一介平民，单刀直入，大义凛然的沟通气概和奔赴前线的勇气，牢牢地控制了与鲁庄公沟通的场景。

国难当头的庙堂之上（场景），曹刿（沟通主体）为国担当的勇气和智慧，让犹豫不定的鲁庄公（沟通受众）不得不敬他三分。在这个场景之下，鲁庄公在沟通和礼仪中也没有拘泥于君民之间的地位、面子和威严，而是顺势而进，同意了曹刿出战的请求，一鼓作气，大败齐国。

《三国演义》中这样利用场景控场的例子比比皆是。当初刘备以不惑之年及皇叔的身份"三顾茅庐"，以师礼静待和问询二十多岁没有任何功绩的诸葛亮，那是因为孔明响亮的江湖名声和刘备居无定所的处境；"官渡之战"僵持之际，曹操不拘自己贵为丞相的身份，"跑迎"和跪拜身无官职且不得志的"旧友"许攸，并向他讨问破敌之策，终得许攸为之效力，因为曹操也是善于利用场景进行巧妙沟通的高手。场景控场就是要针对不同的时间、空间、情景和对象等进行适宜的沟通。

案例阅读2

梁晓声的问和答

一次，我国知名作家梁晓声接受欧洲一位记者的采访。这位记者问："没有'文化大革命'，可能也不会产生你们这一代作家，那么'文化大革命'在你看来是好还是坏呢？"梁晓声立即作答："没有第二次世界大战，就没有因反映第二次世界大战而著名的作家，那么您认为第二次世界大战是好还是坏呢？"

案例点评

在交际中，有时会遇到问题不便或不必作答的场景，可能关乎政治、经济、军事、文化乃至个人相互之间的进退关系，该如何控场呢？回避？顾左右而言他？针锋相对？

反唇相讥？显然不是那么简单的。这是一个需要经验、智慧和技巧来应对的挑战，要根据时间、地点、情景做出机智的控场反应。作家梁晓声运用太极手法，用类比的问题把"球"抛回对方，让对方搬起石头砸自己的脚。就场景控场的技巧来说，一般还可以采用"偷换概念"和故意曲解对方所提问题去应变，即移花接木、李代桃僵的技巧，使回答诙谐幽默以摆脱窘境。但通常情况下，沟通受众由于明显受场景制约，其回应更要建立在耐心、细心倾听对方话语并揣摩对方意图的基础之上，以便反客为主进行场景控场。这种机智灵活地回避正面回答，又紧承话题而展开沟通的控场技巧正如中国的太极文化。当然，必要时也可以针锋相对、反唇相讥。

这样的控场技巧诗人陈梦家教授也曾巧用过：他在讲授《论语》时，向学员诵读"暮春者，春服既成，冠者五六人，童子六七人，浴于沂，风乎舞雩，咏而归"。正当他沉浸在文学审美中时，有学员问："老师，请问孔子七十二贤人，有几个人结了婚，有几个人没有结婚呢？"无厘头的问题，一下子把陈梦家的思绪拉回到课堂，他灵机一动，随即"戏"解道："冠者五六人，五六三十，故而三十人结了婚；童子六七人，六七四十二，四十二人没有结婚。"同学们都很钦佩陈教授对课堂这一场景的控场能力。

场景式实践训练与评估

每人在 2 分钟内用手机查找并选出一则人际沟通与礼仪场景控场的典型案例，先在小组内分享，小组评选出最佳案例，再向大家分享，两次分享时都要注意控场技巧的运用。

评价表

总分：

案例典型（70 分）	分享时能运用控场技巧（30 分）		
评语	自我评价		学员签名
	同伴评价		同伴签名
	教师评价		教师签名

阅读链接

1. 方位津．实用口才训练教程．5 版．北京：首都经济贸易大学出版社，2015.
2. 王光华．实用口才交际训练．北京：机械工业出版社，2010.

项目场景式综合实践活动

1. 实训任务：小组成员寻找并联系一位与本专业对应的行业职场达人，小组和职场达人面对面，以"与高人对话"为中心和主题举行座谈会。

2. 实训目标：体现和展示小组成员在沟通中的控场能力，同时，通过对话学习职场达人的工作经验。

3. 小组合作：按照5分钟汇报的方式，以PPT（插入面对面的微视频或照片）形式展示完成项目作业的过程和收获。汇报完毕，按照时间要求把PPT上传至职教云平台，届时进行优秀项目作业评选和汇报。

任务单

组名		姓名	
工作程序指引及记录内容			完成打“√”
1. 确定本次小组长	小组长姓名：		
2. 明确任务	/		
3. 组员任务分配	/		
4. 小组联络相应职场达人情况	/		
5. 设计PPT及视频	/		
6. 根据小组分工，完成自己分内的任务	/		
7. 班级交流	展示人：		
8. 小组自我评价及反馈			
9. 个人加分点	/		/
写给老师的话			
指导教师评语		签名	

评价表

课程名称					
实训任务名称					
三方评价成绩					
评分项目	评分内容	配分	自评	小组评分	教师确认
明确任务重点	是否能利用各种关系进行公关沟通，明确完成座谈会的工作要点，确保座谈会各项工作能通过沟通获得有效突破	20			
感知任务，制订计划	是否熟悉你的任务，认同工作价值；是否具有执行力；小组制订的计划是否合理、具有可操作性	10			
实施任务	与教师、职场达人、组员之间是否相互尊重、理解、平等；与教师、职场达人、组员之间是否能够保持多向、丰富、适宜的信息交流	10			
	探究学习、自主学习是否流于形式，是否能处理好合作学习和独立思考的关系，做到有效训练；是否能提出有意义的问题或发表个人见解；是否能按要求正确操作；是否能够倾听、协作与分享	10			

续表

实施任务	是否遵守实训任务要求，实训过程是否符合目标；训练过程出勤情况和完成工作任务情况；是否善于从多角度思考问题，是否能主动发现、提出有价值的问题	10			
展示成果	根据展示的成果考核小组工作计划、训练技能是否符合目标与要求；是否获得了进一步发展的能力和创新能力；是否有良好的沟通控场能力	10			
	根据展示的成果考察学习者是否有发现问题、提出问题、分析问题、解决问题的能力	15			
评定反馈	是否按时按质完成实训任务；是否较好地掌握了沟通与礼仪控场知识点；是否具有较强的沟通与礼仪控场能力	15			
总分（100）					
评语	自我整体评价		学员签名		
	小组整体评价		组长签名		
	教师整体评价		教师签名		

项目十　人际沟通与礼仪之表达方式与技巧

关键词：叙述、说理、状物、说明、抒情等表达方式；共同性、集中性、连贯性、得体性等表达技巧

社会交往是人的生存及心理需要，特别是在现代社会，跨界融合，往来频繁，人际沟通更加方便，也更加必需和必要。因此，我们也更需要准确的沟通与礼仪表达方式、出色得体的表达能力和技巧，以更好地应对我们承担的多元角色，达到多向度高效沟通的目标。

在沟通与礼仪过程中，需要厘清面对的是什么对象、以什么渠道沟通、在什么场景下沟通、沟通的内容和目标是什么等，从而准确选择叙述、说理、状物、说明、抒情等表达方式。同时，遵从集中、连贯、得体的表达技巧，因人因事、因时因地灵活地进行沟通。

任务一　表达方式

重难点：该任务中思想文化教育的落实；沟通与礼仪中表达方式的运用

有效地实现和完成人际沟通与礼仪，需要选择和借助叙述、说理、状物、说明、抒情等表达方式。

沟通与礼仪中的叙述表达方式是指讲述事态的基本过程和人物的基本经历。所讲述的可以是自己的亲身经历，也可以是所见所闻，还可以是书报上记载和报道的文字材料。根据沟通的目的、对象、场所的不同，可以简略讲述，也可以详细讲述。叙述可以及时传播信息，还可以为说理提供依据。说理要想通俗明白，深入浅出，具有一定的可感性，就需要在叙述的过程中融理于事、融理于景，或者由事生理、事理结合。特别是陌生人之间的沟通，要善于发掘对方的兴趣点，因为两个陌生人之间的交往热情并不能保持很长时间，如果你善于发掘对方的兴趣点并掌握沟通方向，多让对方在你这里通过叙述找到自己的“位置”，你将很容易与对方拉近关系，甚至仅通过一面之缘就能将对方变成你的合作伙伴。要想发掘兴趣点并掌握谈话方向，沟通主体应尽可能采用概括叙述。概括叙述就是用概括的言语，对事件的过程做粗轮廓的叙说，只着眼于事件的全貌，省略事件的局部和细节，而让对方详细叙述，让对方不仅把事件的过程说得很清楚，而且还把事件的某些细节说得很真切。

叙述是表达的基础，应用非常广泛，在叙述时要注意以下三点：一要清晰，把时间、地点、人物、事件、原因交代清楚，做到有头有尾、有过程、有线索，并要注意叙述的

人称及视角的运用和变换。二要详略得当，张弛有度。详略的取舍要以沟通目的、对象、环境为标准，要避免平铺直叙，或倒叙，或制造悬念，或断或续，使叙述张弛有度，产生吸引力。三是叙述语言要简洁明了，适合交际表达的需要。

说理就是讲道理，是指运用概念、判断进行推理的过程，多用于揭示事物的本质特征及规律。在对话、论辩、学术性研讨、论说性演讲、辩护、谈判等场景中，常常要运用说理进行沟通。与书面说理不同的是，口语沟通中的说理比书面说理更简洁明了，更通俗易懂，这是由口语不具备保存性所决定的；口语沟通中的说理针对性比书面说理更强，这是由口语交际特定的对象、特定的场所、特定的目的所决定的；口语沟通中的说理形式也没有书面说理那么完整、严密，这是由口语沟通特定的语境所决定的。沟通说理要观点鲜明，有针对性，以求达到“与君一席话，胜读十年书”的说理效果。口头说理时修饰不能过多，少做烦琐的抽象论证，尽可能地有庄有谐，庄谐适度，富有感情。沟通中的说理形式多种多样，而且变化多样，除了演绎和归纳法，常见的还有例证法、演绎法、类比法、引证法、二难推理、归谬法等，这些属于论证性说理。而非论证性说理是一种不严格或不完全按照一定的逻辑推理形式进行说理的方式，是一种即事说理，一般为有感而发，大多三言两语、简洁明了。非论证性说理有由事生理、举例释理、类比推理、对比显理和警句达理等形式。

状物是具体形象地描绘人物和事物的状貌的一种表达方式，是“情景再现”，能给对方如见其人、如闻其声、如临其境的逼真感。状物的基本特点是形象性，描述的客观对象主要是人物和事物的外部状态，在实际的沟通与礼仪中常与叙事一起运用。其难度在于绘声绘色、恰到好处地描述所见所闻的人与事。恰当的状物能加深对方对其人、其景、其事的印象；也可以对叙事进行补充，对人和事情的细节进行渲染强化；还可以直接塑造审美形象，如描摹出一幅幅意境深邃的生活图画，口述出一个个栩栩如生的人物形象，活灵活现地再现生活中的各种场景。口语描述一般不加过多的修饰语，直接着眼于事物的形态特征，用语简洁明了；描述的目标要明确，描述的对象不同、场合不同，作用也会不同，要从沟通的全局进行考虑，根据表现的主题、希望营造的氛围进行描述；还要注意通过肢体语言及有声语向听众传达所要表达的感情。

人际沟通与礼仪中的说明和抒情应用较少，常常是配合叙述、说理和状物应用，说明要按照一定的顺序，运用一定的说明方法。抒情往往有感而发，水到渠成，不可虚情假意。

案例阅读1

神奇的数字 7±2 规律

沟通的条理性很大程度上取决于人对信息块的组织能力。

信息块是由我们不熟悉的、较小的信息单元（如字母、词语）组合起来形成的我们熟悉的、具有意义的、较大的信息单元。每个信息块的容量是不同的，心理学家默多克早在 1961 年就用实验验证了这一点。

他准备了三组试听材料：第一组是普通的三个英文字母，如 P，T，K；第二组是由三个英文字母组成的单词，如 HAT（帽子）；第三组是三个英文单词，如 EAR（耳朵）、MAN（男人）、BED（床）。然后让试听人员回忆。

结果发现：第二组的回忆成绩要明显好于其他两组，第一组和第三组的回忆成绩差不多。原因在于第二组被试者记忆的只是一个信息块，而第一组和第三组被试者记忆的都是三个信息块。

由于人的知识经验不同，对同一材料组成的信息块的归结、定位也可能不同。比如，“产品项目管理”，对于刚识字的小学生来说，它可能是 6 个信息块，每个字都是一个信息块；对于一般的成人来讲，它可能是两个信息块——“产品项目”和“管理”；对于从事管理等相关职业的人来说，它仅仅是一个信息块——“产品项目管理”。

这个规律被发现后不久，著名心理学家米勒就做了这样一个实验：让被试者按照“2、7、8、3、6、5、9”的顺序听到这 7 个数字，几乎所有的被试者都可以准确无误地把它们按照这一顺序复述出来。但是，当复述的数字增加到 7 个以上时，被试者复述出来的数字并没有超过 7 个。

通过一系列实验的验证，米勒发表了著名的论文《神奇的数字 7±2：我们信息加工能力的限制》，米勒认为，大脑在短期的记忆中很难一次接纳 7 个以上的“信息块”，这是对人类能力的研究得到的结果。

（资料来源：苗一梅．如何与陌生人打交道．2 版．北京：机械工业出版社，2012.）

案例点评

这个数字 7±2 规律告诉我们：在与人交流沟通时，无论是叙述还是说理，要尽量将自己话语中的信息块控制在 7±2 的范围内，并力求构造最大的信息块；同时要注意将最重要的信息放在最前面叙述，以给对方留下深刻的印象；最后，在沟通表达时，要对自己的信息块进行整理，做到主次分明、条理清晰，形成叙述或是描述抑或是说理的逻辑线，这样进行表达才能最大限度地提高沟通的有效性。

案例阅读 2

唐僧向唐太宗汇报工作

尊敬的陛下：

我叫唐三藏，又名唐僧。为弘扬佛法、普度众生，根据《公元 627 年大唐工作安排》

（唐发〔627〕1号）的精神，成立唐三藏取经办公室，奉命到西天拜佛求经。取经办公室师徒4人历时14年，经历九九八十一难，终于取得了我佛大乘真经，圆满完成了取经任务。

取经过程中，我们师徒4人严格按照佛祖指示，牢记职责使命，明确任务分工，跋山涉水，降妖除魔，涌现出了大量好人好事和可歌可泣的动人事迹。一路上降魔无数，转移、解救被困群众4万余人，捣毁妖怪巢穴48处，感化、转化各路魔王128人次，除八戒同志外，其余3人先后拒绝各类美女诱惑240余次（其中当面拒绝200余次）。

回顾整个历程，我们深刻感觉到之所以能够取得真经，主要得益于我佛如来的精心策划，得益于观音菩萨的具体指导，得益于唐王陛下的大力支持，得益于悟空、悟能、悟净三位徒弟的精心保护，得益于各路神仙的积极配合。

（资料来源："领导力修炼"微信公众号.）

案例点评

此案例为网友的戏仿创作。唐僧取经归来，要向委派他到西天取经的唐太宗汇报，用简短的数百字汇报十几年间发生的种种事情，就需要尽快梳理并讲清楚这十几年间的重点工作：历经并克服了九九八十一难，取得了真经。汇报中准确地运用了叙述、说理和抒情等融合呼应的表达方式，同时，使用数字等表达技巧，300多字的汇报发言，使用数字10余次，准确、清晰地说明了西天取经的整个过程，并突出了历经的艰难险阻和途中降妖除魔的业绩，给人留下了深刻印象。

场景式实践训练与评估

每个学员用1分钟的时间，采用多种表达方式向大家分享你名字（姓名、笔名或网名）的由来和趣事，力求生动形象，使人印象深刻，让大家牢牢记住你和你的名字。

1. 主动举手者优先，或者按座位号依次上台与大家沟通。

2. 每个学员沟通完毕，下面的听众要给予掌声鼓励。

评价表

总分：

沟通过程中所用表达方式准确巧妙（70分）	沟通效果好（30分）		
评语	自我评价		学员签名
	同伴评价		同伴签名
	教师评价		教师签名

阅读链接

1. 苗一梅．如何与陌生人打交道．2 版．北京：机械工业出版社，2012.
2. 施德爱，刘杰民．铁嘴秀口走天下．武汉：湖北人民出版社，2007.

任务二　表达技巧

重难点：该任务中思想文化教育的落实；沟通与礼仪中常见的表达技巧的运用

在人际沟通与礼仪中，首先，要找出与对方的共同话题，这就是表达的共同性技巧。心理学研究表明，人与人之间只要发现了共同的特征，心理上就会产生亲切感，哪怕只是饮食上共同的爱好，穿着上相同的偏好，都会使陌生人成为熟识的朋友，或使朋友更加亲密。还可以选择现实生活中大家普遍关注并急需阐释的问题，或选择自己最为熟识并最有发言权或确有真知灼见的话题，或者选择能带给对方新信息的话题。

其次，要注意集中性技巧。在交际中，无论讲话的内容是什么，都要突出而明确地提出问题，表明自己的主张和态度。沟通表达若没有中心，所用的材料就是一盘散沙，话说了一箩筐，却不知所云，结果是难以引起对方的共鸣，达不到沟通的效果和目的。

最后，连贯性和得体性技巧也不能忽视。连贯性就是要求符合同一律、矛盾律和充足理由律。同一律即一段完整的谈话中只能有一个论题，论题的更换只能在一个论证过程说完之后进行；矛盾律即在沟通表达中，不能对同一对象做出不同的断定，如果做出了不同的断定，其中必有一个是虚假的；充足理由律即有论证性和有根据性。沟通与礼仪表达的得体性技巧就是对不同的对象做出不同的言语反应，考虑对方不同的心理因素，做到对不同的人说不同的话，即交际表达要适时、适情、适事、适机，让对方爱听。此外，还要把握明朗与模糊、直言和婉言及一些问答、应变、赞美等特殊情况下的得体性技巧。

在沟通与礼仪中，直来直去、实话实说，大家一般都能无师自通，但协调上下人际关系、多方合作完成事项等，却需要幽默、委婉、模糊、应变等表达技巧的巧妙运用，而这些技巧都是后天学习、体会和实践锻炼而成的。俄罗斯文学家契诃夫说，不懂开玩笑的人，是没有希望的人。懂得开玩笑的人常常就是幽默的人，有人说，心浮气躁难以幽默，装腔作势难以幽默，钻牛角尖难以幽默，捉襟见肘难以幽默，迟钝笨拙难以幽默，只有从容大度、平等待人、超脱世俗、游刃有余、聪明透彻才能幽默。幽默也要注意避免俗套，要清新宜人。

委婉是指当有话不方便说或者不忍和不能直接表达本意时，运用迂回曲折的含蓄话语或用一些相关或相似的事情婉转表达，从而使沟通主体不难堪，也使受众容易接受。

委婉不能离开主题，要紧扣对方的话题和内容，心照不宣而不产生误解。委婉也要表达明确，不可过于拐弯抹角，故作高深。比如有人问你多大年龄，你可以委婉地说：“大哥，我更希望你关心我最近的业绩和心情。”

沟通与礼仪本来应该是清楚、准确、明白的，但许多事物关系错综复杂，难以用平常的技巧说明白，而且有些事物本身就是模糊不清的，所以与人沟通该准确时就要准确，该模糊时也应该模糊，这是沟通表达的技巧，也是言语表达的基本要求。

我们常常用“非常”“相当”“很多”“较少”“大概”“足够”“晚几天”“改天”等言语体现模糊的沟通与礼仪技巧。心理学的研究表明，谁都不愿把自己的错失或隐私在公众面前曝光，一旦被曝光，就会感到难堪或恼怒，因此，在沟通与礼仪中，如果不是为了某种特殊需要，一般应尽量避免触及对方所忌讳的敏感区，避免使对方当众出丑。必要时可模糊处理，暗示对方你已知道他的错处或隐私，便可给他一些提示和压力。运用模糊表达技巧要注意以下两点：一是不要把话说得太明确和太具体，比如“你怎么评价我刚才的表现?”“你还是你!”二是有意识地使用模糊表达技巧，给自己留下一些主动和灵活的空间，比如“你什么时候来看我啊?”“方便的时候一定来!”

模糊技巧最适合于在问答和答辩式的沟通场景使用。特别是在回答对方的提问时，有些问题常常不便直言，也不便直接予以肯定或否定，这时，若采用模糊技巧进行回答，不仅不会尴尬，反而能收到良好的效果。比如有人问你多大年龄，你可以模糊地说：“我正在抓着青春的尾巴!”

应变是指沟通与礼仪中面对失误、怯场、遗忘、突发事件和意外情况，及时做出反应，并采取有效措施加以解决，从而使表达得以继续进行的技巧和方法。沟通中不小心说错了话，如果无伤大局，可以不管它，但如果是一些大的失误，则必须按照正确的说法把原句再说一遍。

应变时可以采用角度转换的方法。人所处的位置不同，观察和思考问题的角度就不同，得到的感受和认识也会不一样。角度的转换会使人对同一事物得到完全不同的认识和体验。比如：洛克菲勒是著名的富翁，但他在日常消费上很节俭。一天，他去投宿，要求住一间最为便宜的房间，旅店经理巧言相劝：“先生，您为何要住这么便宜的小房间呢？您儿子住宿的时候，总是挑最豪华的房间呀!”“不错，我儿子有一个很富有的父亲，可我没有啊!”

角度转换的关键在于先要跳出否定或肯定的圈子，从多角度理解对方的话，然后从有利于自己的角度做出阐释。比如：一个人为了讨好喜欢麻雀的国王，在市场上买了 6 只外国麻雀献给国王，而在这个国家 7 是个吉利的数字，可他再难买到 1 只外国麻雀了，无奈之下，只好买 1 只本国麻雀凑数。国王一见，果然高兴，一一赏玩，突然发现其中 1 只是本国麻雀，大怒道：“这是怎么回事？是不是欺我看不出来?”那人吓得瑟瑟发抖，情急之下想到了一个理由："陛下，这只本国麻雀是一位翻译！"这人采用了比拟手法转换角度，缓解了气氛，也就解了自己的危难。

我们还可以采用空话闪避的应变策略，但要注意用空而不假的话闪避。比如：有人曾问一名教育家一个颇伤脑筋的问题："您能不能看出一个小孩长大后会成为什么样的人？""当然能！如果是个小姑娘，长大一定是个妇女；如果是个小男孩，将来准是个男子。"

案例阅读1

窦经理委婉批评下属

窦女士是一家电器经销公司的客户服务经理。最近，有一位下属在工作中经常出错，窦女士并没有直接批评或责骂，而是把他叫到办公室，跟他进行了简短的沟通。

"你是一位很棒的技工，在这条生产线上工作好几年了，顾客对你修出来的电器都十分满意。事实上，很多人都夸奖你的技术好。只是最近你完成一件工作所需的时间好像加长了，而且质量也比达不到以前的水准。我想，你也知道我对这种情况不太满意，也许我们可以一起来想办法改进这种情况。你认为呢？"窦女士说。

下属点点头，说："窦经理，这段时间我对工作确实有点怠慢，非常感谢您给我改正的机会，我保证以后一定改进。"此后，这位下属工作非常用心，也非常出色。

（资料来源：贾鹏．微沟通：无"微"不至的沟通艺术．北京：企业管理出版社，2012.）

案例点评

案例中，窦经理面对工作表现不令人满意的下属，在与其沟通时没有直截了当地进行批评，而是在对下属进行真诚的赞美后，委婉地加上"只是"两个字，然后话锋一转再表达自己的真实想法。采取这种委婉的沟通与礼仪技巧，既照顾了下属的面子，又传达了自己的不满，可谓一箭双雕，一举两得。

案例阅读2

三个小贩卖水果

一天，一位老太太拎着篮子去楼下的菜市场买水果。她来到第一个小贩的水果摊前问道："这李子怎么样？"

"我的李子又大又甜，特别好吃。"小贩回答。

老太太摇了摇头没有买。她向另外一个小贩走去问道："你的李子好吃吗？"

"我这里专卖李子，各种各样的李子都有。您要什么样的李子？"

"我要买酸一点的。"

“我这篮李子酸得咬一口就流口水，您要多少？”

“来一斤吧。”老太太买完李子继续在市场中逛，又看到一个小贩的摊上也有李子，又大又圆非常抢眼，便问这个小贩：“你的李子多少钱一斤？”

“您好，您问哪种李子？”

“我要酸一点的。”

“别人买李子都要又大又甜的，您为什么要酸的李子呢？”

“我儿媳妇怀孕了，想吃酸的。”

“老太太，您对儿媳妇真体贴，做您的儿媳妇真是有福气。您要多少？”

“我再来一斤吧。”老太太被小贩说得很高兴，便又买了一斤。

小贩一边称李子，一边继续问：“您知道孕妇最需要什么营养吗？”

“不知道。”

“孕妇特别需要补充维生素，您知道哪种水果含维生素最多吗？”

“不清楚。”

“猕猴桃含多种维生素，特别适合孕妇。您要给您儿媳妇天天吃猕猴桃，小宝宝生出来一定又白又胖。”

“是吗？好啊，那我就再来一斤猕猴桃。”

小贩开始给老太太称猕猴桃，嘴里也不闲着：“我每天都在这里摆摊，水果都是当天从批发市场找新鲜的批发来的，您儿媳妇要是觉得好吃，您再来，我给您优惠价。”

“行！”老太太被小贩说得很高兴，提了水果边付账边应承着。

三个小贩面对同样一个老太太，为什么销售的结果完全不一样呢？

（资料来源：谢红霞．沟通技巧．3版．北京：中国人民大学出版社，2018.）

案例点评

提问是探寻对方需求的最好办法，倾听是获得准确信息并运用沟通共同性和得体性技巧的重要途径，赞美是得到对方好感的法宝。第一个小贩急着推销自己的产品，根本没有探寻顾客的需求，所以自家李子没有卖出去，很多企业和商铺都容易犯仅仅关注自己的产品或商品的错误，而轻慢和忽视了与客户的良好沟通，忽视了对方的思维，也就忽视了对对方的尊重；第二个小贩比第一个小贩聪明，进行了促成式提问；第三个小贩是一个沟通高手，他通过纵深提问挖掘老太太需求背后的原因，认同她的购买行为，及时得体地进行赞美，获得了销售成功。

场景式实践训练与评估

列表分析自己在日常生活和工作中善用哪些沟通与礼仪表达技巧，又缺乏哪些沟通与礼仪表达技巧的运用，各导致了什么样的结果，以及自己表达技巧缺失的地方应该如何改进。分析完毕后主动与大家分享。

评价表

总分：

分析表达技巧的运用全面准确（50 分）	改进措施得当，分享精彩（50 分）			
评语	自我评价		学员签名	
	同伴评价		同伴签名	
	教师评价		教师签名	

阅读链接

1. 施德爱，刘杰民．铁嘴秀口走天下．武汉：湖北人民出版社，2007.
2. 谢红霞．沟通技巧．3 版．北京：中国人民大学出版社，2018.
3. 贾鹏．微沟通：无“微”不至的沟通艺术．北京：企业管理出版社，2012.

项目场景式综合实践活动

1. 实训内容：在影视作品或其他节目中查找并剪辑 3 分钟左右准确运用人际沟通与礼仪表达方式和表达技巧的典型视频案例；拍摄 2 分钟小组对视频案例中的沟通与礼仪表达方式和表达技巧的点评视频，点评者出镜拍摄，运用明确的表达方式和表达技巧，并注意点评方式、形象礼仪与背景和谐，最后合成完整协调的 5 分钟左右微视频。

2. 实训方式：2～4 人为一个小组，协调好小组成员各自的分工和完成任务的进度。

3. 实训成果：小组经过查找、剪辑、文案写作、拍摄、编辑、审核完成微视频成果，并按照时间要求上传至职教云平台。

模块三

人际沟通与礼仪职业场景

学会了人际沟通与礼仪的基本原则和技巧，还要将其准确地运用于职业和生活中的各个场景。职业场景有很多，本模块只梳理和厘清八个通常的职业场景，在实际场景中还需要借他山之石，举一反三，活学活用。学习职业场景沟通与礼仪，能够使我们在各个职业场景中更容易建立和谐良好的人际关系，人的问题摆平了，事情就好解决，问题和困难就好突破。协调和理顺职场各种相关的人际关系，解决好职场中的各种问题和矛盾，也就是锻炼和培养我们更高的职业素养。

项目十一　求职场景沟通与礼仪

关键词：求职面试方式；求职准备；求职面试现场

从校园到职场，从一个单位到另一个单位，从单位的一个岗位到另一个岗位，常常都要经过求职面试的环节。即便是 2020 年新型冠状病毒肺炎疫情期间，各个有人员招聘需求的单位也在线上进行了面试。随着社会的发展和进步，人才流动越来越快，求职面试也将成为人们进入某个职业岗位的必经之路。

与过去的人才招聘录用相比，现在求职面试的场景在不断优化，常用的包括结构化面试、情景面试、无领导小组面试，有些单位根据招用人才的类型也会采用行为面试、STAR 行为面试和压力性面试等。

无论什么样的面试方式，除了自己的专业、经历、成就等方面的实力外，积极、自信和灵活的求职沟通表达，以及良好的形象礼仪展示，也是必不可少的。

任务一　求职沟通与礼仪准备

重难点：该任务中思想文化教育的落实；求职面试如何体现职业素养；求职面试场景沟通与礼仪需要的准备工作

求职面试是我们谋求一个职业岗位必须面对和挑战的场景，是通过言语表达使用人单位了解自己的资历和能力，并争取录用的一种诉求行为。从用人单位的角度来说，这是伯乐相马和慧眼识才，是挑选自己需要的人才的一种考察手段。从求职者的角度来说，这是尽其所能推销自己、挑战竞争、争取胜出的一种机遇。因此，这种沟通不是简单的问答，它需要求职者在有限的时间里用语言巧妙展示自己的才华、品质和素养，是求职者与用人单位进行的一次信心博弈。求职面试前沟通与礼仪方面的准备是非常必要的，那么，求职者该如何做好面试前沟通与礼仪方面的准备呢？

首先，要对自己和求职的单位充满信心，只要选择的职业岗位和自己所学所需相匹配和对应，就要相信自己就是那个对方“众里寻他千百度”的人。良好的状态、快乐的心情、谦虚的姿态，这是挑战面试场景的润滑剂。集中把自己好好剖析一番，列出自己的长处优点、工作能力、实践经历、业绩成果等，把“我能干什么”“我想干什么”想透彻，把自己锻造和“定做”成职业岗位需要的复合型人才，制定自己的求职目标，策划和打印一份漂亮的履历表，力争恰如其分地表现自己、包装自己、推销自己。

仅仅知己是不够的，还要知彼。从各个渠道收集所面试单位的信息，细致浏览它们的网页，或阅读有关的各类报道，对其企业文化、经营哲学、财务状况等做到心中有数，并知晓该单位最近有何热点话题。如果能够对面试官姓名、职位和角色有所了解最好。面试现场你能熟练地称呼考官，并恰当地透露你对企业的了解和看法，会给面试官留下良好的印象。

其次，恰当的形象和礼仪十分重要。先了解面试单位的企业文化，确定自己的形象和举止，同时穿着装扮要符合自己的个性气质，自然得体，相得益彰。做好形象管理，通常男生穿西装打领带，整理好发型，修好脸；女生化个明媚的淡妆，给自己信心，给面试官尊重。

不要背着背包去面试，可以考虑提一个公文包，公文包中再多备几份简历，并带好笔和记事本。这样既显得亲近，又不失职业风范。

再次，要准时到达。面试当天做好时间管理。至少提前 15 分钟到达，早到可以浏览一下之前做过的笔记、做一做深呼吸等。千万不要迟到，也不要匆匆忙忙冲进面试房间。否则，人家对你的评价就是计划性很差。

另外，除了简历、学历和业绩证明，还要准备好回答考官提问。除了与应聘职位有关的专业性问题外，以下问题在面试中也常会遇到，不妨提前做好准备：你怎么评价自己？为什么对这个职位感兴趣？你的职业目标是什么？你的优点和缺点是什么？为什么你觉得自己能胜任这个工作？以前的同事是如何评价你的？为什么选择我们公司或者为什么要辞去上一份工作？你有什么业余爱好？如果对方要求，比如去外企应聘，还要准备好用英语应试。回答提问时要牢记：保持优雅从容、灿烂微笑、自信又谦虚。此外，还有很重要的一点：表明加入求职公司的愿望，表明自己的诚意。

最后，运用好体态语。握手要坚实有力，手心不要带汗；要流露出对对方办公环境的欣赏；坐直并保持目光接触，面试官讲话时要点头或说“嗯”以表示认同；始终保持微笑；不要打断面试官；回答问题时面部表情要生动并富有激情；面试最后可以问面试官几个问题，比如：能否介绍一下每天的工作内容？此番面试之后贵公司有何安排呢？

案例阅读1

裔锦声的求职“准备”

裔锦声生于四川成都，1992 年获得美国华盛顿大学比较文学的博士学位。可是她所学的专业在美国很难求职，她毕业后一直找不到工作。为了生存，她不得不到餐馆去打工。

她积极准备金融业的知识和信息，终于有一天，她决定去华尔街找工作，进入美国最让人羡慕的行业——金融业。于是她给著名的舒利文金融市场信息与人才管理咨询公司打电话，但招聘经理米切尔要么在开会，要么已经外出。一连 7 天，她几乎每天都打电话，接线员都听烦她的声音了，米切尔仍没有时间。裔锦声没有灰心和放弃，有一天，她忽然灵机一动，直拨总机让接线员转接公司总裁。总裁秘书接到她的电话，让她稍等，接着电话里传来了洪亮的男中音："我是唐纳德，我能替您做什么？"

裔锦声把准备了一个多星期的话有条不紊地讲了出来。她如实告诉唐纳德总裁："我没有商学院的学位，但是有文学博士学位。文学是人学，我善解人意；在获得博士学位的过程中，我知道怎样发现问题、解决问题。我经受了很多艰难困苦，它们都没有使我倒下，而是使我变得更加坚强。我相信您可以了解到我的决心和勇气吧。"

最后她又补充说："虽然我没有银行工作经验，但恳请公司先让我试试，为我提供一个成功的机会，或者至少让我获得一份除教书和餐馆打工以外的主流社会的工作经验。您完全不必付我薪水。"

裔锦声和总裁通完电话后半小时，招聘经理米切尔的秘书打来电话，让她第二天到公司接受面试。通过六次面试，她终于凭自己锲而不舍的精神进入了华尔街。三年后，她成为华尔街排名前三位的猎头公司的副总裁。后来，裔锦声创建了属于自己的美国重心集团。

（资料来源：袁红兰．演讲与口才．北京：航空工业出版社，2014.）

案例点评

获得文学博士学位的裔锦声在确定自己想从事金融业的求职目标后，虽然在求职之初屡遭碰壁，但凭借不屈不挠的精神和精心的准备，争取到了面试机会。因为对求职面试准备充分，她及时抓住机会通过了面试，顺利进入了自己想去的华尔街。

在与唐纳德沟通时，首先，她坦率表明自己的不足，而又能把不足变成优势。一个学比较文学的博士想从事金融行业，有点异想天开，但她善于把不利变为有利，从劣势中找到亮点。其次，她在面试中突出实现人生价值的诉求，而不是为了赚钱和生存这个老套路和常规诉求。从她求职面试前的沟通与礼仪中可以看出裔锦声既是一个能吃苦耐劳的人，又是一个敢于挑战自我、有着美好目标的人。这样的人为什么不给她一个机会呢？

求职者自身如果没有原则性的不适合的问题，开动脑筋，付出努力，调动资源，把握技巧，就没有打不开的职场大门。

案例阅读2

一次失败的面试

一天，陈林在报纸上看到一家大公司的招聘信息，所招聘的职位、待遇都符合他心目中的标准，就投送求职资料给该公司。一星期后，他接到该公司招聘面试的通知。经过一番精心准备，第二天，陈林就带着个人简历去了公司。刚到面试的会议室，只见一名约50岁的中年女子推门而出。陈林马上扯了一下对方的袖子大声问道："哎，今天是在这里面试吗?"对方看了她一眼，点点头，没作声。面试开始后，陈林发现，刚才遇见的那位女士是主要的招聘领导。想起之前缺乏礼貌的表现，陈林越来越紧张，失去了平日的自信，语无伦次，面试最终以失败结束。

（资料来源：甘敏军．礼仪与沟通．北京：清华大学出版社，2012.）

案例点评

求职面试前除了准备一定的专业方面的问题，还要准备好灵活沟通和礼貌待人，把每一个能想到的细节都考虑周全，万一出现沟通不当和言行失礼的情况，不必紧张，可以表示抱歉或自我检讨一下，化危机为生机。案例中面试失败的陈林显然没有在面试前做好沟通和礼仪方面的充分准备。

求职面试沟通与礼仪要有备而来：(1) 要遵时守信。最好是根据交通状况拟定好出门时间，提早出门，比原定时间提早10分钟左右到达面试地点。这样既可以先熟悉这家公司附近的环境并整理仪容，又可免去迟到的尴尬。如果更早到达，千万别在接待区走来走去，此时可到洗手间再一次检查自己的形象。(2) 在面试单位遇到的人都要礼貌相待，进入室内时，应先轻声敲门2～3下，等对方应答"请进"时方可进入，然后向对方行点头礼或鞠躬礼后，再掩上门。(3) 主动问候和自我介绍。求职者应主动微笑着与主考官点头、打招呼，礼貌地问候"您好"或"大家好"；如果一入室，便听到主考官亲切、热情地问候"你好"或"很高兴见到你"等，则应相应地回答"您好!"或"见到您我也很高兴"或"感谢您给我这次面试的机会!"之类的话。接着，得到允许入座后，恭敬地自我介绍。(4) 将所带资料双手奉上。带上个人简历、证件、推荐信等必要的求职资料，见面时一定要保证不用翻找就能迅速取出所需资料。呈送时应大方谦逊，双手奉上。(5) 面带微笑，目视对方，举止得体，注意倾听，谦虚和气，从容回答。简明扼要地回答对方的问题，建议多谈对方感兴趣的话题。

面试结束后，致谢并行礼告别。万一被告知面试不过关，要做到失聘不失态，而不应申辩理由，强行"推销"自己。

场景式实践训练与评估

思考并分析自己将来打算在什么类型单位的什么岗位就业和发展，以及如果获得面试机会，自己将针对就业单位和岗位做哪些准备。有了思考和分析结果并梳理清楚后，主动与大家分享。

评价表

总分：

自我分析和求职面试准备准确充分（50分）	分享思路清晰并有独到见解（50分）			
评语	自我评价		学员签名	
	同伴评价		同伴签名	
	教师评价		教师签名	

阅读链接

1. 甘敏军．礼仪与沟通．北京：清华大学出版社，2012.

2. 袁红兰．演讲与口才．北京：航空工业出版社，2014.

任务二　求职沟通与礼仪面试

重难点：该任务中思想文化教育的落实；各种面试场景中沟通与礼仪方法和技巧的运用

求职沟通技巧是一种很重要的能力，在自我推销时，要打破语言的呆板，尽可能把话说得生动活泼、富有情趣。你可以从名字、所学专业或者用人单位特色、见闻等入手，只要能扣紧话题，不妨即景生情或睹物思意，来一点创意，巧妙地展示自己的能力和特长，增加被录用的筹码。在求职面试的场景中要做到自信而不自夸，言谈举止彬彬有礼，优雅大方而不自傲。

一、结构化面试

结构化面试是指对面试的内容、形式、程序、评分标准及结果的合成与分析等构成要素进行严格的规定，按统一制定的标准和要求进行评价和考核的面试。结构化面试的技巧有以下三点：

第一是思路正确。正确理解题意，能抓住要点进行论述。而不是千言万语，离题万里，或抓住一点皮毛，不着边际。

第二是论述严密。论述内容的完整性、理论高度、逻辑严谨度、言语流畅度、措辞恰当性都会直接影响考官的印象。分清主次和头尾，分条列项把要点阐述完整，这样会让考官很容易明白你在说什么，使你的回答有结构性，内容完善。但一定要论述到问题的各个方面。只分析了问题的一个方面，这只能体现你思维的片面性，辩证地分析问题，充分阐述问题的两面并提出看法，也只能算是一般水平的回答。最高的层次是你不仅辩证地分析了问题，还能把问题的两面统一起来论述。如就“天下兴亡，匹夫有责”与“匹夫兴亡，天下有责”谈谈看法。大部分人都能从两面来说明，但是真正高明的思路是“天下兴亡，匹夫有责”说明了每个人作为公民都负有振兴国家、为国做贡献的责任，而“匹夫兴亡，天下有责”则说明了国家有责任保障每个公民的幸福生活。因此公民不仅要把建设国家的责任放在自己心中，同时更要明白建设国家是为了让人民过上更好的生活。

理论如果有一定的高度，则会直接拉高考官对你的评价。比如开头站在马克思主义辩证法高度思考，或从政治经济学角度提出观点，抑或从社会学、心理学等视角思考，等等；结尾可以国家大政方针进行升华，如果用得恰当，会很好地显示出你的政治理论高度和广博的学识。而如果你只是就事论事，就显得水平一般。另外，在中间的陈述中也可以恰当地运用一些经济学、管理学、心理学等理论知识，有利于显示出你分析问题的深度和理论水平的高度。当然，上述问题一般与求职面试岗位相关的专业有关。

逻辑严谨度则是要求你有理有据、论证严谨。你阐述每一个观点时都不能是信口开河，必须有出处、有论证，这样才能提高回答的说服力，同时展示出自己的能力和水平。如果逻辑不够严谨，你的回答会很像是在为了回答而回答，为了说话而说话。

言语流畅度也是很关键的一点。要让人感觉你胸有成竹，如果是结结巴巴、想一会儿说一句、语速时快时慢，则会影响考官对你的整体印象，让人觉得你慌张，根本没想清楚要说什么，自然评价就不会太高。声音要稍大些，方便考官听清，并且显得有自信；语速以稍慢为佳，一方面听起来比较镇静理性，另一方面有利于争取思考时间。

措辞恰当则是最难做到的，需要在平日的学习生活中训练有素，千锤百炼。在短时间内可以理出要点并列出提纲，保证主题明确，结构清晰，思路富有逻辑，论述方式方法鲜明，在训练时绝不能用充足的时间去思考一句话要怎么措辞，要锻炼迅速提炼一两句出彩话语的能力。这是最考验一个人平时沟通水平的。平时沟通表达有水平的人，关键时候自然措辞恰当，让人感觉点石成金。

第三是巧妙互动。单纯的你问我答，显得枯燥乏味。当然，现在的结构化面试一般不允许面试官说题本之外的话，这样就限制了面试官除问题外与你互动的其他沟通途径。但面试者可以用非言语信息跟面试官互动交流。正确的坐姿，恰当的表情，适当时候的微笑、点头等都可以是一种交流。每当面试官读完一段话，不要完全面无表情甚至都不看他，而是关注双方之间的气氛，配合面试官让面试很自然地进行下去。

第四是礼仪恰当。礼仪包括着装和现场礼仪两个部分。着装方面，尽量穿正装，正装不要买质量差的，质量太差显得人没精神。现场礼仪方面，该鞠躬的时候鞠躬，该问好的时候问好，该致谢的时候说谢谢，该走的时候致意再见就可以了。

对于结构化面试，做好上面四点后，关键还要把握细节。某一个方面的细节做好了，可能对你不会有多大帮助，但是所有或者大部分细节都做好了，就会产生质的变化。

二、非结构化面试

非结构化面试是指没有既定的模式、框架和程序，面试官可以“随意”向被测者提出问题，而对面试者来说，也没有固定答题标准的面试形式。面试官提问问题的内容和顺序都取决于其自身的兴趣和现场面试者的回答。非结构化面试多用于管理层面人才的招聘，应对非结构化面试，要注意倾听和互动，回答问题抓住要点，展示出自己的优势和特长。现代企业常常将结构化面试和非结构化面试结合起来招录自己所需要的人才。

三、情景面试

情景面试又叫情景模拟面试或情景性面试等，是面试的一种类型，也是目前最流行的面试方法之一。情景模拟面试的目的是给面试者设置一系列将来工作中可能会遇到的事件，并让面试者沟通和处理，以此来鉴别面试者与工作相关的行为意向。面试者对他将来会怎么做的回答与他将来真实的行为之间有非常高的相关性。所以，情景模拟面试就是通过设置工作中的各种典型情景，让面试者在特定情景中扮演一定的角色，完成一定的任务，从而考查其多方面实际工作能力的一种面试方法。情景模拟面试主要考查面试者的思维灵活性与敏捷性、语言表达能力、沟通技能、处理冲突的能力、组织协调能力、人际关系处理能力等。总体上看，它是一种低成本但很有效的模拟工作相关事件的面试方法。应对情景面试，面试者需要做到以下几点：

第一，职位调研。所谓“知己知彼，百战不殆”。模拟的场景通常是工作中的一些问题，所以面试者一定要做好职位调研。提前了解所应聘职位的岗位职责、工作内容、相关法律法规等，做到心中有数，面试中遇到工作场景的问题才不会无的放矢。

第二，阳光心态。人际关系或者工作困难都是职场人在日常工作中会遇到的问题，妥善地解决这些问题是一个职场人应具备的能力之一。面对这样那样的问题，一定要做到沉着冷静。面试时，会将面试者置身于一个矛盾重重、困难多多的环境，容易引起面试者的紧张。适度紧张是必要的，但过分紧张必然会影响面试者的发挥，毕竟面试官要观察面试者的行为表现。消除紧张的办法通常有两个：一是要对这类题目的答题思路和方法非常熟悉，这是工具，有了工具才可以从容应对；二是多加练习，从心理学角度而言，人们通常对陌生的东西感到恐惧继而感到紧张，所以如果面试者反复地练习，提高对该类型题目的熟悉程度，则可以减少紧张情绪。

无论题目是多么紧急的场景，解决问题的前提都是要摆正心态，心平气和，沉着冷静，不因难题或难关乱了阵脚。态度决定高度，不要轻言放弃、随便退缩。

第三，沟通顺畅。语言要流畅，说话要有逻辑性。在回答过程中，要剔除“嗯”“哦”等口头禅。在情景模拟过程中，要灵活运用我们前面学到的沟通技巧。

第四，沟通协调。模拟的场景通常是工作情境中的一系列人际关系和工作问题。所以解决人际关际问题是很重要的一部分内容，同时要熟练把握沟通协调类题目的解题思路。

第五，守法创新。对问题的解决必须建立在遵守法规的基础上，比如处理问题的原则是不能够更改的。此外，在遵守法规的基础上还要进行创新，重点体现自己解决问题的能力。

第六，角色入戏。很多面试者认为情景模拟题较难，其实主要是因为面试者无法进入角色，常常是会“说”不会“做”。比如：你所在单位的一位老同志最近经常占用公家电话打私人电话，业务电话打不进来，问题得不到解决，领导让你去和老同志交谈（面试官就是该位老同志）。面试者往往会说应该怎么做，但是难以进入角色，无法把面试官当作老同志，现场表演自己的做法。所以在备考过程中，一定要多加练习，提高自己进入角色的能力。

第七，准确运用体态语。在情景模拟的答题过程中，可以适当地运用体态语，特别是眼神交流。

四、无领导小组面试

无领导小组面试是一种采用情景模拟的方式对面试者进行集体面试的考查方式，面试官可以通过面试者在给定情景下应对危机、处理紧急事件以及与他人合作的状况来判断该面试者是否符合岗位需要。近几年来，无领导小组面试得到越来越多单位的认可，无论是公务员面试还是知名企业面试，都倾向于采用这种形式。无领导小组讨论给面试者提供了一个充分展现个人才能与人格特征的舞台，这类面试对面试者而言其实更有利，在既定情景下，通过对问题的分析、论述，可以给面试官留下良好的印象。

无领导小组讨论中，面试官评价的标准包括：参与有效发言的次数；是否善于提出新的见解和方案；是否敢于发表不同的意见，或者支持或肯定别人的意见，能否在坚持自己正确意见的基础上根据别人的意见发表自己的观点；是否善于消除紧张气氛，说服别人，调解争议，创造一个使不大开口的人也想发言的气氛，把众人的意见引向一致；能否倾听他人意见，是否尊重别人，是否侵犯他人发言权；语言表达能力、分析能力、概括和归纳总结不同意见的能力；发言的主动性、反应的灵敏性；等等。在无领导小组面试中，面试者要做到以下几点：

第一，用沉稳的语调提出深刻见解。面试开始后，许多面试者抢先亮出自己的观点，这样做不一定能给面试官留下深刻的印象，最初不要力图引导和左右其他考生的思想和见解，不要总是把他们的注意力吸引到自己的观点上来，不要争当最初的领导，不要锋芒毕露地对每个发言者的言论逐一进行点评。

有很多面试者总是寻找充当意见领袖的机会，成为小组讨论的主导者，以展示自己引导讨论及总结的才能，尤其是当某个发言者所说的话没有什么突出见解时，自己仍不顾一切地进行总结。其实，正确的做法是，在讨论结束之前，你对各成员所谈的要点一一进行点评，分析优劣，并适时拿出自己令人信服的观点，这时的语调一定要舒缓平和，进入讨论的中心要显得不露痕迹，无形中使自己成为领导者的角色。这需要平时多积累相关经验，还要注意提高自己协调与整合方面的能力。对于每个面试者来说，机会都不多，如果胆小怯场，不敢发言，就等于失去了被面试官考查的机会。这种面试得分最高者大多是那个以沉稳的语调提出深刻见解的最后发言者。

第二，协调人际关系，建构团队精神。其实每个人的想法都是差不多的，影响个人是否接受别人观点的首要因素就是人际关系，即别人会先考虑与你的熟悉程度和友善程度，彼此的关系越亲密，就越容易接受你的观点。

如果他人认为你们之间是敌对关系，那么多半会反对你的观点。所以我们在充分展现自己才华的时候，不要对队友恶语相向、横加指责或无端攻击对方观点，这样的人往往只会导致自己最早出局。试图说服对方时要看好时机，不要在对方情绪激动的时候改变他的观点。因为在情绪激动时，对方的情感多于理智。所以要找准时机，找到与对方言语里共同的观点，引申出自己的观点，让对方在一定程度上能感觉到他的观点与你的有相同之处，然后在对方对你稍稍放下敌对心理，情绪有所放松时，你合理地提出自己的观点及充分的理由。

特别要注意的是，自己在发言的时候，要尽量做到论证充分，辩驳有力。在小组讨论中，当然不是谁的嗓门大谁就得高分，考官是借此考查一个人的语言能力、思维能力及业务能力，夸夸其谈、不着边际、胡言乱语，只会在大庭广众中出丑，将自己的不利之处暴露无遗。语不在多而在精，要观点鲜明、论证严密、有的放矢，尽量能够一下子说到点子上，这样可以起到一鸣惊人的效果。

及时表达与别人不同的意见和反驳别人先前的言论，也不要恶语相加，要做到既能够清楚表达自己的立场，又不令别人难堪。因为如今的竞争日趋激烈，单凭一个人的智慧很难在竞争中取胜，成功需要大家的共同努力，所以每个单位都很重视合作，都不会聘用没有团队意识的人。

第三，观点明确，交谈技巧娴熟。面试者应该有自己的观点和主见，即使与别人意见一致时，也可以阐述自己的论据，补充别人发言的不足之处，而不要简单地附和说：某某已经说过了，我与他的看法基本一致。这样会让人觉得你没主见、没个性，缺乏独立精神，甚至还会怀疑你其实根本就没有自己的观点，有欺骗的可能。

当别人发言时，应该用目光注视对方，认真倾听，不要有下意识的小动作，更不要因对其观点不以为然而露出轻视、不屑一顾的表情，这样不尊重对方，会被面试官认为是涵养不够。对于别人的不同意见，应在其陈述之后，沉着应付，不要感情用事，怒形于色，言语措辞也不要带刺，保持冷静可以使头脑清晰，思维敏捷，更利于分析对方的观点，阐明自己的见解。要以理服人，尊重对方的意见，不能压制对方的发言，不要全面否定别人的观点，应该以探讨、交流的方式，在较缓和的气氛中充分表达自己的观点和见解。

第四，有气度、讲礼仪。当你选择的话题过于专业，或者自己发起的话题众人并不感兴趣，或者对自己介绍得过多的时候，可能会使听者感到疲惫，当听者露出厌倦的神色时，自己就应当立即止住，最不宜在这个时候还要我行我素。当有人突然出来反驳自己时，不要恼羞成怒，而是应心平气和地与之讨论。发现对方有意寻衅滋事时，则可不予理睬。

谈话时目光应保持平视，仰视显得谦卑，俯视显得傲慢，均应当避免。应用眼睛轻松柔和地注视对方，但不要将眼睛瞪得太大，或直愣愣地盯住对方不放。在谈话的时候要温文尔雅，不要恶语伤人，讽刺谩骂，不能高声辩论，纠缠不休。不要做出某些不尊重别人的举动，例如揉眼睛、伸懒腰、挖耳朵、掏鼻孔、摆弄手指、活动手腕、用手指向他人的鼻尖、双手插在衣袋里、看手表、玩弄纽扣、抱着膝盖摇晃等。

总之，在言谈中要以礼待人，给予每个人同样的尊重，在平凡中见神奇、温和中见真知，让面试官在细微处感受到你的魅力。

五、行为面试

行为面试是指通过要求面试者描述其过去工作或者生活中的某种经历的具体情况，了解面试者素质特征的方法。行为面试法一般是以一对一的形式进行，也可以多对一，即多位面试官考查一位面试者。场地设置一般较为简单，可以是专门的场地，也可以是办公室或小型会议室，要尽量安静、免受干扰。行为面试法可以看作是传统面试法的升级，最大限度地消除了面试官提问的随意性。行为面试的问题设置不是一成不变的，面试官主要根据简历中的疑问之处、模糊之处、想深入了解之处进行提问；也有面试官会根据面试场景，临时要求面试者就一些问题进行分析。

六、STAR 行为面试

STAR 是 Situation（背景）、Task（任务）、Action（行动）和 Result（结果）四个英文字母的首字母组合。通常，求职者的应聘材料上写的都是一些结果，描述自己做过什么、成绩怎样，比较简单和宽泛。通过 STAR 面试要素发问的四个步骤，可以一步步将求职者的陈述引向深入，一步步挖掘出求职者潜在的信息，为企业更好地做出录用决策提供正确和全面的参考。这既是对企业负责（招聘到合适的人才），也是对应聘者负责（帮助他尽可能地展现自我，推销自我），以实现双赢。

七、压力性面试

压力性面试是指将面试者置于一种人为的紧张气氛中，让其接受诸如挑衅性、非议性和刁难性的刺激，以考查其应变能力、压力承受能力、情绪稳定性等的面试形式。压力面试时，面试官往往先提出一个不甚友好的问题，一开始就浇你一盆冷水，让你在委屈和激愤中露出本色。通过此种“压力发问”方式，逼迫面试者充分表现出对待难题的机智灵活性、应变能力、思考判断能力、气质性格和修养等方面的素质，从而探究面试者真实的能力与个性。

案例阅读1

务实的求职者

小王去参加一家大型电器商场的行政助理面试时，偌大的会议室里坐着5个面试者，考官也是5位。从右向左，面试者一个个做自我介绍，几乎无一例外，都是把自己吹嘘一顿，说自己对电器知识如何有研究，对业务技术如何精通等。轮到小王了，她和前几位表达的内容有所不同。她先微笑着把准备好的自我介绍顺畅地说完，接着说："我刚出校门，对电器不是太了解，手机基本熟悉；了解贵公司的概况，其他的不太懂；会计没问题，那是我的专业；计算机办公软件熟悉。在沟通及组织协调能力方面，我在大学一直担任学生干部，得到了一定的锻炼和老师、同学的认可。"主考官竟然面露微笑："请你现在就给我们制作一张你所在行政部今天的工作日程表格吧！"小王轻车熟路，当即就上机制作了一张。最后她被录用了。

案例点评

小王参加的是结构化面试结合情景面试，与其他场合的自我介绍相比，结构化面试的自我介绍应着眼于展示自己的知识与技能，尤其以技能为主，以显示能力和素质、团队精神等为首要目标，做到客观地展示或表现自己。

在集体面试场景中，自我介绍应特别强调有特色、有诚意。针对不同岗位，要用合适的方式和技巧来表达，比如小王应聘的是管理岗位，就需要注意条理分明，重点突出，简练而合乎逻辑。自我介绍要避免吞吞吐吐、前言不搭后语、内容太长、过分张扬或怯懦、满口套话，这样会让人感觉全是从书本上学来的。如果过分自谦，会让人感觉要么底气不足，要么城府太深；自我吹嘘者说得再漂亮，也不一定能说到点子上，反而很容易给人以轻浮的感觉；实话实说才能让人耳目一新，使人觉得踏实。不过，当大家都实话实说时，你就得说出新的角度或高度，突出自己的亮点，这样才能引人注意、脱颖而出。

求职应聘要从招聘单位或岗位职责中最薄弱的环节上去寻找并展示亮点，与自我介绍形成一致，即由介绍中看得到亮点的"影子"。亮点要有鲜明的现实效益性和操作性，而不要说不对称的亮点，更不要无中生有或者随意夸大亮点，否则经不起招聘方的盘问；不要把职业亮点与性格亮点混为一体（职场中招聘方所看重的主要是职业亮点）；此外，还要避免显示不出亮点或者亮点的分量太轻。

案例阅读2

第11个应聘者

某大型公司招聘人才，经过3轮淘汰，还剩下10个应聘者，最终将留用3个，公司采用了压力性面试。第4轮是总裁亲自面试，允许前面面试失败者中的任何一人自己要求进入最后一轮面试，最终考场上会出现第 11 个应聘者。

总裁问："谁是前面淘汰后又参加最后这轮应聘的？"

最后一排的一个年轻人站起身："先生，是我，我在第一轮就被淘汰了，但我想再参加一次面试。"

总裁问："你第一关都过不了，来这儿还有什么意义啊？"

年轻人说："我掌握了很多'财富'，并想掌握更多的'财富'，在我看来，我本人即是财富。"

在场的人都笑了，包括在门口旁观的一位老人。应聘者们窃窃私语，对这个年轻人议论纷纷。

年轻人继续说："我只有一个本科学历和一个中级职称，但我有 7 年的工作经验，曾在 10 家公司任职……"

"你的学历、职称都一般，工作 7 年还算凑合，但先后换了 10 家公司，这么频繁跳槽，谁敢留你啊。"总裁打断他的话。

年轻人再次站起来："先生，我没有跳槽，而是那 10 家公司先后倒闭了。"

在场的人哄堂大笑，一个应聘者大声说："你也太倒霉了吧！"

年轻人也笑了："不过，我认为这就是我的财富！我不倒霉，我只有 31 岁。"

这时，站在门口的老人走进来，给总裁倒了杯茶。

"我很了解那 10 家公司，我曾与大家一起努力，试图挽救它们，虽然最后没有成功，但我从它们的错误与失败中学到许多东西。"年轻人继续说，"很多人只是追求成功的经验，而我，更有经验避免错误与失败！这 7 年经历的 10 家公司，练就了我敏锐的洞察力，举个小例子吧——今天真正的考官不是您，而是这位倒茶的长者……"

其余 10 个应聘者大吃一惊，用疑惑的眼神盯着老人和总裁。

老人笑了："很好！你第一个被录取了！"

（资料来源：孙学军．电梯说服术．北京：人民邮电出版社，2011.）

案例点评

案例中的"第 11 个应聘者"在压力性面试中，用独特的勇气争取机会，用冷静的头脑、敏锐的洞察力轻松把控住众人的心态和整个面试氛围，而不是被紧张的场景和面试官控制。值得特别指出的是，他有特色地用了一些增强自己信心并增加对方新鲜感的数字，并成功运用"先抑后扬""以退为进"的沟通策略，让自己从"第 11 个应聘者"变成了"第一个被录取者"。

场景式实践训练与评估

求职面试是一个同时对心理及智慧进行探索、观察、求证的过程，同样的问题会因为参与者（招聘及求职双方）的不同而产生截然不同的思考与响应，因此也就不会有“标准答案”的存在，主要看求职者的沟通与礼仪技巧是否有值得参考的回答方向，或是较合适的回答。下面这 15 道题目，是面试中常常需要提前思考和准备的。2 人为一组，先不看提示，模拟一对一面试场景，进行测试和互评。

（1）你找工作时最主要的考虑因素是什么？

A. 公司的远景及产品竞争力

B. 公司对员工职业生涯规划的重视及人性化的管理

C. 工作的性质是否能让我发挥所长并不断成长

D. 合理的待遇及主管的管理风格

提示：这道题人事主管的选择往往是 C。找工作时当然应该有个全面的评估与考虑，不过最根本的因素还是工作本身。如果工作内容无法满足个人对于工作的期望，那么公司的前景再乐观、福利待遇再优厚，也终究是留不住人才的。企业固然希望以好的名声及优良的企业文化吸引人才，但是它要选择的首先还是工作表现好、能够真正有所贡献，并将公司推向更高境界的人才，而不是纯粹慕名求利而来的人。

（2）请谈谈你个人最大的特色。

A. 我人缘极佳，连续三年担任班级和学生会干部

B. 我的坚持度很高，事情没有做到一个令人满意的结果就绝不罢手

C. 我非常守时，学习、工作以来从来没有迟到过

D. 我的个性很随和，是大家公认的好好先生（小姐）

提示：这道题的选择多数人倾向于 B。A、C、D 虽然也都能表现出应聘者性格上的优点，但是 B 的回答是最能与工作结合的。能够与工作表现或岗位要求相结合的优点和特长，才是招聘者比较感兴趣的回答。

（3）你为什么想来我们公司工作？

A. 主要是这份工作的内容很吸引我

B. 贵公司在行业内颇为出名，听说管理也很人性化

C. 我的大学同伴在贵公司会计部工作，是他建议我来应聘的

D. 贵公司在业界的声誉及这项工作的性质都很吸引我

提示：最理想的回答为 D，A 居次。D 的回答是比较完备的，表明应聘者是经过事前的考察才做出综合评估的。谨慎的招聘者都希望录用深思熟虑的人，唯有双方都认为是“适当”的合作，才能走得长久。A 的回答固然也没错，但就完整性及背后的意义来说，还是略逊于 D。

（4）你对我们公司了解多少？

A. 贵公司去年在长达八个月的时间里都高居“股王”的宝座

B. 贵公司连续三年被 *ABC* 杂志评选为“求职者最想进入的企业”第一名

C. 不是很清楚，能否请您做些介绍

D. 我最欣赏贵公司有意改变策略，加强与国外大厂 OEM 的合作，自有品牌的部分通过海外经销商扩大了销售

提示：这道题的回答以赞赏 D 的居多。应聘者对于要前往面试的公司一定要有所准备、多加了解。如果应聘者能多收集更深入详细的公司背景资料，在言谈间，招聘者很快就能感受到应聘者的决心与诚意；事前所投注的心血不仅会使应聘者的回答言之有物，而且能使其明显地与其他人区别开来。

（5）你期望的待遇是多少？

A. 是否可以先让我了解一下贵公司的薪资及福利制度

B. 我希望至少要高过我目前的薪水，依我的职级每年可分配多少股票呢

C. 目前 3 000 元，但下个月要调薪，可能是 10%，所以我希望至少 4 000 元

D. 月薪 3 000～4 000 元，不知道这是否在贵公司的预算标准之内

提示：这道题选择 A 的人事主管最多，其次为 D。答 A，除了显示应聘者态度上的谨慎，其实也是对应聘者最有利的一种回答方式。当然，应聘者要非常注意措辞与语气上的礼貌，并看情况来决定是否能更深入地追问下去。如果你发现招聘者并未给予具体而详细的回答，或是外表看起来显得严肃而保守，那就一定要适可而止。因为一旦对方认为你的态度不够配合、有挑战的意味，说不定你就弄巧成拙了。选项 D 则是不得已的情况下较为稳妥的回答。请记住：应聘者如果一定要提出一个具体数字，那么提出一个范围就远比提出单一的明确数字更为周全。

（6）你什么时候可以开始上班？

A. 再等一个半月，拿到上年度的分红之后

B. 原则上我可以尽量配合，但我必须与我目前的老板讨论交接的日期

C. 是否可以给我两个星期的时间考虑一下，并与家人通个气

D. 我的好朋友下个月在美国结婚，我必须参加，是否可以等我从美国回来

提示：人事主管的一致选择是 B。公司总是希望能尽快将岗位缺口补齐，以免影响日常运作。你既有意争取，态度上自然要积极，而不是让对方来等你。要注意的是：回答时应记得交代对于前一份工作的责任，收尾也要收得干净漂亮，而不是丢下一堆烂摊子一走了之，招聘者会顺便借此观察求职者的工作责任感。

（7）你为什么想离开目前的岗位？

A. 别的同事认为我是老板的红人，所以处处排挤我

B. 调薪的结果令我十分失望，完全与我的付出不成正比

C. 老板不愿授权，工作处处受限，束手束脚，很难做事

D. 公司营运状况不佳，大家人心惶惶

提示：超过半数以上的人事主管选择 C。C 确实是一个相当能反映现实状况的回答，尤其是对于资深的主管级人员而言，一旦发现无法与其直属主管顺畅配合，往往只好另寻舞台发挥。因此往好的方面想：这样的回答正可以显示应聘者的事业心强、能力强，希望被赋予更多的责任。当然应聘者也要留意在回答其他问题时的态度及内容相互之间的整体一致性，避免被招聘者解读成“人际关系不佳”或者“不能被充分信赖”。另外，也有相当多的人事主管选择 D。虽然不一定每位应聘者都会遇到“公司快要倒闭”这样的状况，但这是一个可以参考的方向，你的离职原因如果是一些“个人无法改变的客观外在因素”，则应聘者也就不会对你个人的工作表现或能力产生太多的疑虑与顾忌了。

（8）请谈谈你在前一份工作中的最大贡献。

A. 因事前准备充分，使得产品……在去年的交易展会上大出风头

B. 据理力争，为同事争来了年度免费健康检查的福利

C. 重新设计生产线，使得生产周期缩短了 30%，每季出货量增加了 35%

D. 以一份长达 20 页的评估报告，建议公司必须尽快投入电子商务

提示：最理想的回答是 C。你所提出的成就必须与现在所应聘的工作岗位或职能有关联，以显示能转移或沿用自己的经验能力，并且尽量用数字予以具体表现。

（9）如果我录用你，你认为你在这个工作岗位上会待多久呢？

A. 这个问题可能要等我工作一段时间后才能比较具体地回答

B. 一份工作至少要做个三五年才能学习到其精华的部分

C. 这个问题蛮难回答的，可能要看当时的情形

D. 至少两年，两年后我计划再出国深造

提示：选择 B 的最多，A 次之。B 的回答能充分显示出你的稳定性，但是，也要注意你的履历表上必须也呈现出这样的一致性。如果你在之前的每个岗位上工作的时间都只有一年左右，那么你只是个很会面谈的求职者，却未必是位稳定性好的工作人员。A 的回答则非常实际，部分人事主管因为欣赏应聘者的坦诚而能够接受这样的回答。

（10）除了我们公司，你还应聘了其他哪些公司呢？

A. 除了像贵公司这样的计算机外设产品公司，我还应聘了 ABC 饮料公司、DEF 软件设计公司及 XYZ 化工公司

B. 因为是通过人才网站投递的简历，所以有很多公司与我联络，不胜枚举

C. 我只对计算机类的公司较感兴趣，除贵公司外，我还应聘了 IBC 及 COMP 公司

D. 我不是很积极地想换工作，这半年多来陆陆续续寄了一些简历，公司名字不太记得

提示：最理想的回答是 C。对于工作性质及经验与产业（产品）密不可分的工作（例如研发、设计、制造等专业性强的业务）来说，C 的回答方式能显示出应聘者的目标

明确，对于自己的下一个工作应该在哪里思考得很清楚。反观 A 的回答，如果从事的是业务工作，就会令人觉得像是病急乱投医，根本不清楚自己的方向；但要说明的是，如果应聘者是从事人力资源、会计、行政、秘书等性质的工作，则 A 的回答就可以接受了。

（11）你希望五年后达到什么成就？

A. “做一天和尚撞一天钟”，尽人事听天命，顺其自然

B. 凭我的机灵及才干，晋升至部门经理是我的中期目标

C. 自己独当一面开公司

D. “全力以赴”是我的座右铭，希望能随着经验的增加被赋予更多的责任与挑战

提示：理想的回答是 D。应聘者回答的重点一定要放在希望从工作本身获得自我提升及成长这一方面，这样所表现出来的自然就是积极进取的工作态度；但也要掌握分寸、拿捏得宜，不要表现过了头，结果给对方留下狂妄自大、目中无人的印象，那就太冤枉了。

（12）你认为你在哪方面最需要改进？

A. 时间管理

B. 人际关系

C. 我有点迷糊

D. 不应该以高标准去要求下属和同事

提示：这道题的回答多数人倾向于 D。当然大家都会有缺点，但面试时，招聘者最关心的是求职者的缺点会不会影响工作表现。D 的回答就相当微妙，对工作有着高标准的要求，这对于工作本身无疑是非常好的，但可能会使与其共事的人产生压迫感，虽然从这个角度看这确实是一个“缺点”，但这样的缺点无伤大雅，反而会让招聘者高兴。C 的回答就让招聘者担忧，如果应聘者把迷糊的个性也带到工作中去，那工作表现岂不是要大打折扣？

（13）如果你离开现在的职务，你认为你的老板会有什么反应？

A. 很震惊，因为老板对我很器重也很信赖，我就如同他的左右手一样

B. 还好吧，他大概心里也有数，反正公司现在也不忙

C. 他大概习惯了，反正他手下的人来来去去早已司空见惯

D. 我想他一定会生气地破口大骂，他是一个相当情绪化的人

提示：理想的回答是 A。招聘者正想借此了解你在前任（现任）岗位上与主管相处的情形，以及你在主管心目中的地位如何。因此求职者要能听出弦外之音，在回答时充分传达出有利于自己的信息——你是能力强且足以被托付重责的好下属。

（14）知道我们为什么录用你吗？

A. 因为我比别人都优秀

B. 因为我有很强烈的事业心，想要与贵公司共同成长

C. 您可以由我过去的工作表现所呈现的客观数据，明显地看出我全力以赴的工作态度

D. 我在这个行业已耕耘了八年，丰厚的人脉是我最大的资产

提示：这道题的理想回答是C。C的回答表明，应聘者在履历表或之前的回答内容中，都以客观的数字来辅助说明了业绩。你为什么值得录用？再美妙的形容也不如明确的业绩数据、具体的工作成果展现令人感受强烈、印象深刻。如何让对方“看”到应聘者的好，认同应聘者是自己要招聘的最理想人选？业绩数据就是最令对方信服的。

（15）你有没有什么问题要问呢？

A. 通常在这个职务上工作多久才有升职的机会？

B. 目前工作上常用的设计软件包括哪些？

C. 我想不出有什么好问的

D. 以我的职级而言，去年平均可以分到多少股票？

提示：最理想的回答是B。与上岗工作相关的问题尽可以提出，但与薪资福利相关的问题或其他问题，如非十分重要，在初次面试时都应尽量避免。

评价表

总分：

回答体现的专业性（30分）	评价人及其签名	回答沟通与礼仪技巧（40分）	回答问题的完整性（30）
评语	自我评价及签名		
	同伴评价及签名		
	教师评价及签名		

阅读链接

1. 孙学军．电梯说服术．北京：人民邮电出版社，2011.

2. 甘敏军．礼仪与沟通．北京：清华大学出版社，2012.

项目场景式综合实训

1. 实训内容：在影视作品或其他节目中查找并剪辑3分钟左右关于求职面试的典型视频案例，小组模拟视频中求职面试的场景进行演示拍摄。

2. 实训方式：2～4人为一个小组，协调好小组成员各自的分工和完成任务的进度。

3. 实训成果：小组经过查找、剪辑、文案写作、训练和演示、拍摄、编辑、审核完成微视频成果，并按照时间要求上传至职教云平台。

项目十二　商务办公场景沟通与礼仪

关键词：办公环境；整洁高效；办公形象；符合规范；协同合作

商务办公场景包括人和环境两部分，以高效办公为目的。在商务办公场景中，个人要克制自我在服装、语言、举止等方面的个人习惯和喜好，以符合办公场合和自身身份角色的要求。办公环境布置也要处处体现以人为本，既要方便工作开展，又能够提高工作效率。是否处在一个安全、舒适的环境中直接影响着工作心情和工作效果。

一项专项研究表明：在办公室环境中，人们平均每三分钟就会被数字干扰或人为干扰打断一次。每当干扰发生一次，要让思维重新回到手头的工作上，平均需要 23 分钟。因此，从管理沟通与礼仪角度看，如何让办公环境减少干扰，让员工专注工作是一个大课题。是把办公室打通，还是建立更多的私密办公空间？这不需要追赶潮流和时尚，而是要考虑人性的需求、业务流程沟通的需要，以及组织战略的需要。

在商务办公场景中，人的礼仪形象构成办公环境的一部分，我们是否以一个职业和专业的标准形象出现，甚至影响着别人对我们工作能力的判断。例如，中国建设银行较早规定工作人员统一着深蓝色制服，女性盘发、戴丝巾，男性扎领带、穿皮鞋，从形象上树立了员工的可信任度，从而提升了中国建设银行在国民心目中的专业度和信任度。

人是一种群体动物，与人协作是人类生存发展的唯一选择。没有良好的人际关系，我们就会在工作中处处受限，举步维艰。2020 年展示中国女排精神的电影《夺冠》，就用一幕幕动人的画面给我们讲述了团队的力量和协作的重要性。团结协作不仅在体育竞技中发挥着巨大的作用，在商务办公场景中一样具有巨大的效能。

任务一　办公环境礼仪形象

重难点：该任务中思想文化教育的落实；学习判断和建构一个优质的办公环境；如何以沟通与礼仪进行有效的办公环境管理

办公环境或称办公室环境，是指直接或者间接对办公过程产生作用和影响的各种因素的综合体。从广义上来说，它是指一定组织机构的所有成员所处的大环境；从狭义上来说，它是指一定的组织机构的秘书部门工作时所处的环境，包括人文环境和自然环境。人文环境包括文化、教育、人际关系等因素；自然环境包括办公室所在地、建筑设计、室内空气、光线、颜色、办公设备以及办公室的布局、布置等因素。

随着社会的发展，人们对于办公环境的要求越来越高，优良的办公环境能够提高办公效率，且有利于组织的沟通和员工的身体健康，优质办公环境的营造，也是对员工与相关公众的尊重，能够在人们心中树立良好的形象，留下美好的印象。

办公环境从微观上看，有工作区的空间、温度、采光、通风、吸音设施和条件等，还包括办公室墙壁、门窗装修和装饰的样式、色彩，办公桌椅、柜架的样式和摆放方式，以及各种办公设备、办公用品耗材和饮水设备的摆放方式等。一般来说，健康安全的办公环境应满足下列基本要求：（1）办公室内要有良好的通风条件，室内的通风和良好的空气条件能够提高工作的效率。（2）办公室光线应充足，局部照明要达到要求，可采取人工光或人工光与自然光相结合等方式。（3）办公室保持肃静、安宁的气氛，地面、墙面、天花板应有一定的吸音、静音装置。（4）办公区建筑必须坚固安全，办公设备的摆放应整齐，布局要合理，办公室空间及座位空间要适当，座位间要留有通道，在通道的拐角处要注意桌椅、设备摆放的安全。（5）办公室内摆放一些花木，使办公室内空气更清新，布置更优雅。

办公室环境需要办公室人员的精心维护，做到每天上下班检查一下以下内容：工作场所的温度是否达到了要求；门窗是否严密安全；照明是否满足工作需要；噪声干扰、空气污染是否超标；办公家具和设备是否够用；等等。

除此以外，办公区域还要注意私密性。有关研究报告表明：全世界范围内，只有11%的员工在工作中感到投入和被鼓舞，他们相对而言有更多的私密空间，对办公场所也更为满意；相反，对办公环境强烈不满的员工中，有63%的人缺乏敬业度。

同事间的互动对达成目标至关重要，但也需要给每个人留出集中思考、恢复精力的时间和空间。很多办公场所并没有将私密性作为一个必须实现的功能。办公环境提供合作共事的程度越深，让办公人员有独处的时间就越重要——他们需要不被打扰，可以运用专长，对手头的挑战形成扎实的观点，同时也需要私密空间来解压放松、恢复精力。

案例阅读1

办公环境管理的5S原则

5S就是整理、整顿、清扫、清洁、素养五个项目，因在日语中均以“S”开头，简称5S。

5S起源于日本，通过规范现场、现物，营造一目了然的工作环境，培养员工良好的工作习惯，其最终目的是提升人的品质：革除马虎之心，养成凡事认真的习惯（认认真真地对待工作中的每一件小事）、遵守规定的习惯、自觉维护工作环境整洁明了的良好习惯、文明礼貌的习惯。

☆整理：

◇将工作场所所有东西区分为有必要的与不必要的。把有必要的东西与不必要的东西明确、严格地区分开来；不必要的东西要尽快处理掉。

有决心对不必要的物品加以处置。

实施要领：对自己的工作场所（范围）进行全面检查，包括看得到的和看不到的；制定“要”和“不要”的判别基准；将不必要的物品清除出工作场所；对需要的物品调查使用频度，决定日常用量及放置位置；制定废弃物处理方法；每日自我检查。

☆整顿：

◇对整理之后留在现场的必要物品分门别类进行放置，排列整齐。

◇明确数量，并做出有效的标识。

这是提高办公效率的基础。

实施要领：前一步骤整理的工作要落实；进行流程布置，确定放置场所；规定放置方法、明确数量；划线定位；制定场所、物品标识。

整顿的“3 要素”：场所、方法、标识。

整顿的“3 定”原则：定点、定容、定量。

☆清扫：

◇将工作场所清扫干净；保持工作场所干净、亮丽。

落实责任化、制度化。

实施要领：划分清扫责任区（室内、外）；执行例行扫除，清理脏污；调查污染源，予以杜绝或隔离；建立清扫基准，作为规范。

☆清洁：

◇将上面 3S 实施的做法制度化、规范化，并贯彻执行及维持结果。

落实制度化，定期检查。

实施要领：落实前面 3S 的工作；制定考评方法；制定奖惩制度，加强执行；高阶主管经常带头巡查，以表重视。

☆素养：

◇通过晨会等手段，提高全员文明礼貌水准。引导每位成员养成良好的习惯，并遵守规则做事。开展 5S 容易，但长时间的维持必须靠素养的提升。

长期坚持，才能养成良好的习惯。

实施要领：制定服装、仪容、识别证标准；制定共同遵守的有关规则、规定；制定礼仪守则；教育训练（新进人员强化 5S 教育、实践）；推动各种精神提升活动（如晨会、礼貌运动等）。

案例点评

建构良好的办公环境，也是为了更好地进行工作沟通。俗话说“一屋不扫，何以扫天下。”社会心理学家收集的数据证明办公环境对工作效率的影响非常大，因此现代企业需要越来越注重办公环境的建设。办公环境的建设绝不是一桌一椅那么简单的事情，杂乱无章的办公环境，会给人带来一定的负能量，使人消极，影响工作效率。整洁、整齐的办公环境，不仅能提高工作效率，同时还会减少安全隐患，帮助员工减少工作失误，树立良好形象和口碑。5S 原则目前被很多大型企业推行，海尔集团在 5S 原则的基础上增加了一个“安全性”，将 5S 变成了 6S。现在很多面向银行、企业等的培训项目也在积极推广 5S 原则。规范的办公环境管理和维护制度将会越来越普及。

案例阅读2

现代办公环境的设计

罗丹说过：工作就是人生的价值，人生的欢乐，也是幸福之所在！人在办公室工作的时间很长，办公环境的好坏直接影响着一个人的心情。全球领先的办公家具品牌 Steelcase 发布过一篇非常值得关注的报告——《敬业度与全球办公场所状况》。报告显示，员工对办公环境的满意度与员工对工作的敬业度成正相关。也就是说，在其他方面相同的情况下，公司提供给员工的办公环境越好，员工的敬业度越高，公司提供给员工的办公环境越差，员工的敬业度越低。

在 20 世纪 90 年代的互联网大潮中，一些新公司为了和资格较老的电子媒介公司争夺技术人员，开始改善办公环境，一种和开放式办公环境不同的布局也随之流行开来，办公室里开始有了茶水间、咖啡吧、衣帽间、游戏室、乒乓球室等。

办公室能反映一个公司的企业文化和精神风貌，也代表着这个公司的软实力。

对员工来说，干净整洁、井然有序的工作环境，能够给人秩序感和舒适感，简约大气的办公空间，摒除了多余烦琐的零碎，减少了员工不必要的时间成本，间接提高了员工的工作效率。

对于企业来说，一个好的办公环境可以提高员工的认同感和归属感，更直接影响着员工的敬业度。而员工对企业的认同感和敬业度的提升，又能直接提高员工的工作效率。

除此之外，好的办公环境还是公司企业文化、精神内涵的展示。

如果一个公司环境差，不仅会降低员工对工作的满意度，当有访客或者客户到访的时候，也会影响他们对公司实力的预估。

办公室装修设计有格调的企业，一定能赢得员工和客户的心，从而在某种程度上为公司的业务增加更多的可能性。人性化的管理、舒适的办公环境、与付出相符的待遇，才能真正为企业吸引大批人才，从而提升效益。

传统办公室单一的功能如今已经不符合大趋势下企业和员工的要求，拥有多功能，甚至是娱乐休闲功能的办公空间，才可以增加员工的工作满意度，提高员工的敬业度。

好的办公环境要满足以下 5 个条件：

（1）在办公室的设计上就做好布局，利用半开放空间和开放空间的优势，让空气自由地流通于各个空间。

（2）好的自然光线可以让人身心舒畅、宁静安详。优秀的办公室设计案例中经常出现一个概念——自然光线的引入，它是未来办公室设计的重中之重。

（3）在设计办公室时，要考虑整个办公室的面积，以及做怎样的规划才可以让这个大空间拥有合理的布局。通过合理的布局与规划，可以将有限的空间利益最大化，使每一处空间都有自己的使命与价值。

（4）当自己全神贯注工作的时候，任何多余的声音都是噪声。相信没有人愿意在“噪声”中工作。所以，在办公室的设计装修中也要考虑隔音材料的使用，以及如何通过分区降低噪声对员工的影响。

（5）办公室是一个电子设备集中的区域，在这样的空间里要适当地放些绿植，绿色的点缀不仅可以起到装饰作用，还能改善员工的心情，缓解工作的疲惫。

好的办公环境，不仅能让员工工作得更舒适，还可以让员工的工作更高效。

办公场所不只是一处物业，更关系到礼仪和形象，关乎员工和整个企业的幸福感。

案例点评

办公环境对人的影响有多大呢？可以这么说，办公环境甚至可以决定一个优秀员工的去留，好的办公环境对于吸引人才、留住人才具有十分重大的意义。人性化的办公环境，成了越来越多员工和企业的诉求，只有提升员工的工作体验，才能保证企业与员工双方的发展。

在现代企业的办公环境设计中，以人为本，不仅要尊重员工的需求，同时还要尊重顾客的需求，员工和顾客在沟通中也相互成为对方的“风景”。比如过去银行的等候区座椅都是直面柜台设置的一排排冰凉的椅子，这样的椅子会增加顾客的等候焦虑，同时也不够舒适。现在银行多将椅子更换成皮包软面，除了椅子，还有沙发及其他各种形式的设计。此外，在摆放方向上，也选择了侧面朝向柜台，让顾客在舒服安坐的同时减少等候焦虑，这样银行的员工工作也更加从容和细致。所以，环境对人的心理影响巨大，设计办公环境需要相应的心理学、社会学、管理学等知识作为支撑。

场景式实践训练与评估

以每个宿舍的成员为一个小组，以宿舍自身现有的条件和小组尽可能协调到的资源，为本宿舍进行环境设计，并制定5S管理办法，让宿舍的形象全面提升，并具有可持续发展性。

评价表

总分：

宿舍环境设计合理并有持续发展性（50分）	5S管理办法具体可行（50分）		
评语	自我评价		学员签名
	同伴评价		同伴签名
	教师评价		教师签名

阅读链接

庞鲜．办公空间设计．北京：中国青年出版社，2019.

任务二　办公人员形象礼仪

重难点：该任务中思想文化教育的落实；能够评判办公人员形象礼仪的优劣，并落实到自身

每个人都同时扮演着多重角色，在家里我们是子女、父母、兄弟、姐妹，在工作场景中，我们是下属、上司、同事、伙伴。无论扮演哪种角色，我们都应该以跟角色相对应的形象出现。一个律师在法庭上需要威严庄重，列举事实，逻辑缜密，这个时候如果嬉皮笑脸就不合时宜。一个窗口工作人员每天需要面对无数顾客，即便是同一件事已经做了上千次，每次接待的顾客也很可能只是第一次见到他，因此是否通过微笑带给别人亲切感，就会直接影响顾客对窗口工作人员服务效果的评价。

每个职场中的工作人员，都要知道职场的基本规则、同事的相处之道，不要让自己成为同事们心中厌恶的对象。那么，我们需要在哪些方面对自己的办公室场景形象进行塑造呢?

第一，着装。办公室是办公场所，需要体现的是每个职场人的职业、专业和敬业，而不需要过度强调自己的性别特征，因此在服装选择上就要符合工作特点和自己职位的要求。例如，大家在4S店看到店员、销售人员整齐划一地穿着深色西装制服，就会不由自主地觉得这些人员有着很高的专业水准，能更好地促进交易的达成。

第二，行为。办公场所人员众多，我们需要以礼待人，尽量不给别人增加麻烦。工作中碰到了问题，比如打印机不会使用、某个表格不会设计等，可以先通过网络、办公

室工作手册等方式查询解决方法，如果实在无法解决，就要等到其他人不忙的时候，礼貌虚心地前往求教。别人教过的事情自己要牢记于心，不要几次三番因为同样的事情麻烦别人。如果有多个问题，尽量一次性问清楚，不要一次一问，使别人不断被打扰。对同事的东西不要不问自取，更不能偷吃别人的零食、翻看别人的工作笔记本、未经允许私自打开别人的电脑等。每天上班尽量早到15分钟，这样自己就不会急躁，还有时间整理打扫。匆匆忙忙赶车、乘电梯，紧张又匆忙，就会丢三落四，你会感受到墨菲定理无处不在，越着急越慢。别人帮忙垫付的费用要第一时间还给别人，不要拖来拖去忘记了，让人记恨在心。如果同事好心顺路开车载你上下班，偶尔一次要真诚致谢，经常性行为要主动分摊油费、过路费等。有能力就多帮忙，帮助别人不求回报，不拉拢站队。在集体办公区域，要将手机调至振动或静音状态。开会或参加商务宴会时，不要将手机摆在桌面上。不在非吸烟区吸烟，不在工作时间办私事，不占用共用资源。积极配合同事的工作，不采取冷暴力消极或正面对抗，甚至给别人设置障碍。学会时间管理和事项管理，不拖拉，不影响团队进度。不随意答应帮助别人，超出自己能力或者没办法在规定时限完成都会造成不良的后果。

第三，言语沟通。主动问候别人，参与集体活动，不当隐形人。不在非工作时间给别人发工作信息，处理非紧急事件请发邮件，如遇紧急事件可以打电话直接沟通。不谈论他人是非，不当众指责、批评他人。将“您好”“请”“谢谢”“对不起”“没关系”时刻挂在嘴边，尽量少使用祈使句，尽量避免命令语气。不夸己能，不揭人短，多鼓励他人，不挖苦讽刺他人。对不熟悉的人不随意称呼“亲”“亲爱的”，应使用恰当的称呼。不在办公区域高声谈笑。控制自己的情绪，不随意发火、谩骂同事。有些事情看破不必说破，给别人留面子，就是给自己留机会。对于非原则性的事情，不需要跟同事争论对错，有时候赢了一个道理，会输掉一段关系，一笑而过比争得面红耳赤更加高级。记住他人的名字，尽量记得别人的喜好或其他个人信息，作为下次聊天的话题切入口，如果是同事，可以加深同事友情，如果是客人，可以拉近客群关系。不在办公室抱怨、发泄，说消极言论。经常赞美身边的人，欣赏并肯定别人的长处和成绩，真诚地为别人感到高兴。言必信，行必果。凡事有交代、有反馈。遇到问题不急着追责、推卸责任，不说丧气话，先想办法解决问题，再来安抚人心。

第四，表情。在交流时要直视对方，不要目光闪烁，更不能完全不看对方。眼邪心不正，不要使用各种带有角度的视线观察别人，以免给人带来不良的沟通体验。日常将微笑挂在嘴边，做一个温暖的人。

总而言之，在职场中，同事是伙伴，是战友。有机会可以成为朋友，但不要用好朋友的标准来要求所有人跟我们三观一致，性格相合。不要奢求对方给我们无条件的帮助和支持。对别人多理解、多尊重、多感谢，少打扰、少攀比、少抱怨。尽量让自己成为办事可靠、为人可靠、正向积极、勤奋踏实的优质员工。

案例阅读1

房似锦的成功之道

2020年，电视剧《安家》热映。剧中女主角是由孙俪饰演的房似锦。房似锦年纪轻轻就成为安家天下中介公司的“活招牌”，她空降静宜门店担任双店长。剧中的房似锦只有一套店里统一发的工作服，在其他人员都穿私服的环境中，她仍然坚持每天穿店服。房似锦的店服是西装外套加裤装，内搭白衬衫，既干练利落，又方便带客户走来走去看房。房似锦的鞋子不多，坏了仍然自己修修接着穿，不过仔细看，她的鞋子是近乎平底的黑色工作鞋，既有职业感，同时又符合她每天奔来跑去的人物形象和工作特性。房似锦日常还会背一个大号托特包，因为售房人员要随身携带房屋钥匙、房屋宣传单、购房合同、鞋套等材料和物资，大号包容量大、实用性强，所以很适合她。房似锦还每天携带一把黑色长柄大雨伞。她不是为了自己而时刻准备着这把伞，而是为了给客人晴天遮阳，雨天挡雨。可以说，房似锦把顾客方方面面的需求都考虑到了。

房似锦常说“就没有我卖不出去的房子”，能够做到这样，离不开房似锦的积极和努力。她会设身处地帮助顾客考虑买房需求和实际情况，会同时考虑买卖双方互惠互利。剧中给怀孕医生宫蓓蓓选房一事足以看得出房似锦的工作能力。房似锦是通过其他途径了解到了宫蓓蓓的真实资料，宫蓓蓓在接到房似锦电话的时候很是不满，但是房似锦却时时刻刻为对方着想，最终使得宫蓓蓓买到了房子，同时也把所有人都卖不出去的一套问题房子成功售出。那么房似锦是如何做到的呢？

首先是做好功课。房似锦实地考察，了解了即将要出售的房子的构造和细节，她认为没有不好的房子，只是没有碰到合适的主人。她把客户和房子的信息都摸得很清楚，按照房子的特点和购买者的需求进行配对，于是她发现了两者的相通之处，使供需得到了匹配。

其次就是贴心服务，因为了解到宫蓓蓓的家庭情况复杂，三代同堂，二胎即将临盆，身为医生的宫蓓蓓忙碌焦虑，几乎没有私人空间，所以房似锦有针对性地去向宫蓓蓓提出换房建议，并且跟宫蓓蓓一起收拾自住房屋然后挑选最优角度拍照。在带宫蓓蓓去看房子的时候，考虑到她是孕妇弯腰不方便，她特地蹲下来给宫蓓蓓换鞋，全程微笑亲和，让宫蓓蓓心生好感。

最后就是打心理战。房似锦自掏腰包，猜测到了宫蓓蓓的需求，对所售房屋提前进行了装修，然后带宫蓓蓓来看房。但是这是一套有问题的房子，这套房子的设计存在缺陷，同一套房子，却有一个房间要穿过电梯间走到走廊尽头才能进入。但房似锦在走廊的两侧墙壁上都贴满了宫蓓蓓之前扔掉的儿子的画，让宫蓓蓓穿过走廊的时候就像走在画廊一样，温馨有爱。在带宫蓓蓓走过走廊，进入小房间，并登上小阁楼之后，望着满天星光，房似锦更是晓之以理动之以情，告诉宫蓓蓓不用出门都能拥有诗和远方，在家里永远可以拥有只属于自己的地方，最终成功打动了宫蓓蓓。

案例点评

房似锦不是一个神，她只是一个普通人，当普通人把工作做到极致，就是人才和人物。房似锦的日常装扮符合一名专业地产经纪人的形象，干练短发，简单日常妆容搭配工装、平底工鞋，显示出专业度；在面对“老油条”扔过来的问题房子时毫不退缩，没有抱怨，而是积极寻找卖房办法，在众多有购房意向的潜在客户中寻找匹配客户；在服务客户的时候还有同情心，设身处地为顾客着想，不顾形象弯腰为顾客系鞋带；同时在语言表达上不断让客户对其产生信任感。顾客通过房似锦的语言、表情、行为和积极解决问题的态度以及主动装修的举动等方面感受到了她的真诚，最终买下了这套房子。这正应了房似锦说过的话：没有不好的房子，只有不合适的主人。销售到了最后售卖的都是沟通和服务。

什么是职业形象？职业形象除了外在的形象，还应该包括职业人的专业、职业、敬业。专业指的是对本职工作业务的熟练程度，比如一位汽车销售顾问，需要详细了解自家店里所售汽车的所有配置和优劣之处，能够比对出不同型号车子之间的配置区别，甚至能够帮助客户分析同价位不同品牌车子的区别。如果一问三不知，甚至还要翻阅资料，就会让客户觉得不专业。职业是指给出职业性的判断甚至是建议，能够通过跟顾客的接触挖掘出其真实需求和心理预期，从而帮助顾客更好地匹配所需。敬业是指对顾客的态度要亲切诚恳，耐心沟通，礼仪到位，对自己的工作认真负责，内容上尽善，形式上尽美。

案例阅读2

“厉害”的女秘书

瑞贝卡是某公司总裁的私人秘书。一日下班后，瑞贝卡在总裁没有回到办公室时按点下班锁门，不巧的是总裁需要回办公室取东西，结果到了门口发现自己被秘书锁在了门外，而自己并没有带钥匙。

总裁便尝试着联系瑞贝卡，但是，打了几次电话都没有联系上，这让总裁极为恼火。几个小时以后，也就是次日凌晨，愤怒的总裁通过电子邮件用英文给瑞贝卡发了一封“谴责信”，语气极为生硬，措辞十分严厉。

他在信中写道：“我曾告诉过你，想东西、做事情不要想当然！结果今天晚上你就把我锁在了门外，我要取的东西都还在办公室里。问题在于你自以为是地认为我随身带了钥匙。从现在起，无论是午餐时段还是晚上下班后，你要跟你服务的每一名经理都确认无事后才能离开办公室，明白了吗?”邮件一式两份，另外一份同时发给了公司的高管。

意想不到的是，两天之后，女秘书回信了，她在邮件中毫不客气地从总裁的语气，到他干涉自己的下班时间一一进行了反驳。

她在邮件中说：“我在这件事中没有任何过错，你自己有钥匙不带应该怪你自己，不应该赖到别人头上，而且你无权干涉我的下班时间，八小时之外我有自由活动的权利。另外，请注意你说话的语气，我是你的秘书不是你的出气筒，这是基本的礼貌问题……”

不可思议的是，瑞贝卡回信的对象还有其他分公司。这样一来，该公司分公司的所有人都收到了这封邮件。

没有赢家。

显然瑞贝卡在做出答复的同时，也做好了走人的准备，但事件在进一步戏剧化发展。她的这份答复邮件又从公司内部流出，被数千名外企白领接收和转发，很多人还在邮件上留下诸如“真牛”“解气”“骂得好”之类的点评。瑞贝卡自己也在网络上赢得了“史上最牛女秘书”的称号。某媒体对此事做了报道，该报道立即被各媒体转载和各门户网站转帖，并成为各个论坛热议的头条，有网友戏称该事件为“邮件门”。一夜成名，这种局面并不是瑞贝卡愿意看到的，离职后她曾无奈地表示这件事传得太广，她都找不到工作了，此后她一直不愿意接受采访。

受伤害的显然不止瑞贝卡一位。事件被曝光后，有网友贴出了总裁的简历和工作业绩，其中不乏人身攻击的言语，对此，公司不得不出来表态，强调该员工离职是个人事件。又过了一周左右，几大网站均贴出了题为“某公司总裁离职”的报道。

无论总裁离职与否，事件中的当事方都不是赢家。恰如有专家指出的一样，公司损失的是信誉，而两位当事人的职业生涯所受伤害的后遗症，会慢慢显现出来。这是一场只有输家的PK。

案例点评

在整个“邮件门”事件中，可以说没有一个赢家。作为国际大公司的总裁，没有体现出身为总裁应有的大气、稳重、包容的领导形象，瑞贝卡也没有表现出谨慎、认真、负责、温和的秘书形象。

本是一件极小的事情，但正是从这件小事中，却看出了总裁的狭隘、急躁、情绪管理不善、前瞻性差、用人不当、教人不善、解决问题简单粗暴、不尊重人、不负责任等缺点。

总裁自己也有钥匙，进不去办公室首先应该想到是自己忘记随身带钥匙所致，下班已久，不是非常紧急的事情不用麻烦秘书。即便秘书没有联系上，也不应该全部归咎于秘书不负责任，当务之急是打开办公室的门，方法总比困难多。如果他将主要精力都放在开门这件事情上，他就会快速找到若干方法。此外，在几小时后他仍然没有减少愤怒，而是越想越气，最终措辞严厉地发出邮件，并同时发给了公司高管。他没有预见到这样羞辱谩骂、指责严厉的邮件会给瑞贝卡带来什么样的打击，一个人在被打击的时候又会做出怎样的反击。他是瑞贝卡的老板，却没有预见到自己每天打交道的秘书在面对这类打击时有可能使用的反击手段，这种欠缺前瞻性的思维方式和做事风格，最终也使他自己陷入飓风之中。秘书做得不好，老板有不可推卸的责任。老板对秘书的教导不是只有命令和指责，鼓励，心平气和地指出问题、表达出自己的希望，往往更易被人接受。显然，总裁在知人善用方面也很欠缺。

反观瑞贝卡，逞一时之快，却断送了自己的职业生涯。一个人能在这样优质的大公司做到总裁秘书，是需要付出很多努力的。因为一封邮件，因为没有忍住的火气，自己不仅不能继续工作，甚至在同类公司、同等规模的公司里都再难觅得职位，不得不说这是多么遗憾的事情啊！自己跟领导工作多时，应该了解领导的工作风格。有些领导能力很强，脾气却很差，但是对事不对人，如果硬跟他对着干，很容易两败俱伤。这个时候，如果想继续工作下去，秘书需要做的是虚心接受批评，积极改正，加快提升。因为领导是自己职业成长的直接导师，领导的教导甚至是批评可以让自己更快成长。往往脾气大、要求多的领导自己也是非常强势的能人，对自己、对别人都很苛责。如果自己承受不了，生出离职的想法，也不需要大张旗鼓，正面对抗，伤人一千自损八百，而应按部就班做好离职工作，心情舒畅地开始新生活。不管对方怎样不堪，我们都要保持自己作为职场专业人士的高素质、高涵养。不用控制别人，时刻做好自己就好了。

场景式实践训练与评估

请以小组为单位，以“如何让办公室人员互帮互助”为题创设一个 5 分钟以内的沟通场景，每个人有不同角色和分工，重在突出办公室优质的职业形象与礼仪。

1. 快速讨论并写出文案。
2. 每个组员体会并体验，然后集中展示和分享。

评价表

总分：

办公室工作沟通场景创设合理（50 分）	形象与礼仪优质（50 分）			
评语	自我评价		学员签名	
	同伴评价		同伴签名	
	教师评价		教师签名	

阅读链接

武洪明，许湘岳．职业沟通教程．2 版．北京：人民出版社，2014.

任务三　办公人际关系沟通

重难点：该任务中思想文化教育的落实；良好办公室人际关系的理解和运用；能够判别并学习身边办公室人际关系良好的人所具有的特征

人是社会性动物，一个人在社会中生活，离不开他人的协助。不管是在生活中还是在工作中，良好的人际关系都能让我们感受到善意，进而提高工作效率，认识更多朋友，开拓更多种可能性。

打造办公室良好的人际关系并不是要求我们阿谀谄媚、逢迎拍马，它要求我们在任何时候都与人为善，对任何人都一视同仁。它是一种为人处世的态度，是一个人道德修养的体现，是一个人内心素养的自然结果。中国是有着 5 000 年灿烂文化的文明古国，孔夫子在 2 500 年前就提出“不学礼，无以立”，与人相处应时刻把“尊重”放在心中。他所创立的儒家学说主张“己所不欲，勿施于人”，而我们所强调的良好的人际关系，就要求严以律己，宽以待人，对别人多加理解，对生活少些抱怨，能帮助别人时不吝啬，受人帮助时也不纠结。

《一生的计划》的作者格莱恩·布兰德曾经说，为什么有的人总是受到欢迎，得到别人的拥戴，好运气也总是落到他们头上？关键是他们学会并接受了一条人际关系的“黄金定律”：“你想要别人怎样对待你，你就要怎样对待别人。”这句话与孔夫子的“己所不欲，勿施于人”如出一辙。这条“黄金定律”的秘诀在于，你掌握着人际关系的主动权，你想要一个和谐顺畅的人际关系，你就可以拥有，当然，关键是你要先付出。它告诉我们，自己才是自己最大的敌人，同时自己也是自己最大的贵人。美好的人生，其实都是一种心理游戏，要想改变外在世界，必须先改变自己，与人为善，就是与自己为善。处理办公室人际关系，更要先处理自己的心情，再去处理事情，感觉好才能做得好。

美国当代有影响力的演说人和最受欢迎的商业广播讲座撰稿人托尼·亚历山德拉博士与人力资源顾问及训导专家迈克尔·奥康纳博士在“黄金定律”的基础上，提出了人际关系的“白金法则”，即别人希望你怎么对待他们，你就怎么对待他们。“白金法则”的精髓就在于从研究别人的需要出发，然后调整自己的行为，运用我们的智慧和才能使别人过得轻松舒畅。凡事先去了解别人，再求被了解。关注他人的需求，关注他人的需要，关注他人的情绪，从而调整自己的语言、行为、表情等沟通与礼仪要素，以及调整自己的判断和决定，让他人感觉受到了尊重、受到了信任，也就能赢得他人对自己的尊重和信任。

无论是“黄金定律”还是“白金法则”，都在告诉我们，在办公室进行人际沟通时，要尊重他人，真诚待人，公正待人。那么，如何做才能让别人感受到尊重、真诚和公平呢？

真诚的微笑是绝佳的润滑剂。

多听少说，是关注他人需求的重要手段。

肯定别人，不做无意义的争辩，经常用点头表示自己的认同。

经常赞美别人、鼓励别人，看到别人的进步和身上的优点。

经常性地帮助别人，尽量少麻烦别人。

多通过眼神、语言、身体接触等方式进行与他人的交流，多用“我们”，少用“我”。

多用开放式提问，少用选择性问题；多用问句，少用祈使句。

遇到问题多问“怎么办”，少问“为什么”，先解决问题，再去追责。

设身处地，将心比心，富有同情心和同理心，顾及他人的尊严，控制好自己的情绪。

…………

总而言之，让人看得见你的真诚，听得见你的真诚，感受到你的真诚，我们必然也会收获真诚。当然，我们不应该以所求为目的，急功近利地拉近与他人的关系。俗语说“用钱要早攒，用人要早交”，良好的人际关系不是拉来的，而是相处出来的，是长期与人为善、真诚待人的水到渠成，而不是临时起意的假惺惺。所以，要处理好办公人际关系，我们先要做一个真诚、善良、有爱的人。

案例阅读1

孔夫子的为人之道

孔子是伟大的哲学家、思想家、教育家。他一生都在践行对“礼”的理解，与人交往时刻把“尊重”放在心里，也正因为如此，孔子的很多言论及行为都成了我们中国文化不可缺少的一部分，甚至有“半部《论语》治天下”一说。下面我们就通过关于孔子的几个小故事，来看看孔子的为人之道。

子贡问道

子贡问曰：“有一言而可以终身行之者乎？”子曰：“其恕乎！己所不欲，勿施于人。”

子夏借伞

《孔子家语·致思》里记载：孔子将行，雨而无盖。门人曰：“商也有之。”孔子曰：“商之为人也，甚吝于财。吾闻与人交，推其长者，违其短者，故能久也。”

厩焚

厩焚。子退朝，曰：“伤人乎？”不问马。

颜回食污

《吕氏春秋·审分览·任数》里记载了一个孔子的故事：孔子穷乎陈、蔡之间，藜羹不斟，七日不尝粒，昼寝。颜回索米，得而爨之，几熟。孔子望见颜回攫其甑中而食之。选间，食熟，谒孔子而进食。孔子佯为不见之。孔子起曰：“今者梦见先君，食洁而后馈。”颜回对曰：“不可。向者煤室入甑中，弃食不详，回攫而饭之。”孔子曰：“所信者目也，而目犹不可信；所恃者心也，而心犹不足恃。弟子记之：知人固不易矣。”

案例点评

孔子是中国文化的一个重要符号，不仅仅是因为他的思想影响后世礼制，也不仅仅是因为他教学成果显著，三千弟子七十二贤人，尽为人雄，更是因为他伟大的人格。知易行难，知行合一是最为难得的品质。孔子一生与人为善，以一颗“仁爱”之心为人处事，得到学生的生死追随，更是受到千百年来后人的尊敬和热爱。

办公室沟通与礼仪形象，其底色和根本还是孔子主张的为人之道：宽以待人，批评之前先思考，做事之前先衡量，顾及他人的感受和尊严。这样持之以恒，必然能收获良好的办公人际关系。

案例阅读2

办公室与上司沟通与礼仪的“话术”

“我们似乎碰到一些状况。”

“我马上处理。”

“某同事的主意真不错。”

“这个工作没有您不行啊!”

“让我再认真地想一想，5点之前给您答复好吗?”

“我很想知道您对某件事情的看法。”

“是我一时疏忽，不过幸好……”

“谢谢您告诉我，我会仔细考虑您的建议。”

案例点评

“我们似乎碰到一些状况。”这是以最婉约的方式传递坏消息，如果匆忙慌张地传递坏消息，就算与你无关，也会让上司质疑你处理问题的能力；相反，从容地说出危机事件的来龙去脉和关键要点，会让上司觉得事情并非无法解决，用“我们”听起来像是你将与上司站在同一阵线，并肩作战，共担风险。

“我马上处理。”上司传唤时你是责无旁贷的，冷静并迅速地做出这样的回答，会令上司感觉你是名有效率的好部属；相反，犹豫不决的态度只会引起责任本就重大的上司的不快。

“某同事的主意真不错。”表现出团队精神，告诉上司某同事想出了一条绝妙的计策，这句话一箭双雕，既让同事开心，也沾他的光，会让上司觉得你富有团队精神，因而对你另眼看待。

“这个工作没有您不行啊！”这是为了说服上司或其他同事帮忙。面对一件棘手的工作，自己确实无法独立完成，这句话能让上司或在这方面最拿手的同事无法拒绝地助你一臂之力。一般同事会不负自己在这方面的名声，答应你的请求。

“让我再认真地想一想，5 点之前给您答复好吗？”当上司问了你某个与业务有关的问题，而你不知该如何作答时，千万不可以说不知道。这句话巧妙避开你不知道的事，不仅能暂时为你解危，也可以让上司认为你在这件事情上很用心。那么，5 点之前可要做足功课，最好提前交出你的答复。

“我很想知道您对某件事情的看法。”这是一种恰如其分并不失礼仪的讨好。若你与上司共处一室，可以常常找机会请教上司一个跟公司前景有关，而又发人深省的话题。在上司滔滔不绝地诉说心得的时候，你不仅会获益良多，也会让上司对你的求知欲和上进心刮目相看。

“是我一时疏忽，不过幸好……”这句话表明你勇于承认错失同时又在分析错误。承认错失时要注意不能引起上司更多不满，“人非圣贤，孰能无过”，犯错在所难免，勇于承认自己的过失非常重要，但不能对每个人都表示歉意，客观严谨一点儿，不要让所有的矛头都指到自己身上，坦诚分析可以淡化已出现的过失，转移众人的焦点。

“谢谢您告诉我，我会仔细考虑您的建议。”面对批评要冷静，自己的工作成果受到修正或批评时，不要将不满的情绪写在脸上，不卑不亢的表现能令你看起来更有自信，更值得人敬重。

场景式实践训练与评估

选择一位小组组员，其他成员通过言语沟通对他/她进行画像，呈现出大家眼中和心中的他/她的形象，并恰当表达大家的欣赏或者感谢。

评价表

总分：

小组组织得力（50 分）	小组展示分享精彩（50 分）		
评语	自我评价		学员签名
	同伴评价		同伴签名
	教师评价		教师签名

阅读链接

1. 易中天．易中天中华经典故事：论语．上海：上海文艺出版社，2019.

2. 伊尔斯·桑德．靠近爱：拥抱积极的人际关系．刘可，崔云彩，译．北京：海豚出版社，2020.

项目场景式综合实践活动

1. 实训内容：2分钟办公室场景沟通交流活动。

2. 实训方式：小组分成沟通组和被沟通组两组，被沟通组坐在桌子内侧，沟通组组员轮流坐到被沟通组对面与其进行一些办公室事务的沟通交流，交流时间为2分钟，2分钟计时铃响后，沟通组和被沟通组起身换交流对象。铃响5次结束活动，每个组员都要与3个以上的组员进行沟通交流。要求每个组员无论处于主动还是被动角色，都要用亲切的态度、真诚的眼神、充满兴趣感的肢体动作认真与对方沟通交流。

3. 实训成果：每个组员将与自己沟通交流过的组员的相关信息记录在A4纸上，展示给对方核对、确认并互评。

项目十三 会议场景沟通与礼仪

关键词：会议；沟通协调；细致；提前

凡事预则立，不预则废。对会务工作来说，所有的沟通和服务都藏在细节里。所谓“会务无小事，细节见品质”。一场会议包罗万象，涉及的细节非常多，牵扯到的人、事、物更是众多。越是大型会议、高级别会议，要注意和沟通的事项就越多。会务工作不需要特别多的锦上添花，不需要哗众取宠，虚应场景。做会务工作靠的不是一个人的优秀，而是一整个团队的协同合作，统一步调，反复沟通与确认，直至万无一失；同时，要求每个部门分工明确，职责明确，能够做好自己的本职工作，反复查验，没有任何纰漏。

任务一 会议筹备沟通与礼仪

重难点：该任务中思想文化教育的落实；统筹安排一场会议的要点和方法；会议筹备中使用的沟通协调技巧

沟通是一个双向的过程。在会议筹备中，甲方说了工作要点和方法，乙方做出反馈，甲方接收到乙方的反馈，这才算一个完整的沟通过程。而不是甲方说了，以为乙方听懂了，会遵照执行，实际上乙方可能并没有完全听懂和领会，又没有反馈，按照自己的理解去执行，当甲方追要落实结果时，就会产生不满，乙方也会觉得自己委屈。为避免这样的情况发生，在会议管理工作中，由于涉及的人、事、物极多，时间安排跨度有时也比较大，因此需要在筹备阶段就进行多次必要的有针对性的沟通，以保证会议的高效筹备和顺利开展。

办会之前首先要开协调会，协调会上的沟通要点如下：会议统筹人员对会议内容、形式等进行深度解读，针对本次会议工作进行思维导图分析，了解会议目的、会议级别、会议的重要性、会议的难点和重点、会议的人员分工、会议筹备的时间进度安排等。在第一次开协调会的时候，要知道需要通知哪些人到场，如何进行任务切分，如何进行进度安排。只有这样才能让与会工作人员清晰地接领任务，明确职责范围、反馈及检查的方式。

在人员的安排上，需要实行四级人员管理制度：总统筹—统筹—各组组长—组员。具体的事情沟通到具体的人，交代总统筹把握会议大方向，如场地、时间、人员、预算、会议方式、会议通知及相关文件的审核等，由统筹向其汇报工作进度，提请审核各项材料。统筹需要跟进会议所有内容以及各组组员的工作进展情况，由各组组长向其反馈工作进度，提请审核各组资料。各组长需要指导本组组员按照要求开展工作，组员需要向其负责。例如礼仪人员专门针对引导、引领、签到、会议茶水、茶歇服务、送客等进行训练，礼仪组组长需要监督本组工作人员进行日常训练，选择服装，对站位、人数安排等进行设计，并向统筹人员进行汇报，以高质量完成工作为标准进行沟通反馈。文案人员负责撰写会议通知、工作方案、邀请函、报名表、签到表、通信录、会议手册、新闻稿等各种文件资料，由文案组组长进行审核修改，并请统筹人员进行审核同时反馈需要更新的意见。总统筹对所有会务工作人员的工作进行检查、沟通和反馈，查验到工作细节，保证所有细节不出错。需要注意的是，不应该由统筹人员直接对各组组员进行逐一沟通与指导，这样不仅严重影响效率，而且抓多容易错多，影响会议质量。

在进度安排上，为了让会前筹备的沟通开展得更为顺畅，应设计为三次审查、两次预演。即在会前第一次筹备会上就要规定好各部门工作的进度，确定三次资料审查的时间和要求，以及两次会务工作预演的时间和地点。各方相关人员明确，三次资料审查的内容不相同，第一次审查看设计初稿，重点审查内容、方式等大方向；第二次审查重点为第一次审查时提出的修改意见的落实情况，并在审美上提出更高的要求；第三次审查重点核对重要信息，如人名、企业名称、会议名称、落款、时间、数额等。两次会务工作预演，第一次重点检查各部门现场工作情况；第二次重点检查各部门配合协调情况。进度安排的时间点要用甘特图明确标记出来，各组都要了解筹备进度，并按进度和要求进行筹备。这样做好沟通，落实到人、时间和地点，确保每次会前沟通的顺畅进行，就不会出现互相推诿的情况。所有的要求清晰明了，各部门的工作便会有条不紊。

在会议工作沟通过程中，各项工作落实到图表比落实到文字方案上更容易让人了解和查阅，甘特图、节点图等的使用非常重要。

案例阅读1

消失了的饭菜

在一次全国某专业教学指导委员会的研讨会上，上午场的会议正在有条不紊地进行着。上午会议结束后，礼仪人员引导嘉宾前往餐厅用餐，一路上礼仪人员服务的标准和热情得到了与会嘉宾的高度好评。但是到了指定地点，嘉宾们却发现餐台上连餐具都没有摆。首先到达现场的承办方领导面色难看，赶忙找来承办负责人询问。承办负责人说这件事交给了负责后勤的同事来处理，于是迅速致电负责后勤的同事。负责后勤的同事当时不在餐厅，听闻此消息也是非常紧张，赶紧联系餐饮对接人员，经询问才知，对方知道今天要备餐，但是一直没有接到主办方询问和沟通的电话，不了解具体时间，以为不用备餐了，就没有做准备。负责后勤的会务人员也很委屈，自己明明跟餐饮负责人通过电话打过招呼了，怎么餐厅工作人员却是一副茫然的样子呢？

案例点评

请永远记住，沟通是一个双向的过程。在会议工作沟通过程中，我们经常以为我们自己说明白了，也以为对方听明白了，但实际上对方以为自己听明白了的内容可能并不是我们以为说明白了的内容。沟通过程中有个“漏斗”，我们的沟通效果会因为沟通双方的认知差异、接收信息时的注意力是否集中、沟通之后时间的流逝等各种原因而受到影响。我们以为我们说明白了自己想法的100%，可实际上我们最多只能表达出自己真实想法的80%，对方能听到的只占60%，听懂的只占40%，三天后只剩20%，三个月以后只剩5%。因此，中国有句俗语“好记性不如烂笔头”，重要的事情一定要落实到文字，通过单据、备忘录、表格等方式固定下来，并进行备注、提醒、确认，以保证沟通的有效性。

在上面的案例中，如果负责后勤的会务人员不仅在电话里跟餐饮负责人打过招呼，也通过单据等完成订约，并详细说明具体的用餐要求和时间，在会议前再次确认，并在会中提前确认备餐情况，那么这个失误就完全可以避免了。

案例阅读2

催了很多遍的易拉宝

在一次省级活动的筹备工作中，设计组接到一项任务是设计易拉宝。在会前两个星期，总统筹询问统筹人员易拉宝的设计情况，统筹人员说设计组在做。会前一周，统筹人员询问设计组易拉宝的设计情况，设计组组长说会直接向总统筹汇报。在会议前一天，总统筹询问易拉宝的设计情况，却得知，设计组由于近期人手短缺，设计任务众多，没能够按期完成设计工作。由于会期临近，只好取消了易拉宝的设计工作。

案例点评

沟通需要反馈，反馈需要效果。在四级人员管理制度下，如无特殊情况不能越级反馈。上面的案例中，统筹人员以为设计组组长直接跟总统筹沟通，总统筹却以为由统筹人员在跟进，因此贻误了沟通时间。

此外，在工作反馈上切勿说谎。明明还没有做，却报告正在做，明明出现各种困难做不完，却不提前报告，不请上级人员协调统筹，想其他补救办法，临到最后完不成，影响所有进度。如果自己在工作中遇到困难，要提前提出来，大家可以想其他的办法，协调其他人手来帮助，或者选择其他的方式来呈现。“言必信，行必果”，大家默认接受任务就应按时完成。如果完不成却不提出解决方案，不寻求帮助，就有可能给整个会议进程带来不可估量的重大影响。

场景式实践训练与评估

请以小组为单位为两所学校某两个专业交流会设计工作筹备计划，沟通协调并明确四级人员管理制度，通过甘特图呈现进度安排，小组完成计划后派代表进行汇报。各个小组汇报完毕进行互评，老师进行总点评。

评价表

总分：

小组协调完成任务顺利且有质量（50 分）	小组互评能抓住要点和方法（50 分）			
评语	自我评价		学员签名	
	同伴评价		同伴签名	
	教师评价		教师签名	

阅读链接

1. 葛红岩，施剑南．会议组织与服务．3 版．上海：上海财经大学出版社，2016.

2. 张晓东．向会议要结果．北京：人民邮电出版社，2016.

任务二　会议进行沟通与礼仪

重难点： 该任务中思想文化教育的落实；会议进行中组织者和服务人员沟通使用服务语言、展示服务礼仪的要点和方法；会议进行中遇到与会人员投诉的处理方法和技巧

作为会议的组织者和服务人员，应保证会议的礼仪规范和要点落实。会议进行时，组织者和服务人员要给与会者提供宾至如归的参会体验，让与会者时时处处感觉到自己受到尊重。会议现场服务人员是会议直接面向与会人员的窗口，即使有那么多幕后人员长时间的筹备，如果现场服务人员没有做好沟通与礼仪服务，也会直接拉低会议与会者的好感，影响会议的整体效果。

作为会议现场服务人员，首先要注意自身的仪容仪表。要穿戴整齐，符合礼仪规范，面带微笑，表情温和，举手投足大方得体，自信端庄。做到以上这些，需要服务人员统一接受训练，了解会议基本礼仪。其次要注意包装自己的语言，言语柔和，内容统一，不推诿，不反驳。不能因为自己只负责会议的一部分工作，就对会议整体缺乏了解。因为对于与会者来说，所有的工作人员都应该是能够解答他们问题的专业人员。因此，会议进行前需要召集组织者和服务人员举行会议，对服务语言进行统一，对与会者可能问到的问题进行准备。即便工作人员无法当场回答这个问题，也需要秉承“首问负责制”的原则，请与会者稍等，然后迅速询问相关负责人，得到标准答案后，再向与会者回复。

有人投诉时，需要首先安抚其情绪，将投诉者带离会场，充分倾听，不急着争辩，详细了解其诉求，再根据实际情况给出解决方案。

对会中服务人员的管理，需要遵循“五定”原则，即定人、定岗、定时、定位、定责。可以通过表格和定位图进行确认，让每个工作人员都清楚地知道自己应该在什么时间负责什么岗位，在哪个具体位置，做什么，做到什么程度。每个岗位的工作人员都需要充分了解岗位要求和工作效果程度，为达到最好的服务效果进行前期训练彩排。

案例阅读1

空着的嘉宾席

在一次全省职业技能比赛中，开幕式和该行业的某学会年会合在一起举办。开幕式只有 30 分钟，结束后所有人移步会场外拍大合照。年会开始的时候，大家发现主席台和第一排嘉宾席都空着几个座位，原来有几位嘉宾没有进来继续参加年会。年会的主办者迅速联系几位嘉宾，嘉宾却以各种理由表示不参加年会，年会主办者只好把几位嘉宾的座签撤掉，现场调整了主席台和第一排嘉宾席的座位安排。

为什么会这样呢？原来有两位外省前来参会的重要嘉宾，不是该学会的会员，毫无理由参加此次年会，师出无名，而且主办方并未单独给二人发放邀请函。另有一位重要嘉宾，虽然是会员，但是是常务理事，并在行业内拥有较高地位，可年会主办者只在学会会员群发布了参会报名通知，请大家自主报名，并没有向其发放邀请函，也没有单独联系她，她索性就不出席年会了。

案例点评

礼仪和沟通都拥有相同的核心，即“尊重”。何为礼仪？礼者，屈己以敬人也。让别人感受到尊重，让别人感觉好才是做得好。在重要会议中，我们需要邀请重要嘉宾出席活动，除了开放针对大众的普通报名系统外，还必须单独对重要嘉宾进行邀请，包括提前电话邀请、发送电子邀请函，同时要发送加盖公章的纸质邀请函等文件，一方面是为了方便与会嘉宾保留作为参会请示和报账等的凭据，另一方面是为了让与会嘉宾感到自己受到了尊重。

案例阅读2

被投诉和被点赞的会议茶水服务

中国某集团某公司因为会议茶水服务屡次被投诉。近期，公司邀请了礼仪老师来对其会议服务人员进行培训，培训重点是会中茶水服务的问题，包括服务人员在会议进行中倒茶水没有任何沟通与礼仪表达；先给自家领导倒茶，再给外来领导倒茶；每次倒茶都倒得特别满，领导端起茶杯就容易洒出来。

与之相反，在某高校举办的一次全省小学语文教学研讨会的现场，来自全省各个小学的骨干教师分散在7个分会场，该校在每个分会场都设有一个茶歇处，为全天会议提供茶歇服务，会议服务人员总数多达28人。在这次会议中，茶歇时服务人员的微笑有礼和反应机敏的沟通得到了与会老师的高度评价和点赞。

会务无小事，细节见品质。茶歇服务虽然不是整个会议的重要内容，但却是会议进行中服务的重要内容，是最容易让与会者感受到被服务的地方，因此服务人员要充分准备并训练，争取为与会者提供完美的服务。

案例点评

在整个会议过程中，出现在与会者面前最多的就是礼仪服务人员。会中茶水服务又是直接面向领导和其他与会者的一项服务，需要会议服务人员懂礼仪，零失误，善于适时适当沟通。那么在会议茶水服务中，需要沟通好哪些问题呢?

(1) 要提前半小时准备好开水，开会前15分钟开始沏茶。

(2) 与会者入座时主动表示欢迎、问候，并快速给其上茶。不能等着所有嘉宾都到齐了再开始上茶。

(3) 茶水的温度应该在70度左右，不能太烫或太凉，浓淡一致，不留茶渣。上茶时先外人后自己人，从地位高的与会者开始上茶，再给主办方人员上茶。上茶时要轻声示意“为您奉茶”，避免对方无意碰触，摆放时右进右出。如果是女性服务人员，则右上左下，即右手在上握住杯子的二分之一处，左手托住杯底。如果是男性服务人员，则双手水平拱握住杯子的二分之一处，将茶杯摆在嘉宾右前方5～10厘米处，茶杯把手向右下方倾斜45度，方便嘉宾享用。

(4) 要注意观察与会者饮水情况，并及时续水。不透明茶杯需要15分钟左右续水一次。添茶的顺序与上茶顺序一致，如果人员众多，也可以按照从左至右的顺序轮流添茶。添茶时也需要提前示意，用左手无名指和中指夹起茶杯盖，并将杯盖上茶水控到茶杯中，避免弄湿桌面，再用大拇指、食指、小指握紧茶杯把手端起茶杯，避免用右手误伤嘉宾。移步到嘉宾椅子外面20厘米处，转身，用右手持热水容器进行添茶，然后将茶杯端回到桌面原来位置，盖上杯盖。

场景式实践训练与评估

请为某高校某专业交流会设计会中服务，按照定人、定岗、定时、定位、定责的原则进行详细设计，然后通过正确的沟通要点和方法落实到每个相关的服务人员。每个小组进行现场展示，并以小组为单位进行互评，老师进行总点评。

评价表

总分：

<table>
<tr><th>将会议设计用准确的沟通方式和方法落实到人（50 分）</th><th colspan="3">各个小组点评准确具体（50 分）</th></tr>
<tr><td rowspan="3">评语</td><td>自我评价</td><td></td><td>学员签名</td></tr>
<tr><td>同伴评价</td><td></td><td>同伴签名</td></tr>
<tr><td>教师评价</td><td></td><td>教师签名</td></tr>
</table>

阅读链接

1. 李艳婷．现代会议组织与服务．北京：中国人民大学出版社，2012.

2. 梁春燕，李琳．会议组织与服务．北京：北京大学出版社，2010.

项目场景式综合实践活动

1. 实训内容：在影视作品或其他节目中查找并剪辑 3 分钟左右包含准确运用会议场景沟通与礼仪的典型视频案例，小组以会议形式讨论其中的沟通与礼仪原则和技巧运用；拍摄 2 分钟小组对视频案例中会议沟通与礼仪的小组研讨结果汇报视频，点评者出镜拍摄，注意汇报方式、形象礼仪与背景和谐，最后合成完整协调的 5 分钟左右微视频。

2. 实训方式：2～4 人为一个小组，协调好小组成员各自的分工和完成任务的进度。

3. 实训成果：小组经过查找、剪辑、文案写作、拍摄、编辑、审核完成微视频成果，并按照时间要求上传至职教云平台。

项目十四　社交场景沟通与礼仪

关键词： 社交礼仪；拜访和接待；尊重；以人为本

社交沟通是指个人与他人的交往沟通。美国著名学者卡耐基说：“一个人的成功有15%是由于他的专业技术，85%则要靠人际关系和他的处事能力。”可见社交沟通与礼仪在我们的人生进程和发展中特别重要。

社交中要特别注重礼仪。何谓“礼”？“礼之名，起于事神。”（《说文解字·示部》）“礼”字由来已久，它的本意是敬神的仪式。后来引申开来，“礼”就成为“规定社会行为的法则、规范、仪式的总称”（《辞源》），由“祈神”转向敬人，首先用于宫廷，作为典章制度，它是社会政治制度的体现，是维护宗法与等级制度的上层建筑，以及与之相适应的人与人交往中的礼节仪式。在孔子以前已有夏礼、殷礼、周礼，作为观念形态的礼，在孔子的思想体系中同“仁”是分不开的。孔子说：“人而不仁，如礼何？”他主张“道之以德，齐之以礼”的德治，打破了“礼不下庶人”的限制。他认为礼是每个人的行为准则，在《论语·泰伯》中指出：“恭而无礼则劳，慎而无礼则葸，勇而无礼则乱，直而无礼则绞。”到了战国时期，孟子把仁、义、礼、智作为基本的道德规范，礼为“辞让之心”，成为人的德行之一。荀子比孟子更重视礼，他著有《礼论》，论证了“礼”的起源和社会作用，指出：“人无礼则不生，事无礼则不成，国无礼则不宁。”（《荀子·修身》）他认为礼使社会上的每个人在贵贱、长幼、贫富等级制中都有恰当的地位。

何谓“仪”？中华民族素来注重通过适合的形式，表达人们内心丰富的情感。遇到重大节日和发生重要事件，多有约定俗成的仪矩。如获得丰收，要欢歌庆贺；遭到灾祸，要祈求神灵保佑。久而久之，就形成许多节庆及礼仪形式，如春节、元宵、中秋、重阳等，几乎每个节日都有特定的礼俗。在古代，人们是将婚丧嫁娶和节庆等活动作为社会生活中的大事来对待的，其礼仪规定得格外详尽而周密，从服饰、器皿到规格、程序和举止的方位都有具体的规定。这些就是仪。

可见，礼仪是人们在社会交往活动中，为了相互尊重，在仪容、仪表、仪态、仪式、言谈举止等方面约定俗成、共同认可的行为规范。礼仪是对礼节、礼貌、仪态和仪式的统称。

在长期的历史发展中，礼仪作为人类社会的道德规范和生活准则，对民族精神素质的修养起着重要作用。同时，随着社会的变革和发展，礼仪不断被赋予新的内容，不断发生着改变和调整。但其中所蕴含的基本精神，即相互尊重、信任、依赖和友善，却是一致的。

“仁者爱人，有礼者敬人。”（《孟子·离娄下》）《礼记·典礼上》第一句就开宗明义地强调“毋不敬”。“礼”的本义无非就是“示敬”，礼貌、礼节、仪表、仪式，都必须是出于敬意和尊重，“不敬则礼不行”。所以，礼仪的核心就是“尊重”。

尊重体现在与人交往的时时处处，夫妻、朋友、同事、陌生人之间都需要彼此尊重。尊重使人和人的交往变得舒适安心。尊重他人是一个人良好修养的表现，是一种文明的社交方式，是顺利开展工作、建立良好的社交关系的基石。人的内心都渴望得到他人的尊重，但只有尊重他人才能赢得他人的尊重。常言道：送花的人周围满是鲜花，种刺的人身边都是荆棘。天底下没有两片完全相同的树叶，同样，也没有两个完全相同的人，但人们在人格上都是平等的。这种平等决定了我们不能把自己的意志强加于人，而是要容纳个性，允许差异。

因为心存尊重，所以人们的言谈举止就会更显礼仪。为明星运动员呐喊与喝彩是尊重，给普通运动员以鼓励和掌声同样是尊重。在生活中，对各级领导的崇敬是尊重，对同事、下级以诚相待、友好合作，倾听他们的声音，同样是尊重。当他人功成名就时给以赞扬而不是贬低是尊重，对情趣相投的人真诚相待是尊重，对性格不合的人心存宽容同样是尊重。

在社交沟通与礼仪中，懂得尊重别人是做人最起码的要求。真正做到尊重别人，则是一种境界、一种美德。孟子曾说过：“爱人者，人恒爱之；敬人者，人恒敬之。”此话强调了尊重他人的重要性，一个人在与别人的交往中，如果能很好地理解别人、尊重别人，那么他一定会得到别人百倍的理解和尊重。优秀的人对谁都能做到尊重。尊重领导是一种天职，尊重同事是一种本分，尊重下属是一种美德，尊重客户是一种常识，尊重对手是一种大度，尊重所有人是一种教养。任何人都不可能尽善尽美，我们没有理由以居高临下的目光去审视别人，也没有资格用不屑一顾的神情去伤害别人的自尊，假如自己某些方面不如别人，我们也不必以自卑或嫉妒去代替应有的自尊。只有学会尊重别人，才能赢得别人的尊重。

同时要注意的是，日常社交沟通与礼仪场景主要是指个人层面与社会的交往，公关社交沟通与礼仪场景往往是组织与组织的交往。

任务一　日常社交场景沟通与礼仪

重难点：该任务中思想文化教育的落实；社交沟通与礼仪原则的理解和运用；社交沟通与礼仪技巧的理解和运用

社交沟通与礼仪是一个双向的过程，它的终极目的是促使人产生行动。当我们与人沟通时，会因为各种原因产生沟通“漏斗”，因此，信息的发送者要努力寻找适宜的方式，用对方喜欢、易于接受和理解的方式来表达，努力表达得更清楚；信息的接收者则要努力认真倾听，学会换位思考，尽量将漏掉的内容降至最低。

那么，如何做到社交沟通与礼仪的高效和有效呢？其实，在社交沟通与礼仪中，原则比技巧更为重要。社交沟通与礼仪的基本原则有以下四个：

第一，平等互尊的原则。尽管人们的年龄、性别、职业、社会地位等各不相同，但必须以平等的姿态与人交往，说话和举止应给别人以充分的尊重，而不能盛气凌人，高人一等。这就是平等互尊原则的基本要求。

第二，真诚守信的原则。人与人交往必须建立在真诚的基础上。真诚对待他人自然可以赢得别人的真心对待，甚至收到意想不到的效果。《中庸》里有这么一段话："唯天下至诚，为能尽其性；能尽其性，则能尽人之性；能尽人之性，则能尽物之性；能尽物之性，则可以赞天地之化育；可以赞天地之化育，则可以与天地参矣。"意思是说，只有天下最真诚的人，才是能够充分实现自己天性的人；能够充分实现自己的天性，就能够充分实现他人的天性；能够帮助别人充分实现天性，就能充分实现万物的天性；能够让万物充分实现天性，就可以帮助天地化育万物；可以帮助天地化育万物，就可以跟天和地并列为三了。足见至诚的力量。

《墨子·兼爱下》说："言必信，行必果，使言行之合，犹合符节也，无言而不行也。"墨子认为言与行须一致。说了必定会去做，言与行一致，表与里相符，就是诚信。在现代社会，诚信不仅仅靠道德来约束，一个人如果有征信问题，还会影响出国、就业甚至是坐高铁、乘飞机。

在社交沟通与礼仪中，贯彻真诚守信原则的关键是言行一致，表里如一。不随意许诺，口出狂言，答应别人的事情谨记心间，时刻督促自己按时高效完成。有时间观念，上班及参加活动不迟到，不让别人等候等都是基本礼仪。

第三，宽厚体谅的原则。法国有一句谚语："了解一切，就会宽容一切。"宽厚之人胸怀宽广，以德报怨，因为宽厚所以体谅，因此总能赢得别人的尊重。

安徽省桐城市有条"六尺巷"。清朝康熙年间，官至文华殿大学士兼礼部尚书的张英，其在桐城的祖居与吴姓人家为邻。对方欲越界盖房，家人遂驰书京城禀告，张英写了一首诗作为回复："一纸修书只为墙，让他三尺又何妨？长城万里今犹在，不见当年秦始皇。"家人见诗，让地三尺。吴姓人家深感其义，也退让三尺，这样就诞生了"六尺巷"。

"人非圣贤，孰能无过？"在日常社交活动中，除非是原则性问题，否则大家都是亲人、同事或朋友的关系，即便意见相反，或对方伤害了自己的尊严，也应尽量以宽容之心予以理解。唯有宽容才能排除人际交往中的种种障碍。如果实在无法体谅，也应该尽量寻求正确的途径进行解决。宽容并非懦弱和缺乏主见，而是自信、品德高尚和善于与人相处共事的表现。

第四，适度有节的原则。在社会交往中，热情必不可少，但如果把握不好分寸，就很难让人接受，甚至适得其反。孔子在《礼记》中说：“夫礼，所以制中也。”“中”就是“度”的意思。适度有节，恰如其分地把握好自己的一言一行，既给别人留有余地，也给自己留有余地，这样的人际关系才会比较和谐。

在日常社交场合，尤其是在职场中，时时处处需要体现适度有节的原则：商务着装有规范，不能想怎么穿就怎么穿；办公时间的妆容要浓淡相宜，不能浓妆艳抹；语音语调要适中，不能有发嗲、发怒之嫌；表情动作要适宜，不能粗鲁无礼，也不能软弱无力……总之，言行举止要合乎交往规范，要讲究交往技巧，过分与不到位都不能表达礼仪之意。

社交沟通与礼仪的技巧也包括四个方面：

第一，我们需要树立主动沟通的意识，还要拥有主动沟通的勇气，更要学会主动沟通的方式。比如，日常见到熟人打招呼、有愧他人的道歉都需要主动，主动跟领导汇报工作进展，家人之间主动交流思想感情，和用户主动搭讪。在信息化时代，书信沟通较为少见，人们社交沟通和表达礼仪的方式更多，比如发短信、QQ及微信留言、打电话、面谈、第三者传话等。

第二，掌握和运用社交沟通与礼仪“4W1H”技巧，即“Who”，与谁沟通；“Where”，在哪里沟通；“When”，什么时候沟通；“What”，沟通什么内容；“How”，用什么方式沟通。鬼谷子曾经说：“与智者言，依于博，与拙者言，依于辩，与辩者言，依于要，与贵者言，依于势，与富者言，依于高，与贫者言，依于利，与贱者言，依于谦，与勇者言，依于敢，与过者言，依于锐。”

第三，赞美。赞美不仅可以使别人轻松、愉悦，也会让自己长出一双善于发现美的眼睛，赢得更多人的喜爱，而且更重要的一点是，如果我们心怀美好，世界就会愈加美好。心理学界有一个著名的效应叫作“皮格马利翁效应”，该效应实际上就是期望的应验：当我们对自己有所期望时，这个期望总有一天会实现，这就是所谓的“自我应验预言”(Self-fulfilling Prophecy)；当老师对学生有所期望时，这个期望总有一天也会实现，这就是所谓的“教师期望”(Teacher Expectations)；担任管理者的主管，对部属当然也应该有他们的“主管期望”(Superior Expectations)。当我们的期望是好的一面，并进行积极的鼓励和赞美，我们期望的对象就会朝着这个好的方面发展。因此在教育人士的口中，我们常常可以听到这样一句话：“好孩子都是夸出来的。”

赞美如果过度，就会变成令人讨厌的谄媚、阿谀奉承、拍马屁。美国作家卢冰在今日心理学网站发表的《给人难忘赞美的9种秘诀》一文中提出，拍马屁（Flattery）与赞美（Praise）的区别在于，拍马屁是具有谋略性的，是出于为己为私的理由才做的赞美。她认为给予别人好的赞美有以下9个诀窍：（1）赞美要明确。模糊的赞美无法让人印象深刻。（2）真诚地赞美别人。想办法找到别人值得赞美之处，才能让自己发自内心真诚地给予赞美。（3）不要在赞美别人的同时要求帮忙。这会让赞美看起来像是个计谋。（4）不要过度赞美。让赞美维持它的可信度和真实性。（5）找一些别人较不明显的优点去赞美。别人较不明显的成就或特质，通常很少获得赞美，你如果能在这方面给予赞美，往往会给人带来惊喜。（6）别犹豫称赞已经获得很多赞美的人。（7）在别人背后赞美他们。背后的赞美听起来比面对面的赞美更加真诚。（8）当别人询问你的真实意见时，必须格外小心。这通常暗示着他们想要获得他人的肯定，而不是具有批判性的真话。（9）不要明褒暗贬。例如“你做得比我预期的好多了”，这样的话基本上不是赞美，只会让人感到寒心。

第四，洞察社交沟通的场景。社交沟通的场景包括聊天、寒暄、交谈、求助、劝说、批评、拒绝等。与随意的寒暄不同，交谈技巧首先是主题要明确，中心要突出。在现实生活里，许多人交谈起来语无伦次、颠三倒四，结果说来说去，让人抓不住重点、摸不着头脑。即便是较为随意的交谈，也是由一系列的话题构成的，每个话题应有一个小中心。其次是投其所好，选择话题。如果要想使你的交谈受到对方的关注，或者要想和陌生人拉近距离，打开对方的心扉，就要投其所好。交谈要避免以下三种情况：一是只说不听；二是不讲礼貌（如只与一两个人交谈，发生争执和指责，长时间和一个女士攀谈耳语，漫不经心地交谈等）；三是话题不当、话语粗俗。另外，尽量不要用个人隐私或集体机密进行交谈，不要随意评价第三者，避免攻击、谩骂、中伤他人，这关乎交谈者的品行。不可出言不逊、强词夺理、搬弄是非、说出难听的话语。

求助的技巧包括四点：一是拉近关系和套近乎式地寒暄，为向人求助奠定情感基础。通常以询问近况，表达思念之情、仰慕之情，怀念彼此感情最好的时光等方式来表达。还可适当夸奖赞美对方，博得好感。二是倾诉需要帮忙之处及需要帮忙的原因。要清晰说明来龙去脉，适度表现出当下的无奈和困境，以唤起对方的救助之心，避免对方产生“这样的事都来麻烦我”的想法。三是表达出对方如果伸出援助之手，给对方带来的好处或明确回报及回报的大致时间，以打动对方。表达时话语要委婉含蓄，态度要谦虚、谨慎、真诚，不可过于直接或蛮横。四是表示真诚的感谢。对方能帮助的话，求助结束可再次强调被帮助的殷殷希望，加深对方的印象，力争最大限度的帮助。

案例阅读1

篱笆上的“木牌”和“木牌社交沟通”

法国著名女高音歌唱家玛·迪梅普莱有一个美丽的私人林园。每到周末，总会有人到她的林园摘花、采蘑菇，有的甚至搭起帐篷，在草地上野营野餐，弄得林园一片狼藉，肮脏不堪。

管家曾让人在林园四周围上篱笆，并竖起“私人林园禁止入内”的木牌，但均无济于事，林园依然不断遭到践踏、破坏。于是，管家只得向主人请示。迪梅普莱听了管家的汇报后，让管家做了一些大牌子立在各个路口，上面醒目地写明：如果在林中被毒蛇咬伤，最近的医院距此 15 公里，驾车约半小时即可到达。

从此，再也没有人闯入她的林园。

案例点评

社交沟通与礼仪场景中，要谨记目中有人并“敬人”的核心主旨。在上面的案例中，要想防止外人闯入私人林园，不能仅仅靠木牌和上面以自我为中心的“字”。“私人林园禁止入内”和“如果在林中被毒蛇咬伤……”的区别在于社交沟通与礼仪中从以自我为中心到以他人为中心的观念的转变。比如，我们去接客户，知道五人轿车的副驾驶后面的座位是尊位，但是客户却要坐在驾驶员后座，我们需要去纠正吗？很显然不需要。在实际生活中，我们经常会碰到一些偏离我们的规则的人或情况，这时我们就要转变观念，只要不影响大局，不影响进程和效果，尊重对方就好。

案例阅读2

苏东坡的对联

一次，苏轼游完莫干山，来到山腰的一座寺观。道士见来人穿着格外简朴，冷冷地应酬道：“坐！”并对小童吩咐道：“茶！”苏轼落座，喝茶。他随便和道士谈了几句，道士见来人出语不凡，马上请苏轼入大殿，摆下椅子说：“请坐！”又吩咐小童：“敬茶！”苏轼继续和道士攀谈。苏轼妙语连珠，道士连连称是。道士不禁问起苏轼的名字来，苏轼自谦道：“小官乃杭州通判苏子瞻。”道士连忙起身，请苏轼进入一间静雅的客厅，恭敬地说：“请上座！”又吩咐随身道童：“敬香茶！”苏轼见道士十分势利，坐了一会儿就告辞了。道士见挽留不住苏轼，就请苏轼题字留念。苏轼写下了一副对联：坐请坐请上座，茶敬茶敬香茶。

案例点评

在社会生活和职场中，不管你是身居要职还是普通大众，我们的人格永远是平等的。我们要正确认识和看待自己，既不要过于自负，妄自尊大，总以为自己了不起，也不要过于自卑，妄自菲薄，总以为自己事事不如人。同时，在与人交往时要不卑不亢地对待他人，既表现出对对方应有的尊敬，又不卑躬屈膝，阿谀谄媚，更不能“看人下菜碟”。

场景式实践训练与评估

请以小组为单位，以在运动（比如跑步、打球等）时巧遇部门领导为场景，展示其中应包含的社交沟通与礼仪原则和技巧。请注意话语、表情、动作等的恰当运用。之后请以小组为单位进行互评，互评记录修订后再交给老师进行评价。

评价表

总分：

场景创设恰当（30 分）	社交沟通与礼仪原则和技巧运用巧妙（70 分）		
	自我评价		学员签名
评语	同伴评价		同伴签名
	教师评价		教师签名

阅读链接

1. 许湘岳，蒋璟萍，费秋萍．礼仪训练教程．北京：人民出版社，2012.

2. 利蒂希娅·鲍德瑞奇．礼仪书．修文乔，韩卉，译．北京：中国人民大学出版社，2012.

任务二　拜访和接待场景沟通与礼仪

重难点： 该任务中思想文化教育的落实；拜访和接待前、中和后需要做好哪些沟通与礼仪

商务拜访和接待在社交拜访和接待中较为正式，它是建立在商业谈判或者商业合作基础上的商务活动，以促成商务合作为目的，因此需要精心准备，认真安排。无论是拜访还是接待，我们都需要在活动前与相关各方做好沟通，并精心做出相应的策划方案，以便各方顺心顺意地参与活动。

以商务接待为例，我们在策划接待方案时，需要沟通好以下问题：（1）沟通并确定来宾的基本情况，包括所在单位、姓名、性别、职务、级别及一行人数，以及到达的日期和地点。（2）与己方领导和团队成员沟通，根据客户的具体情况确定具体的接待规格。包括特级接待、一级接待、二级接待和一般接待，不同的接待规格，参与沟通和汇报的人和人数都不一样。（3）和对方沟通，根据对方意图和实际情况，拟出接待日程安排方案、经费预算，报请领导批示。（4）根据来宾的身份和其他实际情况，和相关部门与人员沟通，安排具体接待人员、住宿、接待用车、饮食。（5）和对方与己方相关部门沟通，根据来宾的工作内容，分别做好行程安排、物资准备和人员安排。（6）根据接待规格，与相应酒店沟通好宴请地址、房间，并确定好菜单。（7）内部沟通，准备好活动资料，

布置接待场地。(8) 与领导沟通，确定并准备馈赠礼物。

在接待过程中做到礼貌待人、真诚主动地沟通。接待结束后，内部做好总结、宣传和归档工作。

案例阅读1

商务拜访应记在心里的几个要点

小李去拜访一位客户，他的拜访过程可概括为以下几个要点：第一，在拜访之前他准备好了名片、产品资料、合同等，因为产品不是很大，他带上了样品。他带的产品资料简洁明了，因为专业性较强，并且资料较多又不能简化，他准备了不超过两分钟的口头介绍，他相信自己的介绍专业又吸引人。他带的合同是空白的，便于当场签约。因为客户是老板级的人物，他提前进行了电话预约。第二，他比约定的拜访时间提前几分钟到达。在面见客户之前，他再次熟悉了一下资料，到了会面时间，他提前两分钟进入客户的办公室。第三，在进入客户的办公室之后，他看了看办公室的好几张沙发，他想应尽可能坐得和客户近一点，并且坐到和客户一样高的沙发。这样有利于谈业务，而且在气势上不会输。他知道，根据心理学研究，在商业谈判中，最好是在自己的地盘谈，如不可能，在别人的地盘一定要尽量和他平起平坐，最好的距离是1.5米，这样对方比较容易接受你，也比较容易交流。第四，他简明扼要直入主题，否则会让客户觉得你在怀疑他的理解力。之后，他不再一个劲地介绍产品，而是拿出合同说："我想您会对我们的合作满意的，让我们签合同吧！"然后他先在合同上签上名字。心理学证明，拒绝比提出请求更难。很遗憾，客户委婉地拒绝了签合同。小李即刻说："您看还有什么要考虑的？那您再考虑考虑，我们改天再谈。"第五，因为是第一次拜访，小李注意掌握好时间，他知道不能太短或太长。没有超过一小时，也没有少于15分钟。小李总结这次拜访，留有谈话的余地，没有出现无话可说的情况。在沟通过程中，双方都没有大话空话，没有去谈个人的隐私，或开无谓的玩笑。双方正在兴头上时，他礼貌地告辞了。

案例点评

案例中是商务拜访场景，商务接待也要记住几个要点：第一，严格遵守时间，既不能迟到，也不能让客户感觉你的时间多到除了接待他（她）就没有别的事情可做了。第二，要看在什么地方约见，如果是很正式的商务场合，你必须以正装出席（注意千万不要穿白袜子）。如果是其他比较休闲的场所，你也不要太拘束，如果大家都很休闲，只有你很正式，那么就会显得格格不入。第三，如果会见的是女士，那么在握手的时候，伸出右手就好了，千万不要用两只手把人家的手夹在中间，那样是极其不礼貌的；就座之后，也不要一直盯着人家的脸目不转睛地看。第四，最好先让客户说话，因为这样可以找出他

（她）的需求点，以便为你接下来的销售做好铺垫。在聆听客户说话时，一定要点头微笑，就算有些观点你并不十分认同也不要马上进行反驳。第五，站、坐、走都要注意保持庄重，尤其是就座以后，是你和客户接触最长的一段时间，不要跷二郎腿，也不要晃来晃去。第六，不要过度装扮，比如把头发梳成又光又亮的大背头等。

人人心里都有杆秤，我们要在商务拜访、接待活动，以及其他与人交际沟通的场合，通过语言、动作、表情，让人听到、看到、感受到来自我们的善意、尊重和关怀，那才是我们优秀形象的真实剪影。

案例阅读2

拜访和接待中的介绍

张经理带着公司销售部小王按照前天约定好的时间到李主任所在的公司谈合作事项。张经理的车开到李主任公司的门前，李主任已经早早地站在那里了。

张经理带着小王赶紧下车，因为和李主任是熟人，两人握手聊了几句。张经理把小王叫过来对李主任说：我来介绍一下，这位是××公司的推销员王××，这位是××公司销售部主任李××，李主任。

小王主动与李主任握手。

小王：您好，您好！

李主任：您好！

张经理：李主任，王××人不错，是个很能干的小伙子。

李主任：哦，看得出来，精明能干。小伙子不错啊！

小王：过奖过奖。还要请李主任多多指教。

张经理：小王，李主任在公司是专管……的，是业界的……

小王：那更要请李主任多多帮忙了……

案例点评

在商务拜访和接待场景沟通与礼仪中，要把握介绍的内容及技巧，介绍他人一般介绍姓名、身份、工作单位等。必要时，还可以介绍籍贯、个人性格、爱好、工作成绩、社会影响等。为增加双方交谈的话题，也可以介绍共同爱好、相似经历、业余兴趣及特长，并给予良好的评价。介绍时要热情诚恳，落落大方。

介绍他人，应以夸奖为主，而自我介绍则应以谦虚为主。当然，谦虚并不就是自我诋毁或降低。经由介绍后初步认识的人之间，往往会立刻有一些寒暄。

《礼记·曲礼上》有这样一句话："入境而问禁，入国而问俗，入门而问讳。"我们与人交往的时候，由于彼此经历不同、文化水平不同、习俗不同，可能会无意中引起不必要的误会，发生失礼行为，甚至冲撞到别人的忌讳。因此，在我们外出拜访或者准备接待的时候，要充分考虑到对方的习俗、习惯和禁忌。当然，对于一些基本的商务接待礼仪，我们更要做到心中有数、训练有素，如不迟到、不突然变更行程、不对别人提非分要求，细致准备、热情接待、主动真诚。

场景式实践训练与评估

小组分成甲乙两方，分别代表接待方和拜访方，完成接待前的沟通和接待见面时的场景展示。之后请以小组为单位进行互评，将评价结果修订后交给老师进行最终评价。

评价表

总分：

接待前的沟通与礼仪准备充分（50 分）	接待中礼貌、热情、真诚（50 分）		
评语	自我评价		学员签名
	同伴评价		同伴签名
	教师评价		教师签名

阅读链接

1. 吕艳芝．公务礼仪标准培训．2 版．北京：中国纺织出版社，2016.

2. 黄玉萍，王丽娟．职业形象与商务礼仪训练教程．北京：中国轻工业出版社，2014.

项目场景式综合实践活动

1. 实训内容：请以小组为单位，以商务拜访和接待前、中、后场景创设和展示的方式进行训练，主要体现其中的沟通与礼仪原则和技巧，最后拍摄完整协调的 5 分钟左右微视频。

2. 实训方式：4～8 人为一个小组，协调好小组成员各自的分工和完成任务的进度。

3. 实训成果：小组经过场景创设、文案写作、拍摄、剪辑、编辑、审核完成微视频成果，并按照时间要求上传至职教云平台。

项目十五　公关场景沟通与礼仪

关键词：日常公关场景；商务谈判公关场景；商务宴请公关场景

公共关系简称公关，指一个组织机构（国家机关、企事业单位、人民团体等）或特殊个人（如演员、行业专家等）如何通过有效的活动，在公众中树立起良好的形象，扩大自己的知名度，以谋求社会公众对其的了解、信任，赢得社会公众的好感和支持，为自身的生存和发展创造最佳的社会公众关系环境。

对于进行公关活动的人，具有良好的公关沟通与礼仪能力是其工作取得成效的重要前提，比如在商务公关活动中，开业典礼不能只放鞭炮而不致辞；记者招待会不能只喝茶水而不发布信息；展销会上要宣传；联谊会上要交友；被顾客误会要解释……可以说，离开了沟通与礼仪，公共关系工作几乎无法展开。相对于私人间的社交沟通与礼仪，公关沟通与礼仪是一种群体间（包括特殊个人）的社会关系交往表达，是社会组织及其成员为实现一定的目标，通过一定的媒体平台，在社会公众中塑造形象、沟通信息、协调关系，以增进与公众相互之间的了解和协作的一种策略行为。

任务一　日常公关场景沟通与礼仪

重难点：该任务中思想文化教育的落实；企业日常商务（相对其他行业政务、军务、校务、医务和外交等）公关活动场景类型及应对技巧

“工欲善其事，必先利其器。”无论想做好哪个行当，都要具备得心应手的工具和娴熟的技巧。在日常公共关系活动中，掌握沟通与礼仪技巧，在沟通时具有丰富的口头表现力和独特的公关魅力，是公共关系活动从业人员发挥公关优势，达到公关活动最佳效果的重要手段。

企业作为一种特殊的社会组织，无时无刻不在和公众对象发生着关系，也无时无刻不在公众对象的关注视野中，所以日常的公关活动场景都不能放松，包括商务会议和洽谈、商务接待和拜访、商务公关宣传展览和广告、商务公关节庆和联谊活动、开业庆典、新产品发布、开放参观活动等。

公关沟通中难免会有提问和回答，这都可能涉及一定的利益和保密工作，不能像社交的问答那么随意。如何使对话按照自己计划的进程发展，使公关对象说出自己想要的回答，很重要的一点就是提问的技巧。提问者可以启发诱导，当对方对某些问题比较敏感，有所忌讳而不便直接询问时，需要迂回曲折、委婉含蓄地提问；可以站在对方的角

度，因势利导，向有利于实现目的的方向加以引导；可以含蓄婉转地提问，这是为了避免对方拒绝而出现尴尬局面；可以协商提问，如果我们想要别人按照自己的意图去做事，就应该用商量的口吻向对方提出。

公关沟通中的巧妙回答，绝不是对方问什么，你就答什么；也不是他怎样问，你就怎样答。高超的回答要切合语境、切中要害、礼貌得体、语言幽默。可以根据对方的提问，直接正面作答；不愿或不便正面回答对方的提问时可以有意转换话题，以其他内容作答；可以模糊作答，公关交际中涉及不愿向外公布的情况时，宜用不置可否的模糊语言来回答，这样的回答既没有实质性的内容，又能保持沟通渠道的畅通；可以以问代答，即不正面回答对方的提问，而用同样的问题反问对方，有时对提问难以回答，但又不得不回答，以问代答是一种有效的方法，可使对方同样感受到该问题难以回答，因而会多一份体谅。当然，每种回答技巧的使用并不是孤立的，而是多层次、多角度交叉综合使用的。

在公关沟通与礼仪场景中，赞美就是尊重和肯定。心理学研究表明，爱听赞美是人们出于自尊的需要，是渴求理解、支持与鼓励的表现，是一种正常的心理需求。在公关交际活动中，真诚、恰当的赞美是一种最容易得到对方认同、加深同公关对象感情的沟通方式。

赞美可采取两种形式：直接赞美和间接赞美。有时候直接赞美一个人反而让对方感到不真实，可以采取一些迂回的方法，比如称赞他们对行业的影响和贡献，以及这个公司在生活中的地位、作用，还可以借第三者传递赞美，借纵向和横向比较来赞美。对公关中的个人也适用上述技巧。

需要注意的是，公关活动中的赞美之词应发自内心，符合事实，因为在众目睽睽之下，毫无根据、虚情假意、夸大其词地赞美，很容易被公关对象认为是在刻意奉承，或者油腔滑调，随口敷衍，容易让人反感。所以，在日常公关沟通场景赞美时，必须在赞美前弄清对方希望怎样被夸奖，以便在赞美时满足对方的自我意识。如果在尚未确认对方的好恶时就轻易夸赞，则可能会弄巧成拙。

我们在公关沟通中，既需要真诚地赞美，也需要中肯地批评。批评是为了帮助对方认识问题，改正错误，积极把工作做好。公关沟通中的批评确属必要，但应当尽量避免公开。公开批评不仅对被批评的公关对象的自尊心是一种打击，易引起自卫或报复性的行为，也会使在场的其他公关对象感到尴尬，产生“杀鸡给猴看”的感觉。批评时态度要诚恳，语气要委婉，要站在对方的立场上，或旁敲侧击，或委婉含蓄，或幽默风趣，或善意启发，只有这样的批评方式才是温和、机智且有效的。总之，公关沟通中的批评要讲究策略、分寸、时机和公关对象的心境等。

在日常公关沟通与礼仪场景中，难免会遇到不便直说、不能直说的情景。为了避免不愉快的事情发生，可以曲径通幽，含蓄暗示，比如用与本意相似或相关的事物去含蓄暗示。

公关沟通与礼仪中的拒绝不可简单生硬地说“不”，公关沟通的拒绝要讲究策略和技巧：既要拒绝对方的不恰当要求，也不能伤害对方的自尊，还不能损害彼此的关系。你可以使用委婉的拒绝技巧，也可以使用设身处地并阐明后果的拒绝技巧。你可以诱导对方自我否定，即在对方提出要求后不正面回绝，通过提出条件或反问，诱导对方自动放弃自己的要求，也可以借别人的名义，使自己从无法应答的困境中解脱出来，又使对方在和谐的气氛中接受拒绝。

开业庆典、新产品发布会、公关开放参观活动等需要公关演讲或讲解，要避免个人意气，应以塑造公司品牌和形象为己任，在尊重和了解对方的情况下，有针对性地、充满自信和自豪地与公关对象进行沟通。

案例阅读1

公关沟通与礼仪要做的小“功课”

两家上下游企业A和B曾经因为其前任领导合作不愉快，产生了分歧和矛盾纠纷，双方在很长时间内处于敌对状态。随着市场的发展和领导的更换，两家企业都需要加强双方业务合作，进行新的沟通和交流，以共同抵抗市场的风险。经过前期的电话公关沟通，确定于某月某日由双方负责公关与销售的副总经理进行商务会议洽谈，地点确定在B公司，由A公司张副总经理带队前往，打破前几年互不往来的僵局。

富有公关和营销经验的B公司王副总经理会见张副总经理等人。她微笑着握着张总的手，友好地说：“这是我们两家兄弟公司5年来第一次握手。”当张总把随行人员一一介绍给王总时，王总握住A公司公关部经理晓丽的手说：“我知道，您是湖南辣妹子，海归人才，还会流利的粤语，您在广东已经有5年了吧?”又对随行的A公司销售部经理王刚说：“我读过您在《成功营销》上发表的关于贵公司与C公司成功合作营销的文章，希望您也写一篇关于我们两家公司在营销方面合作的文章。”最后她握住A公司秘书小李的手说：“李秘书，好年轻帅气，我们该是半个亲戚，我知道您的太太是我们湖北人，是一名优秀的小学老师。”接下来，双方的商务会谈进行得很愉快，顺利达成了双方再次合作的基本意向和框架。

案例点评

在公关场景沟通中，首先，应提前做好“功课”、从容自信，时时处处用平等礼貌的语言善待所有人。因为在公关关系中，没有永远的朋友，也没有永远的敌人。本来有矛盾和隔阂的A公司与B公司时隔多年后重新进行会谈，B公司的王副总经理简短的公关沟通与礼仪里蕴含了自己对公关对象的用心和高明的公关技巧，既缓解了双方的紧张情绪，又让对方感受到了B公司的友善与重归于好的愿望。

在公关活动中，与公关对象的沟通与礼仪不仅代表个人，而且关系到组织的形象和声誉，不能装腔作势，以势压人，更不能奴颜婢膝，成功时不可得意忘形，失败时不可垂头丧气。如果遇到难堪的场面或棘手的问题，提前做好相应的“功课”，以便不急不慢、从容自信地去沟通。

其次，在称呼上，应根据公关对象及其在公关活动中所处的地位和作用，使用合适的称呼，了解对方基本信息，拉近彼此间的距离，消除陌生感。切忌在公关沟通与礼仪场景中使用带贬义的称呼和不礼貌的招呼语。能巧妙地说出对方的名字是获取对方好感的技巧，能够表明对对方的尊重。

再次，公关沟通要言简意赅，做到“辞达而已矣”。不仅要长话短说，切忌啰唆，还要避免口头禅类的话语，更不要装腔作势、卖弄自己。可适时使用一些成语、谚语、歇后语等大家喜闻乐见又有较强的概括力和丰富表现力的语言。

最后，无论公关对象是谁，都要做到真诚有礼，根据公关目的来选择有积极意义并能驾驭的话题，以达到公关效果。好的话题一般是对方感兴趣或对方擅长方面的话题，以及大家共同关心的话题。切记不能自顾自地高谈阔论，滔滔不绝。

案例阅读2

以情、以理、以利说服他人

卡耐基每季度都要花费1 000美元在纽约的某家大旅馆租用大礼堂，用来讲授社交训练课程。有一年，卡耐基开始授课没多久，就接到那家旅馆的通知，要他支付比原来多3倍的租金。而在接到这个消息以前，课程的入场券已经发出去了，其他开课的事宜也都准备好了，而且，卡耐基很不乐意支付这部分额外费用。那么怎么做才能交涉成功呢？经过仔细考虑，两天以后，卡耐基决定去找旅馆的经理。

他对经理说：“我接到你的通知后，真的感到非常震惊。不过这不能怪你。假如我处在你的位置，或许也会做出同样的决定。然而作为这家大旅馆的经理，你的责任是让旅馆尽可能地多盈利，不这么做的话你的职位将很难保住。假如你坚持要增加租金，那么现在让我们来计算一下，这样做对你是有利还是有弊吧。”

“我先讲对你有利的一面。”卡耐基说，“如果你的大礼堂不出租给我讲课用，而是出租给办舞会、晚会的，那你就可以获高利了。因为举行这类活动的时间不长，每天一次，每次可以收200美元，20晚就是4 000美元，哦，租给我，显然你是吃大亏了。

“现在，我们来考虑一下不利的一面。首先，你增加我的租金，也是降低了收入，因为实际上等于是把我撵跑了。由于我付不起你所要的租金，我势必会再找别的地方举办训练班。还有一件对你极为不利的事情，这个训练班将吸引成千名有文化、受过教育的中上层管理人员到你的旅馆来听课，这对于你来说，难道不是不花钱的宣传和广告吗？事实上，即使你花 5 000 美元在报纸上登广告，你也不可能邀请这么多人到你的旅馆参观，可我的训练班给你邀请来了。这难道不合算吗？”讲完，卡耐基告辞了，“请你仔细考虑后再答复我。”最后，经理让步了。

（资料来源：龚喜．推销口才情境实训大全集．北京：中国纺织出版社，2014.）

案例点评

在公关沟通与礼仪场景中，双方为实现各自的利益而存在一定的对抗性。双方都想靠自己的实力、技巧去改变对方的立场、态度，使对方接受自己的意见，按照自己的要求去做，从而达到说服对方的目的。

卡耐基在公关会谈中为了说服公关对象，晓之以理、动之以情、衡之以利。晓之以理即通过讲道理来说服对方。晓之以理时，口气要委婉，切忌盛气凌人。说话者不能由自己单方面推出结论交给对方，最好以征询意见的口气引导对方同你一起来推理，使对方自愿接受。当然，在说理说不通的情况下，可再从情感上打动对方，突破对方的情感心理防线，从而改变对方的立场、态度，接受自己的建议，因为情感的力量可以诱导和增强逻辑的力量。不过，人生在世，需要生存和发展，必然会有各种各样的正常需要，趋利避害是人的本性，如能设身处地地指明对方的利害关系，有的放矢地进行说服，就容易收到成效。

场景式实践训练与评估

以任意一种途径或方式查找一个公关沟通与礼仪场景的典型案例，认真思考和分析后，以公关培训师的身份与大家分享该案例和你的分析思考。

评价表

总分：

案例典型精确（50 分）	分享精彩（50 分）			
评语	自我评价		学员签名	
	同伴评价		同伴签名	
	教师评价		教师签名	

阅读链接

1. 李元授．交际与口才．2 版．武汉：华中科技大学出版社，2007.
2. 戴尔·卡耐基．卡耐基说话的艺术．刘祐，译．北京：中国城市出版社，2007.

任务二　商务谈判场景沟通与礼仪

重难点：该任务中思想文化教育的落实；商务谈判场景沟通与礼仪技巧的运用

弗雷德·查尔斯·艾克尔在《国家如何进行谈判》一书中指出："一个完美的谈判家，应该心智机敏，而且具有无限的耐性；能巧言掩饰，但不欺诈行骗；能取信于民，而不轻信他人；能谦恭节制，但又刚毅果断；能施展魅力，而不为他人所惑。"商务谈判场景是公共关系中特殊而重要的一个场景，其沟通与礼仪需要有较强的策略和技巧，要求善于巧妙提问和机智应答，态度诚恳，头脑清晰，思维敏捷。

商务谈判场景的沟通与礼仪需要注意以下几点：一是在关键实质问题上让对方先开口，这样才能知道对方的底线和关键诉求与自己的底线和诉求有多大差距，正所谓知己知彼；二是让步和"封锁"，可以在某些方面做出让步，而在另一方面进一步，舍和得同步，不能单方面地取或舍，同时在自己的底线和确定的立场上封锁对方，毫不让步；三是适时离开或中断谈判，如果谈判没有按照己方计划方向发展，自己没有选择余地，意味着处于下风，可以选择暂时离开，如果谈判暂时不利于己方，可以中断，以退为进；四是沟通和礼仪要有感染力或面无表情，争取对方时言行举止要真诚而坚定，让对方受到感染，如果是对方给予压力，在回应时不要用带有感情色彩的词语，倾听时要面无表情，沉着冷静，把压力退还给对方；五是起点要高，起点高自己可以慢慢放低，有选择的余地；六是必须确定某些共识，而对方想再有所争取时，表示权力有限，需要上司批准；七是各个击破，如果谈判的对方有多人，尝试说服一个人，他会动摇其他谈判者。

案例阅读1

妙语连珠助谈判

某一年，中国纺织品进出口公司业务经理小黄与伊拉克某百货公司进行了一次精彩成功的谈判。

中方："我们想知道贵方对哪一个样品感兴趣。"（出示可供棉布目录和样品）

外商："凡是中国产品我们都乐于购买，可惜钱包太小。"（一会儿选中了某种样品）

中方："每码65英分，这是优惠价。"

外商："对不起，您可能在下中国象棋。"

中方："何以见得？"

外商："这里一目了然。"（出示最近其他国家棉布的价格表）

中方："那么，您最满意的价格是什么？"

外商："60美分。"

中方："还是折中主义好，62.5美分怎么样？"

外商："当然可以，要是伊拉克没有战争的话。"

中方："我们表示理解和同情。"

外商："对于您的还价，我们接受，不过得以米代码计价。"（1码=0.914米）

中方："您是幽默大师，又开了个有趣的玩笑。让我们再分析一下吧，61.5美分，这下可以握手了吧？"

双方成交。

（资料来源：黄家章，等. 商贸口才绝招888. 南宁：广西人民出版社，1996.）

案例点评

公关商务谈判是语言智慧的战场。语言在谈判中犹如桥梁，占有重要的地位，它往往决定谈判的成败。精妙的语言沟通在商务谈判中，可以使僵局变为活局，使失利变为有利，使输家变为赢家，使干戈化为玉帛。谈判的语言沟通艺术主要体现在叙述、提问、答复和说服等各项技巧上面。例如，谈判中提倡坦诚相见，不但告知对方想知道的情况，而且可以适当透露我方的某些想法；在谈判中，经常会运用提问的技巧，以便摸清对方真实需要、掌握对方心理状态，进而通过谈判解决问题。

案例中，中方代表小黄先把价钱定在高位，在谈判沟通中给予折中调和，最后达成一致；耐心地与对方沟通，不操之过急。这些都是值得学习和借鉴的。

案例阅读2

八次谈判赢得三百多万美元赔款

改革开放之前，中国民航从英国一家大公司购买了一批飞机，并同时购回了配套使用的100多台斯贝发动机。谁知，使用十几年来屡次发生故障，原因是英方欺骗了中方：中国购买的发动机，履历表上表明每一台都已经改装了，但是后来打开检修时发现里面的零件都是旧零件。中国民航北京维修基地的工程师薛其珠了解到事情的真相后怒火中烧，向英方要求赔款。

英方为此与薛其珠等人进行谈判。他们不甘心赔偿，便抵赖说："我们公司仅生产过少数改装的发动机，已全部安装在英航飞机上。我们从未打算为中国民航做此种改装，至于表上的记载，是打字员工作疏忽造成的。"

"我想请教，英航与中国民航几乎是同时购买的你们的发动机，为什么英航的履历表上一台不错，而中国民航的100多台全部打错了呢？"薛其珠锐气逼人。英方也许觉得理亏了，没有人出声。

薛其珠继续铿锵有力地说道："我认为贵公司极大地欺骗了中国民航，你们向中国民航收取了改装费，却把旧零件原封不动地装入发动机。这样的手法，你们认为是很光彩的吗？”英方代表觉得被抓住了要害，说不出话来。但是接下来他们又使出种种抵赖的手法，致使谈判不了了之。

薛其珠在中国民航的支持下，不为暂时的困难所吓倒，百折不挠地坚持着，这样的谈判共进行了 8 次。有一次，英方请来一个著名的经济律师，他口沫横飞地向薛其珠讲了一大堆法律知识，洋洋得意地问：“懂了吗？”薛其珠回答：“不太懂，只是我懂得，法律绝不应该保护欺骗人的行为，而应伸张正义。中国的法律是这样的，难道英国的法律不是这样的吗？”律师这时也哑口无言了。

经过半年多的努力，薛其珠等人终于为中国民航赢得了 304 万美元的赔款。

（资料来源：黄家章，等．商贸口才绝招 888. 南宁：广西人民出版社，1996.）

案例点评

谈判，既要“谈”又要“判”。所谓“谈”，就是通过沟通表达思想观点；所谓“判”，就是判断，即对各种信息进行分析、综合后做出判断。最后再通过沟通表达出判断的结果。谈判双方总是在沟通中不断思考、判断信息，循环往复，达成协议。谈判的过程，也就是沟通的过程。在案例中，中国民航曾从英国购买 100 多台斯贝发动机，可是使用十几年来屡次发生故障，原因就在于英方欺骗了中方，把未改装的说成是改装过的。当中方在谈判中提出赔款要求时，英方百般抵赖。不过，中方代表薛其珠在底线和原则问题上绝不让步，凭着百折不挠的意志和绝妙的沟通能力，使对方不得不给予赔偿。

场景式实践训练与评估

请以小组为单位，模拟两家公司谈判代表，一家为无人机研发公司，一家为无人机宣传和推广公司，双方就“庆国庆无人机推介会”项目合作进行商务谈判。请就此场景进行训练和自我评价。

评价表

总分：

<table>
<tr><th>商务谈判场景创设合理（50 分）</th><th colspan="3">商务谈判技巧运用得当，成效显著（50 分）</th></tr>
<tr><td rowspan="3">评语</td><td>自我评价</td><td></td><td>学员签名</td></tr>
<tr><td>同伴评价</td><td></td><td>同伴签名</td></tr>
<tr><td>教师评价</td><td></td><td>教师签名</td></tr>
</table>

阅读链接

1. 赵传栋．论辩史话．上海：复旦大学出版社，1999.

2. 贝思德教育机构．谈判口才训练教程．西安：西北大学出版社，2002.

3. 方其．商务谈判：理论、技巧、案例．2 版．北京：中国人民大学出版社，2008.

任务三　商务宴请场景沟通与礼仪

重难点：该任务中思想文化教育的落实；商务宴请场景沟通与礼仪技巧的运用

商务宴请是公关沟通与礼仪中的一个重要场景，包含宴请的主题和目的、时间和地点的选择、宴请陪同人员座次的安排、点菜技巧、宴请的沟通与礼仪等基本要素。中国人的宴请常称为“饭局”，其中的策略和技巧不可忽视又不言而喻。古有渑池会宴席上副宾蔺相如以过人的胆识和沟通能力为主宾赵王挽回了面子；鸿门宴上处于生死关头的刘邦，利用项羽骄傲自大和优柔寡断的弱点，在杀气腾腾中以示弱的多向沟通逃过了生死一刻；曹操青梅煮酒论英雄，刘备巧妙周旋，装傻充愣，麻痹了本来头脑异常清醒的曹操；宋代开国皇帝赵匡胤酒宴上一番沟通和说辞，杯酒释兵权。

现代的商务宴请同样充满玄机。比如在座次安排上，我们一般遵循面门定位、以右为尊、以内为尊、靠墙为尊、观景为尊、居中为尊等原则。稍有差错，就可能影响整个沟通与礼仪的效果。

同样，商务会见、签约座次为面门定位，以右为尊，右侧座位给客方。谈判时面门定位、以内为尊，面对门口的谈判桌一侧是尊位。如果谈判桌对着门口竖向摆放，则从门口往里看的方向，以右为尊。

主席台列座、集体照等，面向观众和摄像机定位，居中为尊，如果人数是双数，居中先定 2 个尊位，2 个尊位里以右为尊，定 1 号尊位，1 号位左侧是 2 号位，1 号位右侧是 3 号位，以此类推，按左右、左右的顺序排列。

中餐圆桌面门居中定主人位，主人位右手边为 1 号嘉宾位，主人位左侧为 2 号嘉宾位。主客穿插依次落座。

案例阅读1

及时更改的商务宴请赠品

云南省的一家外贸公司与印度某商贸公司新近谈成一笔生意。为表示合作愉快，加强两公司今后的联系，努力成为密切的商业伙伴，中方准备宴请印方，宴请的规格和菜品都做了精细的安排，且特别决定在商务宴请时向印方赠送一批具有地方特色的工艺品——皮质的相框，以表达更大的诚意。中方向当地的一家工艺品厂提前按照印方参加宴会的人数定制了这批货，这家工艺品厂也如期保质保量地完成了。当宴请并赠送的日子快要临近时，这家外贸公司的一位曾经去过印度的职员突然发现这批皮质相框是用牛皮做的，这在印度是绝对不允许的，很难想象如果将这批礼品赠送给印方会产生什么样的后果。幸好及时发现，才使中国的这家外贸公司没有犯下错误，造成损失。他们又让工艺品厂赶制了一批新的相框，这回在原材料的选择上特地考察了一番。最后在宴请时双方把酒言欢，将礼品送给对方时，对方相当满意，宴请非常圆满。

案例点评

在商务交往中，交往双方互赠礼品是常见的事。宴请是互赠礼品的最佳时刻，适当的礼品可以在商务宴请场景表达对对方的敬意和良好祝愿，让宴请达到高潮。赠送礼品要达到最好的效果，必须做好多方沟通，遵守有关的礼仪规范，否则，可能会事与愿违。

这里归纳一下商务活动赠送礼品的技巧，首先，礼品的选择应考虑以下三点：第一，礼品的特色性。从交往对象的心理分析，本地具有地方特色的和具有民族特色的东西就是最好的。这样的礼品在他们看来也是最具有纪念意义的。第二，礼品的针对性。挑选的礼品要因人而异，因事而异。因人而异，即要考虑到受礼人的性格、爱好与品位，要“投其所好”；因事而异，指在不同情况下，赠送的礼品也应该有所不同。第三，礼品的差异性。不同的国家、民族或地区有不同的风俗习惯，同一件东西，在一个地区是受人欢迎的，在另一个地方则未必。在考虑到前两点的基础上，还必须对受礼人所在地区或国家的风俗习惯进行了解，不要触犯到对方的宗教禁忌、民族禁忌和个人禁忌。具体来说，礼品的选择要考虑六个要素：礼品的品种、色彩、图案、形状、数目和包装。

其次，在涉外商务交往中有“涉外交往八不送”：现金和有价证券，以免有行贿之嫌；贵重的珠宝首饰；药品与营养品；广告性的物品或宣传用品；容易引起异性误会的用品；为受礼人所忌讳的物品；涉及国家或商业机密的物品；不道德的物品。

再次，赠送礼品还应注重礼品的包装，商务活动中礼品的包装也属于礼品的组成部分，同样在仔细考虑范围之内。

最后，送礼的时机也要适当，这样才能达到最佳效果。

案例阅读2

李小姐周到宴请俄罗斯客人

李小姐是威胜公司新聘用的公关部经理，她上任的第一个任务是负责宴请公司的俄罗斯客人。李小姐虽然从未接手过此种业务，但她细心地考察了来客的习俗，了解到俄罗斯人的饮食禁忌和喜好，最后确定在本地最好的丽歆酒店设宴款待。她选择了当地有名的菜肴，并且以俄罗斯的伏特加酒点缀其间，在宴会中她主动熟练地向客人介绍各个菜品的名称和典故，还特别邀请了公司有俄罗斯工作经历和懂得俄罗斯文化与语言的相关人士作为陪同人员，因为是中餐，双方交叉而坐，以便于双方沟通和交流，宴会气氛非常活跃融洽，受到了客人和上司的夸奖。

案例点评

商务公关设宴款待时，首先要确定菜单。按照我们一般的思维，可能会先想到客人喜欢吃什么，而实际上更为重要的是客人不吃什么。只有事先多方沟通，了解客人的饮食禁忌，才不至于失礼，给客人留下不好的印象。许多人都有个人的饮食禁忌，如有些人不吃鱼，有些人不吃蛋，有些人不能吃辣，等等；不同的民族可能也有自己的禁忌；此外，还有严格的宗教禁忌。总之，在制定菜单时要综合考虑以上几种禁忌，不能疏忽大意。

在沟通好客人的饮食禁忌后，制定菜单时，可以将具有民族特色和本地风味的菜肴列入其中。在招待外宾时，春卷、元宵、水饺等有中华民族特色的菜肴向来很受客人的欢迎；同时我国各地的菜肴风味独特，各有千秋。比如上海的“小绍兴三黄鸡”，天津的“狗不理包子”，西安的“贾三灌汤包”等，都可以拿来招待客人。如今，各地都发展出了自己的饮食文化，许多菜肴背后还隐藏着有趣的典故，如果主人向客人介绍这些背景，可以增进客人对当地文化的了解，也是一种有益的交流。

在商务宴请时，应牢记一条原则：“劝菜不夹菜，祝酒不灌酒”。要避免社交中的“好客”传统，如在请客吃饭时，给别人夹菜，在客人的碗里堆成小山，让客人多喝酒，喝得越多就越体现情深意长，这种方式在商务宴请中会令客人尴尬。

场景式实践训练与评估

如果你是某公司公关部经理，按照领导安排，拟在近期宴请本区域公司产品十大销售商，你将如何开展相关工作？以小组为单位，模拟宴请前和宴请中的场景沟通与礼仪。

评价表

总分：

<table>
<tr><th>角色定位准确（50分）</th><th colspan="3">商务宴请沟通与协调技巧突出（50分）</th></tr>
<tr><td rowspan="3">评语</td><td>自我评价</td><td></td><td>学员签名</td></tr>
<tr><td>同伴评价</td><td></td><td>同伴签名</td></tr>
<tr><td>教师评价</td><td></td><td>教师签名</td></tr>
</table>

阅读链接

陈姣．拿到订单的100个沟通话术．北京：人民邮电出版社，2010.

项目场景式综合实践活动

1. 实训内容：在影视作品或其他节目中查找并剪辑 3 分钟左右准确运用商务公关场景沟通与礼仪的典型视频案例；拍摄 2 分钟小组对视频案例中公关沟通与礼仪的点评视频，点评者模拟公关人员出镜拍摄，注意点评方式、形象礼仪与背景和谐，最后合成完整协调的 5 分钟左右微视频。

2. 实训方式：2～4 人为一个小组，协调好小组成员各自的分工和完成任务的进度。

3. 实训成果：小组经过查找、剪辑、文案写作、拍摄、编辑、审核完成微视频成果，并按照时间要求上传至职教云平台。

项目十六　团队场景沟通与礼仪

关键词：团队构建；团队发展；团队冲突；团队激励；沟通与礼仪

每个人都常常处于或大或小的团队中。管理学学者罗宾斯说：团队就是由两个或两个以上相互依赖和相互作用的个体，为了特定的目标而按照一定规则结合在一起的组织。团队是由队员和队长（领路人、带头人、组织者、管理层）组成的一个有共同目标、日趋完善的组织结构和行动纲领（行动计划）的共同体，该共同体合理地、最大限度地运用每一个队员的知识、技能和智慧协同工作，解决问题，完成目标。在这一过程中，团队往往可能会经历扩展或重组（重构），同时团队要不断解决协商和决策、激励和评价、化解矛盾及克服障碍等问题，无论是哪种情况，都需要准确恰当地进行各方面和各层面的团队沟通与礼仪。

任务一　新团队沟通与礼仪

重难点：该任务中思想文化教育的落实；新团队新成员沟通与礼仪的要点及其运用

一个团队组建或重组，或者新人进入一个团队时，都需要创造不俗的业绩，而创造业绩需要团队群策群力，互帮互助。沟通与礼仪是创造和谐有力的团队的重要途径，相反，没有良好的沟通，团队死气沉沉，成员各怀心思，则很难获取突出的业绩。

一个团队中不同的人，他们所站的高度和角度不一样，单纯开会或发文强调重要性，没有站在团队或其他队员的角度去进行深入人心的沟通，不把采取新举措的前因后果沟通到位，既是失礼，也难以收到团队建设的成效。所以，初始团队在任何情况的沟通中，都不要简单地认为所有人都和自己的认识、看法、高度、角度是一致的。对于团队新的目标、计划和动向，要用有力有礼的沟通去获得大家的认同和支持。

在团队建设中，核心部门人员的沟通与礼仪能力对团队建设异常重要。他们在团队中为人必须宽厚，由于部门利益、价值观念等方面的不同，他们在与各部门打交道时，在一些具体问题的看法上出现分歧是正常的。不能“欺生”和“装大”，核心部门是综合协调部门，给他人的初始印象和最终印象都应是最佳的，特别需要注意的是，除非情况紧急，非动用上司赋予的特权不可，在协调一般的部门关系和矛盾时，应该尽量采取疏导说明、商量互让的“软”话沟通，相互尊重、理解和支持。在实际团队工作中，核心部门如果在协调处理问题时追求心里和嘴上“痛快”，不仅随时有可能让自己陷入四面楚歌的境地之中，也不利于团队和谐发展。“有容乃大”，在团队沟通与礼仪中，“容”就是指一个人的胸怀，胸怀宽广的表现就是说话有度量、会宽容。团队沟通中的一份宽容与忍让，将来在工作中肯定会有加倍的回报。沟通者不应在“说”和“做”上到处给自己树敌，加大自己成长和发展的阻力；相反，应该利用自己的有利条件通过良好的沟通与各方面建立长期友好的关系，使团队建设日渐趋好。

案例阅读1

一个新手进入老团队

王艳是一个典型的北方姑娘，热情直率，从北方某大学的人力资源管理专业毕业。她认为，经过四年的学习，自己不但掌握了扎实的人力资源管理专业知识，而且具备了较强的人际沟通技能，因此她对自己的未来期望很高。为了实现自己的梦想，她毅然只身去广州求职。

经过近一个月的反复投简历和面试，在权衡了多种因素的情况下，王艳最终选定了广州一家研究生产食品添加剂的公司。她之所以选择这家公司，是因为该公司规模适中，发展速度很快，最重要的是该公司的人力资源管理工作还处于尝试阶段，如果王艳加入，她将是人力资源部的开拓者之一，因此她认为自己施展能力的空间很大。

但是到公司实习一个星期后，王艳陷入了困境。原来该公司是一个典型的家族企业，企业中的关键职位基本上都由老板的亲属担任，其中充满了各种裙带关系。尤其是老板安排了他的大儿子做王艳的上司，而他的大儿子主要做技术研发工作，没有什么管理理念，更不用说人力资源管理理念，在他的眼里，只有技术最重要，只要公司能赚钱，其他的一切都无所谓。但是王艳认为越是这样就越有自己发挥能力的空间，因此在到公司的第五天，王艳拿着自己的建议书走向了直接上级的办公室。

“王经理，我到公司已经快一个星期了，我有一些想法想和您谈谈，您有时间吗？”王艳走到经理办公桌前说。“来来来，小王，本来早就应该和你谈谈了，只是最近一直扎在实验室里就把这件事忘了。”“王经理，对于一个企业尤其是处于上升阶段的企业来说，要想持续发展必须在管理上狠下功夫。我来公司已经快一个星期了，据我目前对公司的了解，我认为公司主要的问题在于职责界定不清；很多岗位员工的自主权力太小，致使这些人觉得公司对他们缺乏信任；员工薪酬结构和水平的制定随意性较强，缺乏科学合理的基础，因此薪酬的公平性和激励性都较低。”王艳按照自己事先所列的提纲开始逐条向王经理叙述。

王经理微微皱了一下眉头说：“你说的这些问题我们公司也确实存在，但是你必须承认一个事实——我们公司在赢利，这就说明我们公司目前实行的体制有它的合理性。”“可是，眼前的发展并不等于可持续发展，也有一些家族企业是败在管理上。”“好了，那你有具体方案吗？”“目前还没有，这些还只是我的一点想法，但是，如果得到了您的支持，我会尽快把方案做出来。”“那你先回去慢慢做方案，把你的材料放这儿，我先看看然后给你答复。”说完，王经理的注意力又回到了他的技术研究报告上。

王艳此时真切地感受到了不被认可的失落，果然，王艳的建议书石沉大海，王经理好像完全不记得建议书的事。王艳陷入了困惑之中，她不知道自己是应该继续和上级沟通，还是干脆另找一个发展空间。

案例点评

这是一个典型的由于管理者缺乏新员工导入机制理念而导致团队上下级沟通失败，最终使新员工的积极性受挫的案例。王艳满腔热情，想把自己的所学应用到实践中去，从而获得成就感，可是她的上级却没有认识到王艳的性格特点和需求，只看到了王艳缺乏实践经验的一面，在沟通中对王艳的行为做出了消极的反馈，致使王艳对工作和团队的积极性受到打击。新团队也好，团队的新员工也好，应通过沟通，力图使大家认同共同目标，共同制订和完成工作计划。

团队良好的沟通可以稳定员工，降低离职率，提高员工满意度和企业归属感，在企业中塑造团结和谐的团队氛围等。对于新的团队或者对于团队的新员工来说，在团队建立之初或新员工刚进入团队时进行有效的沟通和引导，对培养他们在以后工作中的积极性起着极为关键的作用。

以沟通与礼仪建设团队应做到以下四点：(1) 团队文化要吸纳南北中外文化，建立多方适宜的团队文化，对于团队的新员工，给他们提供了解公司实际情况的各种渠道，使他们熟悉团队的工作计划和步骤，避免由于缺乏经验而在工作中盲目行动和过于理想化。对于案例中的王艳来说，应该更深入地了解公司各个方面的情况，包括了解上司的特点，如果有工作上的新想法，应逐步地和上司沟通。(2) 给新员工安排一个专业技术强而且善于沟通和指导下属的直接上级，多肯定和鼓励团队中各个成员的优势和长处，人尽其才，使团队永远充满向上的活力。(3) 团队要鼓励新员工多提建议，因为他们的眼光可能更敏锐一些，并且对他们提出的建议要及时地给予沟通和反馈，即使这些建议对公司可能并没有太大的实际意义，也应该对他们的这种精神给予肯定和赞扬，并鼓励他们再接再厉，如果由于各种原因这些建议不能在公司中施行，也应该及时向他们说明不能实施的原因。(4) 团队要给新员工提供明确的工作指导，使他们明白自己的努力方向和上级对自己的期望。

案例阅读2

曹操“失”关羽“得”团队的格局

《三国演义》是一部人才争夺的演义，也是一部人才团队构建和发展的演义。刘备阵营的关云长既有帅才又有忠义的品德，曹操颇为赏识，终于在一次战斗中“劝降”了关云长，可关云长有个条件是暂时归顺，一旦打听到刘备的消息，必然离去。曹操时常以宝马、金钱、美女、爵位相赠，希望关羽改变初心，但当关羽打探到刘备的消息后，他还是毅然辞别而去，曹操知晓关云长过五关斩六将，依然放他扬鞭远去。为何这样？

曹操开始逐鹿北方时，除了政治策略，他清醒地知道，广揽各路英才并建立一支强有力的精干团队，才能逐步称霸中原，统一全国。

（关羽归顺曹操后）曹操部下诸将中，自张辽而外，只有徐晃与云长交厚，其余亦皆敬服，独蔡阳不服关公，故今日闻其去，欲往追之。操曰：“不忘故主，来去明白，真丈夫也。汝等皆当效之。”遂斥退蔡阳，不令去赶。程昱曰：“丞相待关某甚厚，今彼不辞而去，乱言片楮，冒渎钧威，其罪大矣。若纵之使归袁绍，是与虎添翼也。不若追而杀之，以绝后患。”操曰：“吾昔已许之，岂可失信。彼各为其主，勿追也。”因谓张辽曰：“云长封金挂印，财贿不以动其心，爵禄不以移其志，此等人吾深敬之。想他去此不远，我一发结识他做个人情。汝可先去请住他，待我与他送行，更以路费征袍赠之，使为后日纪念。”张辽领命，单骑先往。曹操引数十骑随后而来。

……操见关公横刀立马于桥上，令诸将勒住马匹，左右排开。关公见众人手中皆无军器，方始放心。操曰：“云长行何太速？”关公于马上欠身答曰：“关某前曾禀过丞相。今故主在河北，不由某不急去。累次造府，不得参见，故拜书告辞，封金挂印，纳还丞相。望丞相勿忘昔日之言。”操曰：“吾欲取信于天下，安肯有负前言。恐将军途中乏用，特具路资相送。”一将便从马上托过黄金一盘。关公曰：“累蒙恩赐，尚有余资。留此黄金以赏将士。”操曰：“特以少酬大功于万一，何必推辞？”关公曰：“区区微劳，何足挂齿。”操笑曰：“云长天下义士，恨吾福薄，不得相留。锦袍一领，略表寸心。”令一将下马，双手捧袍过来。云长恐有他变，不敢下马，用青龙刀尖挑锦袍披于身上，勒马回头称谢曰：“蒙丞相赐袍，异日更得相会。”遂下桥望北而去。许褚曰：“此人无礼太甚，何不擒之？”操曰：“彼一人一骑，吾数十余人，安得不疑？吾言既出，不可追也。”曹操自引众将回城，于路叹想云长不已。

案例点评

曹操的格局就是王者的格局，他作为有王霸之志的英雄，从各个方面用人惜才，为建立人才济济的团队颇费心思。他曾经想收服关羽，让其加入自己的团队，但不久得知关羽终将会离去寻找他的“桃园三结义”团队，便由衷道了声“云长去也”，言语中流露出他对关羽离去的无奈和不舍，后来知道关羽不仅去意已决，而且已然启程，他不仅殷殷相送，而且当着众多将领的面称赞了一番云长的义气，除了发自内心的与英雄的惺惺相惜，更见他建立人才团队的愿望和决心，激励手下众将力争上游，争做栋梁。借对关羽的欣赏、包容和仁义，大大加强和巩固了自己的团队，他从云长辞别，看到的是恩情和情义，他放走一个关云长而借此在自己的团队中培养无数个关云长的远见和眼光非同一般，事实上，曹操确实很快培养和扶持了一批忠心耿耿、值得信赖、比肩关羽的大将。同时，曹操也真切表达了得天下者得人才的理性认知和英雄相惜的感性体察。作为团队的“首领”，他善于对团队人员进行提升和教导。他的话语常能从大处着眼，既勾画出宏大的愿景和气魄，也表达出对手下人才的重视和期望。张辽等或从降将或从草莽逐渐成长为能够为曹操冲锋陷阵的“猛士”，曹操的团队建设之功不可忽视。

场景式实践训练与评估

设想你将加入一个新的工作团队，你需要把握哪些团队沟通与礼仪的要点？思考梳理后，分条列项主动与大家分享。

评价表

总分：

角色定位明确（50分）	要点阐述清晰准确（50分）	
评语	自我评价	学员签名
	同伴评价	同伴签名
	教师评价	教师签名

阅读链接

罗贯中．三国演义．北京：人民文学出版社，1990.

任务二　团队发展沟通与礼仪

重难点：该任务中思想文化教育的落实；团队发展沟通与礼仪的技巧和方法

团队发展中的有效沟通，是团队中的一种互动沟通，它能帮助我们实现和达成团队的目标。实现团队效能的关键不在于沟通的内容，而在于沟通的方式，有研究表明，个人才华和思维能力对团队的贡献远远没有预期的那么大，沟通模式是预测团队能否成功最重要的指标，其作用甚至超过了其他因素的总和。

在团队中，大家彼此熟悉和了解，可用的沟通方式很多，但最有效的还是面对面的沟通。面对面的沟通从某一方面来说是一个讨论甚至是辩论的过程，在实际工作中，培养队员的参与意识也是为了帮助管理者更好地了解队员的想法，包括怎么帮助他们更好地成长，如何增加他们独立工作的自信，等等。

团队发展沟通与礼仪的技巧和方法主要包括以下四点：

第一，培养和鼓励健谈的团队成员。由于性格的原因，随着彼此的了解逐渐加深，组员慢慢也会愿意与上司分享他们的想法，包括一些负面的问题，像是受挫、误解，有的甚至会反驳上司的观点，上司对这样积极建言献策的队员应给予正面的回应、鼓励和扶持，表明团队管理者对负面的意见秉持一个开放的态度。

第二，建立信任基础。不管是小组内交流，还是上下级之间的沟通，信任都是建立优秀团队的基础。即便队员有负面的说法，只要不是恶意的，团队管理者都可以当作“小提示”，从中了解到团队中存在的某些问题，并进行沟通化解。

第三，团队沟通时要做有效的倾听者。通过眼睛的对视、对说话人表示肯定的点头和倾听的表情、不在中途提问题、说话不要过多、避免打扰谈话、避免注意力不集中或做其他的动作，做到有效倾听，这样能让说的人有信心、有兴趣完整地将自己对事情的看法或者意见建议表达出来。

第四，明确团队沟通目标。对于团队领导来说，目标管理是进行有效沟通的一种解决办法。在目标管理中，团队领导和团队成员共同讨论目标、计划、对象、问题和解决方案。由于整个团队都着眼于完成目标，这就使沟通有了一个共同的基础，彼此能够更好地了解对方。即便团队领导不能接受下属成员的建议，他也能理解其观点，下属对领导的要求也会有进一步的了解，沟通的结果自然能得以改善。

案例阅读1

团队发展沟通：以工作为本，以对方为先

团队建设中经常有这样的现象：下属由于有事情想请上级指示，他如果说“我们现在有一件事情想请您定夺”，然后把相关情况说一下，上级就会说：“这种事情也来麻烦我，你们是干什么的，要你们有什么用呢？”这个下属就委屈地离开了，自己去安排了工作，下一次有事情的时候，他就不去向上级指示了。可是后来上级发现有些重要的事情没有人向他汇报，于是把下属叫来说道：“这么重要的事情都不让我知道，那我是干什么的？你们当我是空气吗？”

这样下去，不管下属是请求指示还是不请求指示都是不对的，下属会觉得没有办法开展工作了。

案例点评

在团队发展中，上下级间的沟通是必需的。上级如果不是很亲和的人，下属需要向上级请示的时候，应当换一种方式，从上级的立场去考虑，可以这样说：“我本来不想来麻烦您，只是这件事情确实很重要，我们做不了主，只有您才决定得了。”这样的说法既肯定了上司的作用，也表达了“我本来不想麻烦您，如果不是迫不得已我也不会来找您”的态度。

当然，团队沟通无论是上下级之间还是其他同事之间，都要多从对方角度考虑，多一些体谅和理解。

沟通是解决问题的最佳方式，在工作中，无论是作为领导不被下属喜欢，还是作为下属不被领导认可，都可能是自己的沟通不力造成的。说对话和做对事同样重要，无论是在团队战略策划中，还是在具体执行中，甚至是在队员关系的处理方面，良好的沟通都是成功的关键因素。

案例阅读2

团队发展沟通中多做分享

曹操亲自追至安定，知马超去远，方收兵回长安。众将毕集……皆问曰："初贼据潼关，渭北道缺，丞相不从河东击冯翊，而反守潼关，迁延日久，而后北渡，立营固守，何也?"操曰："初贼守潼关，若吾初到，便取河东，贼必以各寨分守诸渡口，则河西不可渡矣。吾故盛兵皆聚于潼关前，使贼尽南守，而河西不准备，故徐晃、朱灵得渡也。吾然后引兵北渡，连车树栅为甬道，筑冰城，欲贼知吾弱，以骄其心，使不准备。吾乃巧用反间，畜士卒之力，一旦击破之。正所谓疾雷不及掩耳。兵之变化，固非一道也。"众将又请问曰："丞相每闻贼加兵添众，则有喜色，何也?"操曰："关中边远，若群贼各依险阻，征之非一二年不可平复，今皆来聚一处，其众虽多，人心不一，易于离间，一举可灭，吾故喜也。"众将拜曰："丞相神谋，众不及也。"操曰："亦赖汝众文武之力。"遂重赏诸军。

案例点评

曹操手下汇聚了众多智谋之士和勇猛战将，他善于经营团队，用人所长，很懂得在团队发展中通过沟通分享智慧和成果。他自己足智多谋，决策有方，如果是自己拿不准的方略，他必通过准确的沟通收集众人智慧。曹操稳操胜券、进退有方，对自己的策略先秘而不宣，功成业就后，他不沾沾自喜、居功自傲，而是和属下分享胜利，让他们感受到自己的价值和尊严。

他很注意站在团队建设和发展的高度进行沟通，失败时当众自责，胜利时分享成果，绝不忘记奖赏和感激相关人员的功劳和努力，这是曹操能做到手下人才荟萃的原因所在，也是他深受属下拥戴的一个沟通妙诀。

场景式实践训练与评估

请以你曾经或现在所处的团队为例，说说你在其中担任什么角色，在团队发展中你是否尽到了理所当然的沟通与礼仪的责任和义务，以及在团队发展中有哪些精彩的沟通场景和不利于团队发展的沟通与礼仪事件，思考梳理后主动与大家分享。

评价表

总分：

团队发展正反场景的沟通与礼仪技巧（50 分）	清楚自己在团队中的角色、责任（50 分）			
评语	自我评价		学员签名	
	同伴评价		同伴签名	
	教师评价		教师签名	

阅读链接

1. 李元授．交际与口才．武汉：华中科技大学出版社，2002.

2. 罗贯中．三国演义．北京：人民文学出版社，1990.

任务三　团队冲突管理沟通与礼仪

重难点：该任务中思想文化教育的落实；团队冲突管理沟通与礼仪要点

首先，对于团队冲突，应该以正面的态度去面对，冲突不等于不合作，因为在任何组织形态下，冲突都是无可避免的。有时最佳绩效的获得，还有赖于适度冲突的存在，团队管理者的任务，就是以正确的心态去面对冲突、利用冲突，化冲突为机会。

其次，冲突本身也是一种沟通，只不过其形式相对激烈了一些而已。冲突总会让人感觉到紧张和不快，但冲突管理恰恰也是驱动团队、组织变革的最大动力之一。只要处理得当，冲突就会给团队带来更多革新，帮助巩固团队内部的关系，从而组建更加和谐的团队。

团队沟通上的冲突可分为两类：一类为建设性冲突或称良性冲突，另一类为破坏性冲突或称恶性冲突。通常而言，双方目的一致，只是由于手段或途径不同而产生的冲突，大多属于建设性冲突，这类冲突对于团队目标的实现是有利的，而恶性冲突往往是由于双方目的不一致而造成的。要重视发挥建设性冲突的积极作用，队员之间面对面沟通、辩论，诱发队员之间的建设性冲突，团队可以借此不断发现问题，改进管理。一个冲突过多的团队未必是一个好团队，但一个没有任何冲突的团队一定是一个平庸的团队。建设性冲突，有助于让团队成员表达自己的观点、不满，发表批评意见。

如果团队之间的正常讨论演变成彼此之间的相互责难或是攻击，乃至牵涉意识形态或是价值观等的争论，必须及时阻止。如果大家在沟通过程中的情绪都过于激动，不妨休息几分钟再开始。

面对冲突，无论是冲突当事人还是团队管理者都要做到：第一，冲突分析。发现冲突后，首先应通过沟通使冲突双方尽量主动化解矛盾。双方应分析各自在冲突中的表现，然后彼此做出解释，对导致冲突的因素进行分析。第二，鼓励双方看到冲突中积极的一面。劝解冲突双方不要主观地认为对方与自己有芥蒂，将对方往好处去想。第三，整合冲突双方期望值。让双方都做出承诺，将双方都希望达成的期望逐条列出来，同时向他们说明要实现这些目标，他们应该做些什么、怎样去做。第四，列出和解目标。在上述期望值的基础上，列出双方都希望达成的目标，力争把现实中存在的冲突与感觉上的误会划分清楚。第五，建立化解冲突的框架。仅仅依靠一次面对面的沟通并不能彻底解决冲突，还须建立一种支持性的框架来推动和解，比如可以约定下次面对面沟通的时间、内容、要解决的主要问题等。第六，评估冲突成本。应告知冲突双方如果经过此次沟通后仍然不能解决任何问题，会给团队带来什么样的影响，会带来哪些额外的成本，警示他们必须对这些消极后果负责。第七，明确义务。让双方知道他们各自应该为化解冲突做出哪些努力，劝说并责令他们在下次沟通时必须说明具体的冲突化解结果、进程和时间表。第八，沟通总结。再次提醒双方需要做些什么，对他们的期望是什么。

在团队冲突管理中，要发挥沟通与礼仪的重要作用，多激励队员正面的能量。有人总结了零成本或低成本激励团队成员的几个沟通小技巧：

真诚地说一声“您辛苦了！”“谢谢您！”“你真棒！”

由衷地说一声“这个主意太好了！”

一个认可与信任的眼神；一次祝贺时忘情的拥抱；一阵为下属分享成功的开怀大笑；一条鼓励下属的微信或QQ留言；一封及时回复下属的邮件；下属纪念日的一个电话、一件小小的礼物、一条短信的祝福和问候；一次无拘无束的郊游或团队聚会交流；一场别开生面的主题竞赛；一个证书、一枚奖章、一朵鲜花、一颗真诚的心……

案例阅读1

从容冷静面对来自队员的攻击

公司商务部星期一早上例行召开早会，主管首先要求大家就上周讨论过的关于计划执行的某个提案再发表各自的意见，以便定夺下来后本周开始实施。到该公司工作不到一年的李明，上周就此提案和前公司做了比较并进行了专业角度的思考，他想应该把自己思考后的不同看法和大家沟通一下，可没等他讲完，就听见提案人不阴不阳地说：“我觉得这样的讨论不应该让什么人都参加，有的人才来几天啊，就想冒充专家了！”李明气得一时语塞，想不通为什么自己就事论事，提案人却要这样当众攻击。

镇定了一下，李明看了看主管和其他同事，主管对他点了点头，其他同事也大多专注地看着他，他继续说道：“我到公司不到一年，对有些情况确实没有大家熟悉，只是一个年轻人根据另外一个公司同样的情况比较来看的，昨天晚上也还专门查阅了专业资料，也是为了我们商务部能更好地发展，可能想法不够成熟，请各位领导和前辈谅解。”然后他从容地阐述了自己的不同看法。

案例点评

我们每个人在团队中都可能遇到过类似的“想不通”的事情：明明没打算跟别人对立，却偏偏有人要专门站到我们的对立面去，有一搭没一搭地向我们“乱放冷箭”。这种时候，我们常以为他们强悍又无礼，于是要么以牙还牙地回击，要么敬而远之地回避，无法与他们建立轻松正常的团队关系。

其实，深入了解后你就会发现：这些人大多脆弱而敏感，他们并不是真的想要攻击谁、伤害谁，只是因为他们比我们更怕受伤，所以才会在感觉到威胁的时候，用“攻击”来防卫自己。所以说，与他们缓和关系的最佳办法，不是反击或回避，而是理解和包容。李明以退为进的做法值得我们学习。当然如果有更为重要的建议和看法，也可以先和提案人或领导私下沟通一下，再在团队沟通中表达出来。

案例阅读2

团队争端，“看人下菜”

话说李逵连夜回梁山泊，到得寨里，来见众头领。朱仝一见李逵，怒从心起，掣条朴刀，径奔李逵，黑旋风拔出双斧，便斗朱仝。晁盖、宋江并头领一齐向前劝住。宋江与朱仝陪话道：“前者杀了小衙内，不干李逵之事；是军师吴学究因请兄长不肯上山，一时定的计策。今日既到山寨，便休记心，只顾同心协助，共兴大义，休教外人耻笑。”便叫李逵：“兄弟，与美髯公陪话。”李逵睁着怪眼，叫将起来，说道：“他直恁般做得起！我也多曾在山寨出气力！他又不曾有半点之功，怎地倒教我陪话！”宋江道：“兄弟，是你杀了小衙内，虽是军师严令。论齿序，他也是你哥哥。且看我面，与他伏个礼，我自拜你便了。”李逵吃宋江央及不过，便道：“我不是怕你，为是哥哥逼我，没奈何了，与你陪话！”

李逵吃宋江逼住了，只得撇了双斧，拜了朱仝两拜。朱仝才消了这口气。山寨里晁头领且教安排筵席与他两个和解。

案例点评

李逵虽勇不可当，却是一个典型的莽汉，不讲道理只讲情义，恩怨分明。李逵与朱仝之间的冲突，并不是梁山团队目标和原则上的冲突，只是个人面子和方式方法的误会。宋江等团队首领自然心知肚明，正是基于此，宋江以江湖规矩和年龄轮序等这些兄弟情义劝解两位好汉，朱仝是讲大义和情理的人，瞬间就能意识到以维护团队利益为重。李逵则需要能切实感受到的江湖情义才肯服软，宋江对他明确表示，化解冲突后，他反过来拜谢李逵，以此让李逵给朱仝赔个礼，“论齿序，他也是你哥哥。且看我面，与他伏个礼，我自拜你便了”。

团队冲突管理，要针对不同的事情，根据不同对象的个性和品格，采取不同的沟通与礼仪方式。

场景式实践训练与评估

假设你所在的小组是一个创业团队，你是团队队长，测试一下你激励员工与凝聚团队精神的能力如何。回答下面的问题，选择“是”或“否”。

是 否

□ □ 1. 我是否了解具有动力的员工会带来哪些好处？

□ □ 2. 我是否了解所属员工的个人需求利益及目标是什么？

□ □ 3. 我是否了解员工的个人需求利益及目标会影响他们的原动力？

□ □ 4. 我是否了解以竞争的方式来激发原动力，其中必有一定的诱惑力量？

□ □ 5. 我是否会在工作中加入激励员工的活动？

□ □ 6. 我是否了解何谓真正的团队精神以及这种精神为什么在员工的成功中占极重要的地位？

□ □ 7. 我是否了解正式团体与非正式团体之间的差异？

□ □ 8. 我是否知道在我的部门内存在哪些正式与非正式的工作团体？

□ □ 9. 我是否了解团队精神的几个发展阶段？

□ □ 10. 我会不会鼓励新员工加入团队的阵容？

□ □ 11. 我会不会帮助新员工了解各部门负责人？

□ □ 12. 我会不会帮助有经验的员工去接纳新员工？

□ □ 13. 我会不会帮助新员工使他们能自在地发问以及提出建议？

□ □ 14. 我会不会向新员工示范如何为团体贡献心力？

□ □ 15. 我会不会向新员工示范如何与他人合作，并成为团体的一分子？

□ □ 16. 我会不会公开地征询民意？我对员工的发问是否心存排斥？

□ □ 17. 我是否了解“门户开放政策”的诱人之处？

□ □ 18. 我会不会让我的员工参与决策过程？

□ □ 19. 我能否辨别个人与团体功能之差异？

□ □ 20. 我可知如何领导我的小组？

看看你回答的“是”的次数是多少，次数愈多，表明你在团队冲突管理中激励员工与凝聚团队精神的能力愈强。把自己测试的结果与小组成员分享，并进行适当的自我评析。

评价表

总分：

回答“是”的次数计分（20 分）	自我评析全面准确（80 分）		
评语	自我评价		学员签名
	同伴评价		同伴签名
	教师评价		教师签名

阅读链接

1. 尹凤芝．沟通与演讲．北京：高等教育出版社，2010.

2. 金圣荣．FBI 沟通术．北京：新世界出版社，2012.

项目场景式综合实践活动

1. 实训内容：在影视作品或其他节目中查找并剪辑 3 分钟左右准确运用团队沟通与礼仪的典型视频案例；拍摄 2 分钟小组对视频案例中团队沟通与礼仪技能技巧的点评，以及小组合作完成任务的总结与反思视频，点评者出镜拍摄，注意点评方式、形象礼仪与背景和谐，最后合成完整协调的 5 分钟左右微视频。

2. 实训方式：2～4 人为一个小组，协调好小组成员各自的分工和完成任务的进度。

3. 实训成果：小组经过查找、剪辑、文案写作、拍摄、编辑、审核完成微视频成果，并按照时间要求上传至职教云平台。

项目十七　主持与主播场景沟通与礼仪

关键词：现场主持；主持素养；随机应变；主播控场；热情敬业

主持人和主播，两种职业看似相似，并有一定的关联性，实则差别巨大。

大凡较正式的聚会活动，都少不了主持人。主持人不仅指最为常见的广播电视等的职业主持人，各种会议或聚会、文艺或娱乐活动、婚礼或典礼、比赛或联谊等都需要职业或非职业主持人，主持人在活动中起着统领、引导、推进活动进程的作用。优秀的活动主持人除具备各种良好的素质之外，还必须具有卓越的职业沟通和礼仪能力，它是活动进行有声有色、有起有伏的重要保证。活动主持还需要在现场引见嘉宾，调剂话题，控制话题走向和节奏进程。

随着媒体节目形态的多样化发展，特别是直播型、访谈型节目越来越广泛，依据既定稿件单纯采用“谈话体”语言样态及简单“串联式”的主持，已不能很好地适应工作的需要，也难以在节目中真正起到主导作用。主持人要实现在节目中的主导和驾驭作用，关键在于主持人要真正成为节目进程的“掌控者”，具体体现在主持人对节目的参与程度等方面。有的主持人与节目处在“隔膜”状态，只是在最后阶段来“出声露脸”，有的主持人只有“浅层次参与”，对节目缺乏智慧的投入、深刻的理解和整体的把握。在具体场景中主持人既要执行文本，又不能囿于文本，即关键性的话语按文本表达，同时主持人要积极灵活地现场发挥，使主持活动既庄重、严谨、凝练，又生动、活泼、机智。

网络主播是指在互联网节目或活动中，负责参与一系列策划、编辑、录制、制作、观众互动等工作，并由本人担当主持工作的人或职业。大众认识主播很多是从网购开始的。

网络主播是随着互联网的发展而产生的，绝大多数网络主播都没有系统地学过播音主持或者编导制作。有一些公司会进行运营平台孵化和对主播进行培训，但主要目的还是博眼球，刺激网民消费，还有一些主播直接就是自学成才，天马行空，随心所欲。因此，目前的网络主播质量良莠不齐。2020 年 8 月 9 日，中国演出行业协会网络表演（直播）分会公布了第六批主播黑名单。其中，48 名主播涉嫌从事违法违规活动，列入主播黑名单，行业内禁止其进行注册和直播，封禁期限 5 年。大浪淘沙，价值观扭曲、主播风格恶劣的网络主播早晚会被社会淘汰，良币驱逐劣币才是事物发展的必然结局。

无论是主持人还是网络主播，首先都要具备强烈的社会责任感和较高的政治思想水准。其次要求具有高尚的道德情感、良好的人格及魅力、较强的应变能力、良好的气质、优秀的心理素质。最后在沟通与礼仪方面，主持人和主播要求口音纯正，讲一口标准的普通话，音色优美，音域宽广，口语表达流利。而网络主播还要具备销售和运营技巧，熟悉受众心理。主持人和主播都需要具备一定的临场应变和即兴发挥能力、语言策划和组织能力，以及个性鲜明的“台前”风格。

任务一　主持沟通礼仪

重难点： 该任务中思想文化教育的落实；理解主持人需要进行的训练；主持人常规的场景沟通与礼仪能力，尤其是面对突发事件，化解危机的沟通能力

主持人不仅指最为常见的广播电视等职业主持人，各种会议或聚会、文艺或娱乐活动、婚礼或典礼、比赛或联谊等也都需要职业或非职业主持人，主持人在活动中起着统领、引导、推进活动进程的作用。优秀的活动主持人除具备良好的形象和广阔的见识之外，沟通与礼仪素养和能力更是各类主持人的“标配”和核心竞争力，它是活动进行有声有色、有起有伏的重要保证。

主持人的人际沟通与礼仪主要通过话语传播信息、推进活动进程、营造气氛和实现交流。其人际沟通与礼仪特点来源于生活又在语言环境、目的强弱程度、准备过程、声音美感等方面与生活中的人际沟通有所不同。其自身具有如交流的多向性、内容的关联性、话语的兼顾性和形式的多样性的特点，其过程可总结为起、承、变、合，与开场语、串联语、推进语和结束语相对应。现代主持人即便是写好了文本，也要把既定性的话语变成即兴性的话语，给大众以“无文本”操作的感觉。

案例阅读1

某主持人9分钟救场

在某歌手竞赛节目某年度总决赛的直播中，当“互动唱”环节结束后，主持人上台准备宣布第一轮的竞演结果时，一名重要参赛歌手一直示意有话要说，面对镜头时他突然正式宣布自己决定退赛。其他歌手、现场和电视机前的观众等各方一片哗然……

事情太突然了，并且是人为的。主持人不能像其他人一样不知所措，他需要迅速整理思路，组织好应对突发事件的主持语言，安抚现场观众和其他歌手，并迅速想好节目接下来的走向，确定好突发事件的对策，避免现场直播的一个重大事故。任何一方沟通与礼仪不到位，都可能出现纰漏。

首先，确认事实。

主持人对话退赛歌手，询问他刚刚说的每一句话是否都是他此时此刻内心所想所感，都是他自己拿定主意之后的观点。

确认这个事实，一是有明确责任方的意思，二是给自己思考应对的缓冲期。

“好，既然我是这个舞台的节目主持人，接下来就由我来掌控一下。”

随后，做了话题衔接，把观众的注意力转移到自己身上，不然窃窃私语下去，整个现场都要失控。临时出了这么大的事，优秀的主持人不能自乱阵脚，而要成为现场观众和嘉宾的定海神针。

其次，立即给幕后提出即时应变方案。

“首先请导播抓紧时间为我准备一个三到五分钟的广告时间，谢谢！我待会儿要用。”

想好接下来的问题处理方法和解决对策。所谓“牵一发而动全身”，对于一个正在直播的电视节目来说，观众看到的是台上的歌手和主持人，但看不到的是幕后规模庞大的制作团队，每个成员都会影响现场直播的效果。退赛歌手作为台前的一分子，他的退出直接打乱了节目节奏。

当时，这个节目主持人不仅是主持人，还是节目制片人，他了解整个团队的运营，知道此时不能全指望导演，主持人就是指挥官，要从全局出发，给导播一个指令，以免稍后主持人后台沟通，画面跟不上，导致出现播出事故。

“接下来我要说的这段话有可能只代表我的个人观点，而不代表我们广播电台的立场。”

作为主持人，话不能说死，不小心说错话就会给台里招致麻烦，何况是突发应变，自己不能保证没有瑕疵，先做个免责声明，说好了，既是自己的也是团体的功劳，说错了，是自己的责任，这叫“有可能”。这是主持人的职业素养，也是日常技巧。

主持人先说自己在广播电台的工作经历，是引入，也是在过渡，语气的停顿表明在边说边思考，并主要引出一句“有事儿也不怕事儿”。这句话有给他自己定心的意思，也有给退赛歌手定心的意思，还有给台里定心的意思，毕竟直接面对这一退赛事件的是主持人，如果处理不当，节目播完挨骂的可能就是退赛歌手、节目组和广播电视台。

“对于一个节目主持人，在这么大一场直播当中，一个顶尖级的歌手，一个顶梁柱一样的歌手，突然间宣布退出接下来的比赛，我想应该是摊上事儿了，甚至是摊上大事儿了。”

这几句话给退赛歌手戴了顶高帽子，然后说“摊上事儿”，谁摊上事儿？摊上什么事儿？可能是说退赛歌手接下来要面对的事儿，也可能是说直播这个节目的事儿，同时还可能是说自己作为主持人在职业生涯中遇到的难事儿。

再次，稳住观众，稳住退赛歌手。

“但是说实话，我的内心一点儿都不害怕，因为一个成功的节目有两个密不可分的主体，除了这个舞台上的七位歌手，还有电视机前的亿万观众和现场这么多的观众。我之所以不害怕，是因为你们还真诚地踏踏实实地坐在我的面前，我还可以从各位期待的眼神当中读到你们对接下来每一位要上场的歌手，以及他们即将演唱的歌曲的那一份期许。

我还可以从各位的姿态当中感受到你们内心的那种力量，这个力量足够给1号歌手，给2号歌手，给3号歌手，给4号，给5号，给6号，给所有的歌手，会有千万的掌声要送给他们！”

这段话煽情至极，用自己的信心去感化观众，换位思考。既有“虽然你退赛了，观众依然爱你”的安慰，也听出了“观众如此支持你们，你却临时退赛”的责备，还有“其他歌手不要多想，观众是支持你们的”的鼓励。

“这是我要说的第一层意思。第二层意思我想表达的是，我虽然不同意1号歌手的一些观点，但是我捍卫您说话的权利。所以刚才我由话筒听到那一段话的时候，我并没有试图打断，虽然我可以这么做。其实每一位歌手来到这个舞台，他都有权利选择来或者是不来。当然，您自然也有权利选择在您认为是对的时刻，依着自己认为对的心情做出您要离开的这个决定，所以我相信我们应该尊重一个成熟男人在这一刻做出的决定。当然，我们在这里提出一个希望和请求，就是希望您以一个观众的身份继续坐在这个地方，来看看您最爱的弟弟妹妹们向歌王的舞台进军，我也相信我们现场的500位大众评审已经做好了准备，用掌声来接纳这位不期而至的观众，不信，你听。”

这段话没有一句话直接说1号歌手哪儿不对，但哪句都在含蓄地责备1号歌手的任性和不负责任。他说不同意这位退赛歌手的一些观点，是因为他退赛的理由一是自己家人和自己都很满足了，二是给其他选手一些机会。这些理由无意中表达出的是自私、张狂，而不是兼顾和谦让。主持人这段话以“不信，你听”作为结束语，既稳定了观众和1号歌手，也在现场营造出了“少你一个不少”的气势。

最后，给出解决办法。

“接下来对于我个人而言，一个主持人，我在台上不可能有这么快的反应速度，也不可能有这么大的权力来重新调整接下来因为1号歌手的退出而要改变的比赛规则。因为有一个歌手要退出，所以比赛规则都要做相应的改变，所以有请导播在这一刻放三到五分钟的广告，我要跟我们的制作团队和领导一起商量怎么来进行节目上和赛制上的调整。各位亲爱的观众朋友，真的千万不要走开。还是那句话，真正精彩的时候，或许会从广告之后才开始，马上回来！”

就这样短短一段话，立场站稳了，给观众交代了，为台里把责任划清了，给制作团队的窘况解围了。一个经验丰富的主持人，同时也是一个节目制片人，在面临突然的变故时，脑子里已经飞速组织话语并拟和各方沟通了。这需要平时丰富的阅历，还有主持工作中的千锤百炼。

案例点评

这是一次教科书级别的救场。直播现场出现意外和危机，主持人在现场是最为紧张的，外表看似镇定，内心却是万马奔腾。直播主持在职业生涯中都可能会碰到各种突发状况，不是念稿子就可以完成所有工作，而是需要很强的应急处理的灵活性，但是碰到这么大一件事的概率还是非常低的，不得不说这是对主持人极其严格的考验。所有人都可以慌乱，但主持人不能。即便内心慌乱，也需要保持头脑的清醒、表情的冷静、动作的稳定，不能让观众和嘉宾等因为看到主持人的慌乱而更加慌乱。这需要主持人平时多阅读、多模拟、多练习，也需要主持人不仅熟悉节目流程，而且熟悉制作流程、了解团队关系。主持人不仅要练好发声技巧，还要练习控场技巧、突发事件处理技巧，更重要的是，除了这些技巧，最优秀的主持人一定是厚积薄发，底蕴深厚，以真诚打动人。

案例阅读2

一场会议的结束语

主持人：今天上午的会议开得很圆满，也很成功，徐总的总结报告，既对公司一年来的发展进行了全面、客观、公正的总结，也提出了公司第二个五年计划的发展思路，描绘了公司美好的未来。毛董事长的讲话，站得高、看得远，使我们每一个人都能感受到公司前景光明，更加坚定了我们每个人的信心。这是一次振奋人心、催人奋进的大会！

会后，我们要深入学习，领会这次会议的精神，在毛董事长和徐总的正确领导下，继续坚持“诚信做人，踏实干事”的经营理念和“对公司负责，让员工富裕”的发展方针，团结一心，共同努力，务实开拓，不断创新，共同为公司的美好未来贡献我们的力量和智慧！

案例点评

结束语是主持词的收尾。结束语可以总结活动收到的效果，如果是会议主持（一般是领导），也可以发出号召、邀请，还可以抒情、祝愿，寄托主持者美好的愿望。比如可以说：“通过今天对接交流活动的开展，进一步加深了我们之间的友谊……”“最后，祝各位……”一般活动的结束必须有精彩动人的主持人结束语才算画上完美的句号，因此与主持人的开场语遥相呼应是必要的，对整个活动的精彩总评及肯定是必要的，对当下活动的赞颂及美好的期望是必要的，对于主办单位的祝愿也是必要的。感谢之余，可以说一些温婉暖人的话语，既能拉近所有人的距离，也能让整个活动回味绵长。

开场语都是起先导作用的，为将要开展的活动开头，一场活动真正的主导者或主角并不是主持人，因此，无论什么类型的聚会活动，主持人的开场语对活动的内容只起到提示作用即可，不能洋洋洒洒试图代替活动。开场语的主要任务是营造氛围，主持人必须根据活动的整体内容，把握好或庄重、或欢快、或热烈、或轻松的感情基调。

主持人的开场语包括称呼、介绍语、主题（或主要活动内容）的宣布，要借此营造与主题相适应的气氛。因此，主持人开场语有实现沟通、营造气氛、确定基调、表明主旨和吸引观众的作用，既要精辟到位，又要巧妙自然。开场语可以先营造氛围，再进入主题，也可以反之。

串联语，在活动中最能显示活动设计的灵活性以及主持人沟通与礼仪的技巧。串联语可以预先设计，但更要靠临场发挥。一场活动，各项内容或环节相对独立，主持人的串联语是在把握活动主题的基础上，用巧妙的话语或赞扬、或强调、或生发，将相对独立的内容或环节前后衔接，串成一体，形成活动的整体效果。串联，也不仅仅是把前后内容连接起来，更重要的是巧妙点染、开掘、升华，凸显精彩之处，并且沟通台上台下，不断营造气氛。需要注意的是，主持人是台上的“主人”，但不是台上的主角，其场景沟通表达不可喧宾夺主、长篇大论，而要点到为止、简短精要。

主持人的推进语和串联语往往融为一体，推进语的作用是力图把活动推向高潮，把话题扩展深入。无论是主持节目还是会议或聚会等，主持人如果不善于巧妙引导、推进活动，就可能导致气氛平淡甚至冷场，如果善于巧妙推进，往往一石激起千层浪。所以主持人的推进语要考虑如何引发、如何煽情、如何推进，能开能合，风趣诙谐。如果是文艺活动推进语，主持人要营造快乐、轻松、和谐的气氛，要灵活、随和大方，忌呆板单调，摒弃那种“下一个节目”的旧模式和报幕员的旧面貌；如果是会议的推进语，可以使用点将法，点名发言，可以使用激将法，“水击石则鸣，人激志则宏”，可以对会议的议题和讨论的话题重新解释一番，也可以把问题抛向大家或某个人；如果是广播节目推进语，要简洁明朗，摒弃那种“请听”“请再听”的简单话语，把推进语和节目内容融为一体，摒弃“读”和“念”的旧模式，运用“说”和“侃”的轻声细语、温文尔雅的表达。

主持人在主持活动时不仅要字正腔圆、端庄大方，还要有深厚的文字底蕴、高级的审美水平、灵活的应对能力、瞬间组稿能力，以及审时度势提前预判的能力。主持人的工作处于大众的高度关注之下，在台上说的每一句话都不能出现错误，包括政治错误、常识错误等。这需要主持人在舞台下花费大量的时间和精力去阅读、去体验、去训练、去学习。

没有随随便便的成功，只有得来不易的进步。最成功的主持人也是在主持“小白”的基础上一步步走出来的。作家格拉德威尔在《异类》一书中指出：“人们眼中的天才之所以卓越非凡，并非天资超人一等，而是付出了持续不断的努力。1 万小时的锤炼是任何人从平凡变成超凡的必要条件。”要成为某个领域的专家，需要 1 万小时，按比例计算，如果每天工作八个小时，一周工作五天，那么成为一个领域的专家至少需要五年。这也就是著名的“1 万小时定律”。“1 万小时定律”不是叫我们原地重复 1 万小时，而是带着思考和总结，不断修正和提高1万小时。只有在出现错误、改正错误、总结错误、预判错误的循环过程中，我们才能获得成长，最终成为我们所羡慕的人。

场景式实践训练与评估

请为小组所在专业迎新见面会进行主持设计，包括形象准备、稿件准备、互动环节设计、突发事件处理等。小组按照设计好的方案进行训练，然后展示分享。请以小组为单位进行互评，互评结果修订后再交给老师进行评价。

评价表

总分：

方案设计合理（50分）	主持展示与分享能力和技巧突出（50分）			
评语	自我评价		学员签名	
	同伴评价		同伴签名	
	教师评价		教师签名	

阅读链接

1. 应天常，王婷．主持人即兴口语训练．2版．北京：中国传媒大学出版社，2014.

2. 赵秀环．播音主持艺术语言基本功训练教程．4版．北京：中国传媒大学出版社，2016.

任务二　主播沟通礼仪

重难点：该任务中思想文化教育的落实；网络主播应具备的素质和能力

互联网改变了我们的生活方式，更改变了很多人的职业选择。在抖音、西瓜视频、哔哩哔哩等一系列网络直播平台的大力支持下，低门槛、低要求的网络主播就像雨后春笋般日益增多。有人直播卖货，有人直播跳舞，有人直播诗意生活，还有人直播吃饭。有人看着知名主播名利双收，于是认为网络主播是一个不需要多少技术含量就可以从事的职业，纷纷登录直播间，打算大展拳脚。但是万事万物都有规律，优秀的人永远是少数。

网络主播、营销团队和平台结合，带货主播层出不穷，但那些靠吃播、搞笑发展起来的主播更替频繁，很多都是昙花一现。

2020年，受新冠病毒肺炎疫情影响，更多人加入了直播队伍。做网络主播需要功力。做一名带货主播，既要完全熟悉自己所带货的商品属性和卖点，更要懂得利用直播优势和厂家优势，还要能准确分析观众心理，适时调整带货节奏，最后还要懂得甄选产品，不是给钱就带，上台就卖。好的网络主播三分靠专业，七分靠敬业，归根结底还是要做好功课，精心策划，不断修正，不断提升。

案例阅读1

网红主播创造着主播模式

主播究竟是什么样的？和传统主持有何差异？几个典范的网红主播正在创造网络主播的模式，包括主播带货模式。这个创造的过程是火红的，也是艰辛的。在光鲜的直播背后，可能较少人看到他们付出了多少努力。比如男主播做女性化妆品带货直播，男生在对于彩妆的认知上，开始几乎是抓瞎状态。如果男主播想提高对彩妆的认知，提升业绩，必须花大量时间去研究学习这些平时很少接触的彩妆知识和分类。还要了解如何鉴别口红等彩妆的好坏，学习化妆技巧、直播技巧和销售技巧，了解如何更好地与粉丝互动，去成功吸引粉丝的关注。同时，还可能面对直播初期门可罗雀的窘况，即便走红了，也要坚持每天从早上清晨开始工作到深夜，要一直马不停蹄地忙着直播前、直播中和直播后的各个环节。

网红直播和传统主持相比，真正是爱拼才会赢。

哪怕生病，也要每天坚持直播，因为网红主播都害怕掉粉或被竞争对手超越。某网红男主播曾两个小时在直播镜头前试了380多支口红，几乎把嘴唇擦破；他因长时间给粉丝直播，原本清亮的嗓音变得嘶哑，喉咙常不适的他需要用喷雾药缓解。正如一位网友评价道：一切成功都没有你想象得那么简单，无论做什么都需要认真付出努力。

有人研究了几个网红主播带货的成功之处，概括出以下9点值得学习借鉴的地方：

（1）直播时间多在3～6小时，全程语速较快，音量大，音调高，始终保持充满激情的亢奋状态。

时间相对比较长，能够将该讲的东西讲完，能够充分演示各种产品的使用情况。还能吸引更多人进直播间，若时间短，进来的网友估计就不会太多。当然，这也考验主播的耐力与表达能力，没有东西讲，经常词穷，就根本直播不下去。

（2）比如“Oh my god”“买它”“真的好生态”“快卖完了呢”等是几个网红主播经常说的话，情绪强烈，每个人都创造了几句“话语”标签。这些词可以营造氛围，制造购买的紧迫感，对粉丝的情绪还是有影响的。

若要让直播中的称呼拉近与粉丝的距离，就需要量身定制。是不是合适，得看你的粉丝群体，还有所销售产品的情况。

（3）用一些话术打消观众对产品的顾虑，比如“这款产品之前我们在抖音已经卖了10万套”“旗舰店已经销售2万份了”等，甚至会借助“自用款”为产品做担保，自己掏钱下单购买。无论是店里接待顾客，还是网上销售，我们都得想办法打消客户的顾虑，只有用户相信了，主播带货才能一直火下去。

（4）不断重复、强调直播间的价格优势，比如突出免费赠送、折扣等重点词。而且还会比较差价，将平时价格与直播间价格放一起对比，让人感受到立即下单的必要。

（5）给出专业消费意见，让大家更信任自己；拿出多种产品，然后挑选自己最推荐的单品，分别讲解。大多数比较火的主播，除了善于圈粉，还有一个重要的能力是，他们自己也比较专业，能给出一些有价值的意见，能够让人看到效果。比如只要看到观众说到一个色号，他们马上就能从上千支口红里准确找出，并如数家珍般说出该支口红的特点，这样专业的程度才能带来更多人的信任。

（6）使用饥饿营销方式，引导与控制销售节奏，控制每次上架的产品数量，将一款产品分成3～4次上架，每次抢完后再补货，并随时播报产品库存，比如“卖完了”“最后5 000套、300套、100套”“没货了”等等，一环扣一环，制造紧张与热销的氛围。在直播过程中，不断向观众更新补货信息和购买链接，提醒没有抢到的观众购买。别觉得发购买链接不好意思，如果你不发，后面进来的观众翻不到前面的信息，就无法购买。每直播几分钟，就要发一次链接。

（7）不劝观众盲目购买产品，从自己的意见出发，给出比较靠谱的建议。他们会告诉观众，这款产品适合哪些人群，哪些款式适合哪些群体，强调有些产品不需要买太多，指出有些不需要购买，让人感觉可信赖。

（8）每隔几分钟，就会重复一次“喜欢我可以多多关注我们的直播间”，并且每一次与观众互动，都会说“谢谢你们的支持”；随时对观众的评论做出回应。如果品牌有明星代言，他会先问一句该明星的粉丝在不在，把追星的观众调动起来。就像聊天一样，如果主播一直在那里讲，不跟大家互动，不放低姿态，听的人就有可能退出直播间。

（9）有时候表现出幽默的一面，比如产品卖完后，有的会唱一首烘托气氛的歌，展示一下才艺。凡是比较火的主播都有专业的水平，有沟通技巧，能讲点段子，会唱歌，仪容仪表仪态讨人喜欢。

案例点评

很多人因为看见所以相信，很多网络主播是属于因为相信所以看见的那类人。在淘宝刚开始运营线上直播的时候，很多人都在选择观望，先行者选择了尝试，也证明了他们的眼光。比如男性主播带货女性使用的产品，这本身的反差也会让人产生兴趣。进入直播间一看，这个主播小伙儿不仅长得精神帅气，而且愿意将口红一一试在自己的嘴巴上，让观众安心、放心。如今人气最高的几个网红主播都十分敬业，专业能力也非常强，主播带货要与人品、才情和产品相融合。

任何新生事物发展的过程都是一个从粗糙到精细的过程。网络主播给了很多人自主创业的机会，但也由于门槛低，各种粗制滥造的现象频繁出现。但是随着网络直播市场的规范化和同类竞争的增多，市场作为最好的调剂手段将显现它的能力，笑到最后的才是最好的。

案例阅读2

直播“翻车”事件

网络主播这个职业出现后，也不断有事故出现，并先后上了微博热搜头条。网上称其为直播“翻车”事件。

因为网络直播是团队运营，主播状态不佳、团队协调某个环节出现问题、主播和团队发生分歧和争执等，都可能导致事故的发生而受到差评。而网络直播一旦出现事故，和传统主持一样，如果处理不好，就可能直接掉粉，观看率大大降低。

大家到网上搜索一下直播“翻车”事件，可以看到许多案例，原因也各不相同。

2020年某月在某直播平台上，有一个主播名为某某格格，她的主要直播内容为游戏以及唱歌。该主播平时直播的时候用表情包遮挡着脸，并以自己甜美的声音（据说是用声卡变声的）表示自己是个颜值主播，只在微博发过几张自拍照（后经证实是对其他时尚美女照片经过微调而成），该主播声称要见面就刷到十万元礼物。之后该主播人气迅速暴涨，直接冲到了第九名。

同月某日，某某格格与人连麦直播时发生“翻车”事件，平时用来遮挡脸部的图片不见了，还透露自己身份证上显示已经51岁。事发后，花费10万元为她刷礼物的榜单第一男粉丝注销了账号。网友都惊呼“萝莉变奶奶了！”

不到半个月，直播平台公布处理公告，称经平台调查核实，该事件系主播“某某格格”自主策划与刻意炒作。平台决定即日起永久封停主播“某某格格”直播间，下架所有相关视频，并关闭主播个人账号。

而后，该主播一直在发自己的高度美颜照及视频企图洗白，也不难看出某某格格自己的照片是美颜相机处理出来的，深度磨皮，粗到夸张的眼线，连眉毛都浮在刘海上面了。

案例点评

直播是一种新兴产物，但是直播仍然需要专业和敬业作为支撑，同时需要专业团队的良好运作，否则可能带来负面甚至反面效果。2020年，各行各业的人士纷纷加入了直播行业，有的企业老板直接在直播间站台直播，还有诸多演艺人员加入直播间，通过自己的人气直播带货。

演艺人员加入直播大军是一种趋势。现在几乎每天都有演艺人员出现在淘宝直播间。打开淘宝直播看到演艺人员真实、鲜活的另一面，已经成为粉丝们“追星”的新方式。淘宝直播也已经成为演艺人员商业价值的晴雨表。

无论什么人加入直播，都不能玩世不恭或应付了事，优秀的主播在直播前需要做大量的准备工作，需要详细地了解产品的属性，在直播过程中需要用各种方式代替网友感受产品，试吃、试穿、试用，有的主播为了给网友带来新鲜感，甚至还在直播间里面跳舞、唱歌、说段子等。

直播也是一种镜头前的工作，需要主播将自己的感情暂时收敛，以工作和专业作为优先选择。因此，我们可以看到镜头前的专业直播人员永远都是热情的、积极的，笑脸迎接天下客。作为个人，可以随时表达情绪，作为职业人士，则需要学会在工作场合控制自己的情绪。

场景式实践训练与评估

以小组为单位，请选择一种商品，用模拟直播的方式向大家进行商品介绍，吸引大家前来购买。请自己完成介绍语言的撰写，对自己的卖货形象进行设计，并在小组内进行模拟直播。

评价表

总分：

直播场景创设适宜（50 分）	直播能够体现专业和敬业特征（50 分）		
评语	自我评价		学员签名
	同伴评价		同伴签名
	教师评价		教师签名

阅读链接

1. 应天常，王婷．主持人即兴口语训练．2 版．北京：中国传媒大学出版社，2014.

2. 赵秀环．播音主持艺术语言基本功训练教程．4 版．北京：中国传媒大学出版社，2016.

项目场景式综合实践活动

1. 实训内容：以小组为单位选择线下主持或网络直播模拟训练。线下主持自选主持内容和场景，跟团队成员分工合作，写台本，设计环节、形象和肢体动作，训练语音语调，并将模拟主持录制出来，最后合成完整协调的 5 分钟左右微视频；选择网络直播的团队，选出直播人员、助理人员、供货商等，搭设好直播间，布置好光源，选好直播产品，直接在直播平台进行直播，对团队成员以外的网友设限，在直播中与观众互动，并录制 5 分钟左右的直播视频。

2. 实训方式：2～4 人为一个小组，协调好小组成员各自的分工和完成任务的进度。

3. 实训成果：将录制好的微视频成果按照时间要求上传至职教云平台。

项目十八　演讲场景沟通与礼仪

关键词：即兴演讲；命题演讲；辩论演讲；竞选演讲

在西方，演讲有着 3 000 多年的发展史，不管是古希腊学者宣讲观点，还是古罗马英雄出征前发表誓言，都是通过有鼓动性的语言传播着独特的思想理念，以演讲凝聚人心，扛起正义的大旗。在我国，演讲活动同样历史悠久，源远流长。《墨子・兼爱下》记载，早在公元前 21 世纪，夏禹大举进攻三苗前，举行誓师大会，就曾发表过铿锵有力的演讲："济济有众，咸听朕言。非惟小子，敢行称乱。蠢兹有苗，用天之罚。若予既率尔群封诸君，以征有苗。"禹以演讲与大众沟通，用演讲的场景鼓动天下。

人类在如此漫长的演讲学发展史中也形成了丰富的演讲技巧，而且，从有声语言到无声语言的巧妙结合，从法庭辩论场景到政治演说场景再到学术讲座场景，演讲这一沟通艺术从没有在人类的发展史中消失过，它与每个时代都紧密相连。时代又不断赋予演讲无限丰富的内涵，使演讲能够在各种场景为时代鼓与呼。在今天这个多元化、多平台、多传播方式的时代，人们更多地强调和运用演讲的人际沟通与礼仪价值。

任务一　即兴演讲场景沟通与礼仪

重难点：该任务中思想文化教育的落实；运用即兴演讲的技巧探索适合自己的即兴演讲模式

顾名思义，即兴演讲就是因时因事而发、触景生情的演讲，事先没有准备和演练，没有演讲稿，演讲者就眼前场面、情境、事物、人物临时起兴发表演讲。这种演讲方式常常在商务接待、办公会议、项目探讨和经验交流等日常工作场合中运用。演讲者通过临时发言，达到提升形象、缓解矛盾、强化沟通和解释说明的效果。这就对演讲者提出了较高的要求，比如：需要迅速寻找话题，即刻确定中心，快速组织材料，用语短促有力。所以，即兴演讲者必须具备知识的广度、思想的深度、综合素材的能力、应变能力和现场沟通表达技巧。

即兴演讲要善于运用比较、挖掘、拓展、延伸和归纳总结等方式。立论和视野高远，见人所未见。结构上可以采用并列式、比较式和递进式等模式。

案例阅读1

急中生智也可以诗意盎然

电影《小时代 3》中有这样一个片段：为了帮助南湘准备服装展示，本已结束的活动突然临时增加了一个环节，就是邀请嘉宾周崇光做一个即兴演讲，达到拖延时间的目的。完全不知情的周作家在没有任何准备的情况下，在台上急中生智，根据场景与大家做了如下沟通："我们活在浩瀚的宇宙里，漫天飘洒着宇宙尘埃和星河光尘，我们是比这些还要渺小的存在。你并不知道生活什么时候就突然改变方向，陷入墨水一般浓稠的黑暗里去。你被失望拖进深渊，你被疾病拉进坟墓，你被挫折践踏得体无完肤，你被嘲笑、被讽刺、被讨厌、被怨恨、被轻视、被放弃。但是我们却总是在内心里保留着希望，保留着不甘放弃的跳动的心。我们依然在大大的绝望里小小地努力着。而这种不想放弃的心情，它们变成无边黑暗里的小小星辰。我们都是小小的星辰。"

案例点评

即兴演讲对于很多人来讲，是一件有难度的事情，主要还是因为没有提前做好准备而手足无措，也是因为心里太过紧张而不能静下心来组织材料、梳理结构，更不能分析听众，达到理想的效果。但是只要经过整理就会发现，即兴演讲的内容无不与现场语言环境有关系，与人生哲理有关联，与听众的倾听需求有关联。所以只要训练有素，掌握一定的技巧，大可不必紧张心慌，看看案例中的这位周作家，在毫无准备的情况下，急中生智，不走寻常路，却取得了意想不到的效果，以芸芸众生说开来，引发我们对生命的思考和感悟。这也正是即兴演讲的魅力所在。由于没有准备，也就能打破常规，突破束缚，发挥自己的潜能，与大家分享自己的思想和价值观。

其实，电影中周作家演讲时也出现了一些小问题，比如：开始演讲前的静默，讲话过程中的停顿，演讲结束后的表情僵硬。但是，完全不知情的听众恰恰以为这些都是为了制造演讲效果的无声语言：静默代表思考和思想在穿越；停顿表示渺小的人类在浩瀚宇宙中的无奈；表情僵硬更加表明了这段话所带来的严肃性。我们常说写作是要找灵感的，但是有时候灵感会不期而至，有如神来之笔。这也是即兴演讲的一种魅力。

案例阅读2

一屋不扫，未必不能扫天下

以下为一次即兴演讲：

东汉的陈蕃，由于持有"大丈夫处世，当扫除天下，安事一屋"的观点，而遭到薛勤的"一屋不扫，何以扫天下"的责备。不错，一些成就大业的人，都是首先从小事做起的，但我认为，一屋不扫，也未必就不能扫天下。

薛勤认为，一个人想要成就一番伟业，首先必须从"扫一屋"这样的小事做起。但是，好男儿志在四方，又怎能为一屋一院所困？一个人只注重身边的琐事，把自己的大部分时间都花在它上面，却没有成就事业的远大理想，并为之奋斗，是不可能有所成就的，也就根本谈上“扫天下”。相反，如果有成就大事的志向，并为之努力奋斗，即使不去做“扫一屋”这样的小事，那又有何妨？所以，陈蕃不去“扫一屋”而志在“扫天下”未必就是错的。

唐朝大诗人刘禹锡在《陋室铭》中写道：“苔痕上阶绿，草色入帘青。”青苔都长到了他门前的台阶上，马上就要进入室内了，他也没有去“扫”一下，却依然与鸿儒谈笑，互相学习，取长补短，专心创作，终于成为闻名天下的诗人。闻一多先生为研究古代典籍，目不窥园，兀兀穷年，头发凌乱不堪。可他却不屑梳理一下，终于写成了著名的《唐诗杂论》。再比如，一个重要战役的胜利，士兵作战时的勇敢固不可少，但是指挥员的正确指挥往往具有决定性作用。如果每个指挥员连打洗脸水这样的小事都必须亲自去做，把自己的时间都花在小事上，哪还有时间去研究作战方案呢？所以，有时，一些不必做的小事就不用去做。

这里我并不是说扫屋者不对，而是说我们不应该被一些烦琐小事所困扰，如果把自己的宝贵时间都浪费在一些无关紧要的琐事上，那是很可惜的。相反，我们应该树立成就事业的大志，并全力以赴，分秒必争地为之奋斗，这样，我们才有可能成就大事业，为社会、为人民做出较大贡献，从这个意义上说，即使一屋不扫，也未必就不能扫天下。

案例点评

一、保持警觉，选准话题

案例中的发言者有很强的警觉性和思想准备，一旦开始即兴演讲，便迅速寻找到了一个好的话题——“一屋不扫，未必不能扫天下”，选手把握场景，逆向思维。

二、抓住话题，组合材料

确立了话题，就要抓住不放，进而紧扣话题精心组织材料进行论证。即兴演讲无法事先做充分准备，完全依靠即兴抓取材料，其来源一是平时的知识积累，二是眼前的人和事，又应以后者为主。如过多地引用间接材料，往往失掉即兴演讲的现实感和针对性，起不了应有的作用，只有多联系现场的人和事，才能紧紧抓住听众的注意力。

三、情感充沛，以情夺人

要使听众激动，演讲者自己首先就要有激情。演讲者动了真情，才能喜怒哀乐分明，语言绘声绘色，达到沟通情感的目的。

四、演讲语言生动活泼

根据沟通对象的知识结构和文化修养，选用不同风格的语言。对一般群体的演讲可选用朴素的语言，而对文化素养较高的听众则可选用高雅的语言。

五、短小精悍，逻辑严密

即兴演讲多是在一种激动的场合下进行的，没有人乐意听长篇大论，因此必须短小精悍。短小，指篇幅而言；精悍，指内容而言。即兴演讲不能像命题演讲那样讲究布局谋篇，但也要结构合理，详略得当，要有快节奏风格和一气呵成的气势，切忌颠三倒四，离题万里，拖泥带水，重复拖沓。

归结一下这个即兴演讲者的演讲模式：引用名言—引出独到见解（论题）—为什么提出这种观点和见解（理论论证）—举例论证（呼应）—做出结论。

场景式实践训练与评估

1. 根据故事内容，完成即兴表达。该让哪三个人逃生？

在南海的一个小岛上，有9个临时来探险旅游的人：（1）一个32岁的未婚女歌手；（2）一个42岁的单身汉；（3）一个青年科学家；（4）一个法官；（5）一名医生；（6）一个非洲部落的酋长和他怀孕的妻子；（7）一个38岁的寡妇，她独自抚养三个不到7岁的孩子；（8）一个离了婚的男子，家中尚有一对10岁的孪生儿子；（9）一个某国副总统。

旅程中传来预报：当日晚上将发生强烈地震，该岛极有可能沉入海底。当时岛上只有一架可以搭载3人的直升机，并且只能飞出一次，别无其他的交通工具和出路。

如果你也是这9个临时探险旅游的人之一，由你来选择逃生的3个人，请即刻设计出适合自己的即兴演讲模式，面对其他8个人，进行一场3分钟以内的即兴演讲。

评价表

总分：

<table>
<tr><th>晓之成理，动之以情（50分）</th><th colspan="2">即兴演讲的技巧运用得当，有说服力（50分）</th></tr>
<tr><td rowspan="3">评语</td><td>自我评价</td><td>学员签名</td></tr>
<tr><td>同伴评价</td><td>同伴签名</td></tr>
<tr><td>教师评价</td><td>教师签名</td></tr>
</table>

2. 以下有7个即兴演讲练习题目，请你随意说出一个数字，并按照数字所对应题目的内容进行3分钟的即兴发言（包括自我介绍）。每位学员根据所学的即兴演讲知识，总结自己即兴演讲的模式。

（1）我们常会为错过一些东西而感到惋惜，但其实人生的玄妙常常超出你的预料，无论什么时候你都要相信，一切都是最好的安排，坚持、努力、勇敢追求，就会有突然的惊喜来到你的世界。你怎么理解这句话？

（2）从今天开始，帮自己一个忙，不再承受身外的目光，不必在意他人的评价，为自己活着；从今天开始，帮自己一个忙，做喜欢的事情，爱最亲近的人，抛弃伪装的面具，不再束缚情感的空间；从今天开始，帮自己一个忙，卸下所有的负担，忘却曾经的疼痛，抚平心灵的创伤，让自己活得轻松而充盈。你怎么理解这句话？

（3）过去了的事，就让它随风而散吧。我们虽然错过了云，但我们还可以拥有月；

错过了风，我们还有雨；错过了昨天，我们还有今天。去做自己生活上的主人，让心为自己指引方向。你怎么理解这句话？

（4）百度董事长李彦宏说，他的整个成长过程，其实就是慢慢学会欣赏自己的过程。你怎么理解这句话？

（5）张爱玲女士曾经说过这样一句话："对于三十岁以后的人来说，十年八年不过是指缝间的事；而对于年轻人而言，三年五年就可以是一生一世。"（选自《十八春》）你怎么理解这句话？

（6）袁隆平大一时植物学 65 分，英语 93 分，可他最终成为"杂交水稻之父"，而不是英语教授或是翻译。人生处处充满机遇和不可预见性。你如何看待人生中未来的机遇和不可预见的事件？

（7）在追逐未来的过程中，一门名为"成功学"的新学科渐渐兴起，却少有人探讨"失败学"。人生的道路上，处处可能遇上不可磨灭的创伤。有句话却说："每一种创伤，都是一种成熟。"你同意这种说法吗？为什么？

评价表

选手姓名：

项目	演讲内容	语言表达	形象风度	时间把握	小计
分值	30	30	20	20	
评分标准	紧扣主题、观点鲜明，结构严谨、构思巧妙，材料典型、内容充实	语音标准，声音洪亮，口齿清晰，语速适当、表达流畅，节奏感强、抑扬顿挫，现场感染力强	仪态端庄大方，举止自然得体，精神面貌良好	自我介绍 1 分钟以内，演讲 2 分钟以内。不足 1 分钟的扣 6 分，不足 2 分钟的扣 4 分	
自评（30%）					
互评（30%）					
师评（40%）					
总分					

阅读链接

陈建军．演讲理论与欣赏．武汉：武汉大学出版社，2005.

任务二　命题演讲场景沟通与礼仪

重难点：该任务中思想文化教育的落实；命题演讲稿的写作技巧；命题演讲技巧的运用

命题演讲指的是由他人拟定题目或演讲范围，并经过准备后所做的演讲。它包括两种形式：全命题演讲和半命题演讲；又可分为两种类型：专题演讲和赛场演讲。赛场演讲具有表演性和竞争性，比赛的演讲题目也多结合时事、思想政治和听众生活等而拟定。

命题演讲的方法和技巧包括两个方面：登台前的准备和台上的展示与分享。

登台前，演讲者要了解听众的心理状态与喜好，备好演讲稿。特别要确立主旨，选好材料，同时调整好自己的心态和情绪。

演讲稿的写作要求和技巧，包括以下三个方面：

（1）凤头。能在最短的时间里吸引听众的演讲开头就是好开场，它在演讲中起着至关重要的作用。历来著名的演讲家都在开场的设计上煞费苦心，希望在演讲的开头就能牢牢抓住听众，为自己的演讲奠定成功的基础。

（2）猪肚。演讲要求具有强烈的鼓动性，产生巨大的宣传效应，这就要求演讲要有令听者情绪波澜起伏或渐入高潮的感染力，也就是能唤起听众强烈的共鸣。事例最能说服听众，所谓“事实胜于雄辩”。而经典事例往往蕴含着丰富、深刻的情感或哲理，不需多，往往一二例，即能感动听众，使其折服。要能就地取材，即兴发挥，利用身边切题的典型素材，借助现场氛围为自己的演讲服务。这样就能出人意料地创造出震撼人心的轰动效应，借此强调观点、升华感情，把听众的情感不断引向高潮，把听众带到心潮澎湃、热血沸腾的佳境。

（3）豹尾。演讲不能虎头蛇尾，而要有一个坚实有力的“豹尾”。好的结尾，可以使演讲意味无穷，增添光彩。

命题演讲是比赛性的，演讲过程中常常会出现一些意想不到的情况，比如忘了演讲词、讲错了话、听众被其他的突发事件干扰而不再听你的演讲，或对你的演讲不满意、不感兴趣，等等。面对这样的状况应该怎么办？这就需要掌握灵活机智的应变技巧，做到处乱不惊、转危为机，从窘迫的困境中解脱出来，使演讲继续进行下去。

忘词时，千万不要紧张，不要惊慌失措，而是要快速联想回忆这部分演讲词。几秒钟后还是回忆不起来，就应该立刻放弃回忆，否则听众乱起来就不好控制了。这时，你要抛开那些忘记了的内容，而接着讲你没有忘记的内容，用这些新的内容稳定自己的情绪，重新吸引听众。

说错了话后，可以立刻纠正，毫不迟疑。这种纠正并不是要你向听众检讨一番，说我刚才如何讲错了，而是用正确的话重复一遍刚才的内容即可，听众就会听明白你的正确意思了。除对错误立即加以纠正外，还可以采取一些变通方式，如可通过提问等技巧加以掩饰。

如果听众对你的演讲不满意或不感兴趣，面对这种不利情况，千万不要着急，不要有埋怨心理，也不要上台后立刻开始演讲。你可以采取一些吸引听众的措施，比如先给大家讲一个与自己的演讲主题有关的新闻信息、小故事或小笑话，以引起大家的注意。当听众被你的讲话吸引而重新集中精神时，就可以开始正式演讲了。

案例阅读1

演讲稿示例：拼搏成就人生

先来说说我们为什么要拼搏：人生在世，如白驹过隙，几十年时光匆匆而过。几十年时光说短不短，说长不长，我想我们还是得有自己的人生观和价值观，并愿意为之努力，方没有白来这世上走一遭，虽说你我皆是芸芸众生之中不起眼的一个，但我们是可以超脱的，如何超脱，唯有不断拼搏。我比较认同《教父》里的人生观，第一步要努力实现自我价值，第二步要全力照顾好家人，第三步要尽力帮助善良的人，第四步要为族群发声，第五步要为国家争荣誉，而那些随意颠倒次序的人往往不值得信任。刚踏入社会的我们，第一步要做的就是努力实现自我价值，而时间又是那么有限和宝贵，不拼搏能行吗？

知道我们要去哪里、为什么要去之后，接下来就要思考我们如何才能去到那里，也就是方法问题。在此我不想喊太多的口号，心灵鸡汤太泛滥，我只想把我的几点思考与诸君分享与探讨：

一是做个有勇气的人。记得王小波在《关于贫穷》中说过一句话：生活方式像一个曲折漫长的故事，或者说像一座使人迷失的迷宫。很不幸的是，任何一种负面的生活都能产生很多乱七八糟的细节，使它变得蛮有趣的，人就在这种趣味中沉沦下去，从根本上忘记了这种生活需要改变。所以做个有勇气、有能力改变你自己生活的人，而不是沉沦下去！

二是先战略，再战术。先要有战略层面的考略，再就是与之相匹配的战术，莫要用战术上的勤奋来掩盖你战略上的懒惰。比如神州专车的广告文案：穿得危险，不代表我想遇上危险！笑得开心，不代表我想寻开心！这正好体现了其战略：安全性才最重要，而不是低价便捷。而要有战略层面的考虑，首先就要求我们看得足够长远，而不是鼠目寸光，唯有不计较一城一地的得失，方能让格局高大上起来，或许这就是成大事者不拘小节。落实到具体个人的话，就是要做好职业生涯规划，一个不清楚自己未来要去哪里的人，眼光只能局限于眼前的蝇头小利，不会舍，自然不会得。之后就是日复一日的努力与拼搏了，而最好的防御就是进攻，向什么进攻？向我们最大的敌人——自己进攻，向自己的懒惰进攻，向自己的贪婪进攻，向自己的恐惧进攻，至死方休。

三是做好自我评估，敢于认错。做好自我评估，对自己有清醒的认识是很必要的，有多大的能力，做多大的事，我们不妄自菲薄，也不骄傲自满，毕竟傲慢是无知的另一面；人无完人，金无足赤，犯错是难免的，但重要的是在犯错之后要勇于承担责任，并迅速改正，在不断修正中才能获得自我的成长，担起更大的责任。

四是不畏难，不畏小。做事情是肯定会遇到各种各样的问题的，首先我们得有解决问题的态度，之后再说解决问题的方法，无论是多么大的难题，我愿意去尝试着解决，同时我也不会因为事情小就不去做好它，端茶倒水、打扫卫生间这些我都不会介意。

最后，我想以海明威《老人与海》的故事来结束我的演讲，老人桑地亚哥很久没有钓到鱼了，他遇到他的极限了，可是老人没有沮丧，没有倦怠，他继续出海，向极限挑战。他终于钓到了一条鱼。如同那老人是人中的英雄一样，这条鱼也是鱼中的英雄。鱼把他拖到海上去，把他拖到远离陆地的地方，在海上与老人决战。在这场鱼与人的恶战中，鱼也有获胜的机会。鱼在水下坚持了几天几夜，使老人不能休息，穷于应付，它用酷刑来折磨老人，把他弄得血肉模糊。这时，只要老人割断钓绳，就能使自己摆脱困境，得到解放，但这也就意味着宣告自己是失败者。老人没有做这样的选择，甚至没有产生过放弃战斗的念头。他把那条鲨鱼当作一个可与之交战的敌手，一次又一次地做着极限之外的战斗，最后他胜利了。

老人载着他的鱼回家去，鲨鱼在路上抢劫他的猎物。他杀死了一条来袭的鲨鱼，但是他的鱼叉也折断了。于是他用刀子绑在棍子上做武器。到刀子又折断的时候，似乎这场战斗已经结束了。他失去了继续战斗的武器，他又遇到了他的极限。这时，他又进行了极限之外的战斗：当夜幕降临，更多的鲨鱼包围了他的小船，他用木棍、用桨，甚至用舵和鲨鱼搏斗，直到他要保卫的东西失去了保卫的价值，直到这场搏斗已经变得毫无意义的时候他才住手。

老人回到岸边，只带回了一条白骨，只带回了残破不堪的小船和耗尽了精力的躯体。人们怎样看待这场斗争呢?

有人说老人桑地亚哥是一个失败了的英雄。尽管他是条硬汉，但还是失败了。

什么叫失败？也许可以说，人去做一件事情，没有达到预期的目的，这就是失败。

但是，那些与命运斗争的人，那些做接近自己极限的斗争的人，却天生地接近这种失败。老人到海上去，不能期望天天有鱼来咬他的钩，于是他常常失败。一个常常在进行着接近自己极限的斗争的人总是会常常失败的，一个想探索自然奥秘的人也常常会失败，一个想改革社会的人更是会常常失败。只有那些安于自己极限之内的人才总是“胜利”，这种“胜利者”之所以常胜不败，只是因为他的对手是早已降伏的，或者说，他根本没有投入斗争。

在人生的道路上，“失败”这个词还有另外的含义，即是指人失去了继续斗争的信心，放下了手中的武器。人类向极限屈服，这才是真正的失败。而没有放下手中的武器，还在继续斗争，继续向极限挑战的人并没有失败。如此看来，老人没有失败，老人从未放下武器，只不过是丧失了武器。老人没有失去信心，因此不应当说他是“失败了的英雄”。

那么，什么也没有得到的老人竟是胜利的吗？我确实是这样看待的。我认为，胜利就是战斗到最后的时刻。老人怀着无比的勇气走向莫测的大海，他的信心是不可战胜的。

愿你我都能怀着莫大的勇气、不可战胜的勇气走向明天，不断拼搏，成就自己的人生！

谢谢大家，我的演讲到此结束！

案例点评

这篇在网上受到好评的命题演讲稿《拼搏成就人生》的思路和结构非常清晰，例证充分而又详略得当，演讲的中心分成五个小论点逐一展开，层层递进，层次感强，语言亲切而有感染力。

开头要先声夺人，富有吸引力。选手先通过提问，发人深思，引导听众思考一个问题，并由此造成一个悬念，引起听众欲知答案的期待。然后开门见山，亮出主旨。

命题演讲的开头还可以叙述事实，交代背景；引用警句，引出下文；等等。

主体部分要层层展开，步步推向高潮。所谓高潮，即演讲中最精彩、最激动人心的段落。在主体部分的行文上，以《老人与海》中老人的拼搏作为高潮，在理论上一步步说服听众，在内容上一步步吸引听众，在感情上一步步感染听众，水到渠成地推向高潮。展开的方式为并列递进结合式，在并列中包含递进（也可在递进中包含并列），体现演讲的纵横捭阖、气势雄伟。

结尾干脆利落，简洁有力，没有画蛇添足，节外生枝。

案例阅读2

毕业演讲

尊敬的老师，亲爱的同学们：

岁月匆匆，大学四年转瞬即逝。从眼眸里抽出细细雨丝，然后纷纷扬扬地洒下。我即将离开我的大学生活。走过楼兰，走过荒滩，只是为了那句“路在脚下，明天会更好”。

虽然即将与相处四年的同窗好友分别，但却无法把自己属于花季年龄的回忆全都忘掉，因为在那个美好的年龄，我们已将自己最美好的青春做了一次交换。

含着泪，回望身后的脚印，这些脚印离学生时代越来越远，伸向远方。即使脚窝泥泞，步履蹒跚，但我还是毅然地去追求属于自己的梦。曾经失去的，我不会注入太多眷恋，太多叹息；将要得到的，我也一定不会迷惑，不会迟疑。因为每个清晨的太阳都是崭新的，明天还要继续。

红阳在头顶散射着年轮的波，灵性鸟蹲在枝头目送我的背影，为我祈愿一路平安。真正令我魂牵梦萦的是那梦流浪的地方，生命在律动，风景在行走，目光里不仅映射着浪漫，而且还充满了对未来的信心。对于一个人来说，他的梦想就是他的翅膀，有梦想的人，随时都会站起来，拍拍翅膀，到他想去的地方尽情地遨游。看！山那边如今又是芳草萋萋，满庭芳菲了。白云将载着我到那梦开始的地方，实现我的梦想，实现我的价值。

在此，我由衷地感谢母校对我的培养，使我学会了各种生活技能和懂得了怎样为人处事。祝福我的母校××大学明天会更好！同时，我也由衷地感谢几年来同学们对我的关心和帮助，感谢各位朋友的关怀。认识你们是我人生中的一大财富，真诚地祝愿各位一路走好！

谢谢大家！

案例点评

这是网上的一篇值得初学演讲者学习的演讲稿。离别校园的场景在徐志摩的诗歌《再别康桥》里出现过，在李叔同的《送别》的歌词里表达过，案例《毕业演讲》以多种修辞手法、以抒情为主的方式渲染了演讲的情感力和诗意审美，纸短情长，言简意深，体现了命题演讲的诸多特色：

了解对象，有的放矢。面对一样即将离开校园的同窗和瞩望他们远去的老师们，他们思想上相通，情感上共鸣，感同身受，准确达到了宣传、鼓动、教育和欣赏的目的。

观点鲜明，感情真挚。表达出了演讲者对离别校园、告别青涩岁月的一种理性认识和眷眷之情，以及演讲者对客观事物见解的透辟，给人可信性和可靠感。叙述、说理和抒情结合起来，情景再现、理性分析、真情抒怀、发自肺腑，潺潺流淌，打动人心。

行文变化，富有波澜。有回望、有当下、有展望，汗水、泪水和阳光同在，符合听众的心理特征和认知规律。

场景式实践训练与评估

假如公司要挑选一名选手参加所在城市的命题演讲比赛，每个组员作为参赛选手从“人生”“青春”“梦想”“爱情”“职业”“学业”等命题中选择一个为主题，练习编写演讲实用结构图。

具体步骤如下：(1) 选择一个演讲主题，如“人生”；(2) 写出一句主题句，也可以是演讲的标题，如“生命只有一次”；(3) 围绕这个主题句或标题寻找 2～3 个相关联或能相互印证的关键词，用以说明标题的内涵，如“进取”“乐观”“珍惜”；(4) 找到能证明关键词的相关案例，最好是正反案例都有，如“霍金”和“林森浩”；(5) 给每个案例配上一句贴切的名人名言或者经典诗句，如“欲穷千里目，更上一层楼”。见下图示范。

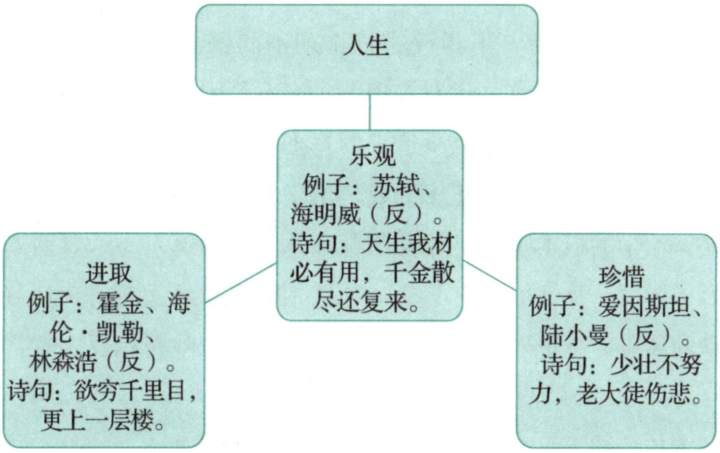

编写好自己的演讲实用结构图后，举手示意，上台为大家展示分享，分享时间为 2 分钟。

评价表

总分：

演讲内容符合选题，结构图合理完整（70 分）	分享精彩，有感染力（30 分）		
评语	自我评价		学员签名
	同伴评价		同伴签名
	教师评价		教师签名

阅读链接

朱玉红．心理学与口才技巧．北京：中国纺织出版社，2014.

任务三　辩论演讲场景沟通与礼仪

重难点：该任务中思想文化教育的落实；辩论的类型和基本技巧

辩论，是演讲中的一种，又叫论辩。辩就是辩解、辩驳，辨明是非；论就是议论、论理。辩论是由两方或多方因对某个问题产生不同意见而展开的面对面的口才交锋和智慧较量，如法庭辩论、外交辩论、赛场辩论，还有职场辩论以及生活辩论等。其中职场辩论是指为了明确某个观点、统一某种思想、达成某个意向或者是贯彻某个行动，在具体工作中进行的辩论。职场辩论具有目标性、证据性和合作性等特点。辩论演讲要求辩手具有学习的能力、合作的态度、倾听的态度、思考的能力和沉默的技巧，要克服在辩论中不自信、退缩和词穷等问题。辩论的结果还是为了更好地合作。职场上的交流不用气势逼人，但是迅速的反应、聪明的应对、不留漏洞的措辞在职场辩论中是十分必要的。

有人说，“辩论是文明的争吵”。如何辨析辩论和争吵呢？《资治通鉴》记载，战国谋士邹衍路过赵国，平原君让他和公孙龙辩论“白马非马”的观点。邹衍说：“不行。所谓辩论，应该区别不同类型，不相侵害；排列不同概念，不相混淆；抒发自己的意旨和一般概念，表明自己的观点，让别人理解，而不是困惑迷惘。如此，辩论的胜者能坚持自己的立场，不胜者也能得到他所追求的真理，这样的辩论是可以进行的。如果用繁文缛节作为凭据，用巧言饰词来互相诋毁，用华丽辞藻来偷换概念，吸引别人使之不得要领，就会妨害治学的根本道理。那种纠缠不休、咄咄逼人、总要别人认输才肯住口的做法，有害君子风度，我邹衍是绝不参加的。”在座的人听罢都齐声叫好。所以在辩论中辩手应注意谈吐风雅，不可对他人进行人身攻击。而争吵则相反，常常漫无边界、口无遮拦。

赛场辩论基本技巧如下：

（1）锐利柔和的语言。辩论的时候，不能有丝毫的仁慈，但也绝不能失去了君子风度。语言上一定要把握好尺度。首先，不能侮辱、评论对方辩手的人品，这并不是正当的手段，也会给自己带来不利；其次，不能说脏话；最后，用词要细腻，比如“傻”不能说傻，要说“做事不思考，没有思想”，如果单说“傻”的话是很不礼貌的，而且“傻”也很抽象。

（2）灵活的大小范围转换。这是在利弊权衡中需要灵活掌握的一种方法。一个话题，如果是你方倡导的，就要会放大缩小，比如说工业发展，支持的话，就说工业发展是进步的一面，进步是人们都向往的，是一种积极向上的思想，是全人类都该支持的……反对的话，就说不利于自然保护、太多工业发展危害了我们的地球母亲，这是人类都该反对的……一件事物可以在许多个范围中，要根据需要灵活转换。

（3）看见事物的两面性。凡事都有两面性，任何事物都是作为矛盾统一体而存在的，要找到对你有利的一面。

（4）合理的狡辩。有对你有利的公理，也必定有对对方有利的，而这正是你的辩题的软肋。可以用合理的狡辩来应对，如：“他是这么想的吗？表面上是，可事实上呢？人心叵测啊！如果他表面和事实上想的不同呢？”

（5）语言的陷阱。在辩论时，脑子要飞快运转，在发现对手有某种朦胧但不成型的思想时，以一个看似是你方的观点来印证他，然后他一旦抛出了他的新观念，就极有可能放弃旧观点中的一部分，导致自相矛盾。

（6）在场上避免队员内的提示。因为这是一种否定性的提示，一提示就表示你否定他。

（7）避免硬伤。包括形式硬伤，如超时、自由辩论时连续发言等；观点硬伤，如观点绝对化。注意礼貌问题，辩论不是吵架，要注意情绪的控制，注意保持自己的风度，不进行人身攻击。注意规则问题，遵守主持人宣布的规则。

案例阅读1

《罗伯特议事规则》

《罗伯特议事规则》是由亨利·马丁·罗伯特撰写的一直沿用到现在的美国开会规则。它是专为开会提供发言、辩论、提议、附议和表决的规则。

《罗伯特议事规则》中制定了关于辩论的五大铁律：

（1）文明表达：禁止人身攻击、质疑动机、扣帽子、贴标签。

（2）一时一件：不跑题。

（3）限时限次：不超时，禁止一言堂，比如设定每人只能发言 n 次，每次 m 分钟。

（4）发言完整：不得打断别人的正常发言。

（5）面向主持人：参与者之间不能直接辩论，只能对主持人发言。

案例点评

《罗伯特议事规则》就像一部设计良好的机器一样，能够保证开会时有条不紊地让各种意见得以表达，使辩论得以顺利进行，对我们日常辩论有很强的借鉴性。

当然，日常辩论中如果出现下列四种情况，最好是终止辩论：第一，对方逻辑混乱，或者过于激动；第二，对方的观点是基于个人利益的；第三，对方纯粹是为面子而辩；第四，对方的能力、素养、知识面都不足以给你们的辩论带来价值。

终止辩论最好的办法是用幽默来岔开话题，以恢复轻松和谐的气氛。

案例阅读2

企业竞争是文化的竞争还是人才的竞争

正方：企业竞争的实质是文化的竞争；反方：企业竞争的实质是人才的竞争。

正方陈词：企业文化是社会主义先进文化的重要组成部分，是企业的灵魂和精神支柱，具有强大的导向功能、凝聚功能、激励功能和教育功能。它体现为企业价值观、经营理念和行为规范，渗透于企业的各个领域。通过企业文化的建设和实施，企业人文素质得以优化，最终能够推进企业竞争力的提高，促进企业经济效益的增长。

正方攻辩：文化不好，留不住人才，还谈什么竞争？

正方论据：首先，企业文化建设是企业赖以生存的法宝；其次，企业文化建设是企业发展壮大的内在驱动力量；最后，企业文化建设是企业核心竞争力的关键因素。

正方结辩：当今企业文化越来越成为企业凝聚力、创造力的重要源泉，越来越成为企业特别是大型企业竞争较量的着力点。美国兰德公司的专家通过对全球优秀企业的研究得出结论：世界500强胜出其他公司的根本原因，就在于这些公司善于给它们的企业文化注入活力。

反方陈词：文化是人创造的，只有优秀的人才，才能创造出优秀的文化。优秀的人才创造文化，文化又在培养人才。就像辩证法上说的，人是主要因素，企业文化只是在发展过程中把好的方面总结起来的文字说明，人是具体的实施者，没有了人，再好的企业文化也是空谈。这就是理论与实践的关系，企业文化就是理论，人是负责具体实践的主体，企业文化对人只有指导的作用。

反方攻辩：没有人才，谈何文化的创造和实现，企业如何发展？

反方论据：企业竞争的实质是人才的竞争，在这场竞争中取胜的关键在于拥有高素质的人才队伍。

反方结辩：建立以人为本、以绩效为基础的企业文化和考核制度，对表现突出的员工不仅要委以重任，更要悉心、耐心、长期培养，不断予以精神和物质激励，这是企业战胜对手、永葆成功的重要因素。人才是企业永恒的核心竞争力。拥有一批优秀的管理人才，企业才能在激烈的商战中基业长青。企业产品、服务、技术竞争的核心和实质，归根结底是人才的竞争。

案例点评

这是某大学生辩论赛的辩论节选。辩论赛也称作辩论会。它在形式上是参赛双方就某一问题进行辩论的一种竞赛活动，实际上是围绕辩论的问题而展开的一种知识的竞赛、思维反应能力的竞赛、语言表达能力的竞赛，也是综合能力的竞赛。拿到辩题后首先要审题，剖析题目中各类名词的内涵与外延；其次要寻找论点和论据，且注意分析能够支撑对方观点的论点和论据，做到“知己知彼，百战不殆”；再次要注意提炼数据和例子，并用通俗的语言表达出来；最后还要梳理整个辩论赛需要的逻辑顺序、可能出现的突发情况，查漏补缺。辩论赛最有挑战性的地方可能就是“计划赶不上变化”，辩论现场的情况变化万千，需要辩手做好临场应变和快速反应，调控个人情绪，始终保持冷静的思考，发挥出各种辩论技巧，这就更要注意团队合作，做到攻守结合、张弛有度。

场景式实践训练与评估

1. 实训任务：针对下列辩题进行辩论。

（1）选择与努力哪个更为重要？

（2）做事和做人哪个更重要？

2. 实训步骤：（1）每两个小组组成一个正反双方辩论队，选择其中一个辩题，按照比赛辩论的通常规则准备 10 分钟。（2）当众辩论 15 分钟。（3）每个小组推荐同等数量的代表作为辩论赛组委会，其中包括评委 3 人、主持人 1 人、点评人 2 人、监督员 2 人。

团体评价表

辩论队	开篇陈词	攻辩	自由辩	总结陈词	配合、辩风（20分）	总分
	破题准确，立论机智；逻辑合理，论证严密；论据得当，引证有力（20分）	提问简明，击中要害，辩护有据，说服有力（20分）	攻防转换有序，把握辩场主动；针对对方论点，进行有力反驳；坚守己方论点，扩大辩论成果（20分）	全面归纳，查漏补缺（20分）		
正方						
反方						

辩手个人评价表

	辩手编号	语言表达	辩驳思路	辩风	综合印象	总分
正方		陈词是否流畅，说理是否透彻（20分）	逻辑性是否强，引用实例是否得当（40分）	提问是否合适，回答是否中肯，反驳是否有力、有理，反应是否机敏，用语是否得体。不能言辞过激，影响对方辩手的情绪，否则适当扣分（20分）	举止是否落落大方，是否能适当地运用身体语言（20分）	
	一辩					
	二辩					
	三辩					
	四辩					
反方	辩手编号	语言表达	辩驳思路	辩风	综合印象	总分
		陈词是否流畅，说理是否透彻（20分）	逻辑性是否强，引用实例是否得当（40分）	提问是否合适，回答是否中肯，反驳是否有力、有理，反应是否机敏，用语是否得体。不能言辞过激，影响对方辩手的情绪，否则适当扣分（20分）	举止是否落落大方，是否能适当地运用身体语言（20分）	
	一辩					
	二辩					
	三辩					
	四辩					

评委：

阅读链接

傅春丹．案例式演讲与口才．广州：广东高等教育出版社，2005.

任务四 竞选演讲场景沟通与礼仪

重难点：该任务中思想文化教育的落实；竞选演讲的主旨、结构和技巧

竞选演讲，也叫竞职演讲，指参加竞聘者为了实现竞争上岗，就自我竞聘条件、未来的工作目标和构想所发表的公开演讲。竞选演讲有着明确的目标，目标的明确性是竞选演讲区别于其他演讲的主要特征。此外，竞选演讲还具有以下特征：

（1）内容的竞争性。在其他演讲中，内容尽管可以海阔天空地谈古论今，但一般都不是来“显示”自己的长处。而在竞选演讲中，演讲人必须突出自己的长处，显示出自己的竞争力。

（2）主题的集中性。所谓主题的集中，是指所表达的意思单一，不枝不蔓，重点突出。这就是说，在表达意思时，必须突出一个重点，围绕一个中心，而不要多重点、多中心，不能企图在一篇演讲中解决和说明很多问题。

（3）材料的实用性。实用性是指所选材料既是符合实际的，又是对自己的竞争“有利”的，即无论是说自己所具备的条件还是谈任职后的“构想”，都要从“自我”出发、从实际情况出发。竞选演讲是“竞争”，但并非是比谁能“吹牛”，谁能用嘴皮子“甜”人。

（4）思路的“程序”性。思路，就是演讲者的思维脉络。“程序”是指演讲中先讲什么后讲什么的顺序。竞选演讲不像一般演讲那么“自由”，它除了题目和称呼，一般还包括以下五步：第一步，开门见山讲自己所竞聘的职务和竞聘的缘由。第二步，简洁地介绍自己的情况，如年龄、政治面貌、学历、现任职务等一些自然情况。第三步，摆出自己优于他人的竞聘条件，如政治素质、业务水平、工作能力等。第四步，提出假设自己任职后的工作措施（这一步是重点，应该讲得具体详细，切实可行）。第五步，用最简洁的话语表明自己的决心和请求。

（5）措施的条理性，演讲者在讲措施时一定要注意条理清楚，主次分明。不要像漫坡放羊一样，讲到哪儿算哪儿，让人听了如一团乱麻。

（6）语言的准确性。准确是指要恰如其分地表情达意。但竞选演讲中的准确除此以外还有另外两层意思：一是所谈事实和所用材料、数字都要求真求实，准确无误；二是要注意分寸，因为竞选演讲的角度基本上是以“我”为核心，如掌握不好分寸，夸大其词，就会让人产生逆反心理，从而使自己的演讲失败。在演讲中也要恰当运用态势语和控场语等各项语言表达的技巧。除技巧之外，最重要的还是竞选人的热情和发自内心的真诚，这远比语言文字更能打动人心。

竞选演讲稿一般由标题、称呼和正文三部分构成。竞选演讲稿标题常见的形式有两

种：一是单标题，即“事由＋文种”，就是直接说明竞选的职位，并注明文种；二是双标题，由正、副标题组成，正标题概述演讲的中心内容，副标题在下，用破折号连接，标明事由和文种。

怎样称呼，要视听众而定，一般用泛称，如“各位领导”“同志们”等，称呼语要顶格书写，排列有序。

竞选演讲稿的正文主要由开头、主体和结尾三部分构成。

（1）开头。竞选演讲一般时间都不会太长，要用精彩而有力的开头引人注意。常见的开头有以下三种：

1）真诚感谢法，即用诚挚的语言表达自己的谢意。

2）简要介绍法，就是在演讲的开头简要而有技巧地介绍自己的有关情况，内容简要，又通过简洁明快且富有意味的语言表达出来，效果会大不一样。

3）表达心情法，就是将参加竞选时的心情表述出来。

（2）主体。竞选演讲的主体内容应包括以下几方面：

1）展示优势。这一部分实际上是要说明为什么要竞争、凭什么竞争的问题。众所周知，竞选演讲的目的，就是要使听众对演讲者有充分的了解和认识，从而鉴别其能否胜任该职位。如果他们认为凭你的自身素质能够胜任，就会毫不犹豫地给你投上一票，反之，便会票上无名。因此，主体部分在条理清晰的前提下，一定要有针对性，即针对竞选的岗位来介绍自己的学历、经历、政治素质、业务能力和相关业绩等。在介绍中要尽可能地展示自己的长处，如已有的成绩、较高的学历、很强的事业心、深厚的理论功底、丰富的实践经验、表里如一的品质、吃苦耐劳的精神等。当然，这些长处并非要面面俱到，而应根据竞选职务的职能情况有所取舍，也就是说，要详细说明与竞选职务有关的工作经历、经验、实绩，而与之关系不大的可少谈或不谈。

2）简要介绍自身的不足之处。对自身的弱势，有策略和艺术性地表述出来，即将不利变为有利，抑中有扬，贬是假，褒是真。对缺点的介绍要注意分寸，如果对自己的缺点介绍得过多过细，无形中就会损害自己在群众和评委心目中的形象。

3）表明自己任职后的打算。竞选者本身所具有的良好的基本条件是其竞选成功的前提，但仅有这点还不够，听众更关心的还是竞选者任职后的打算，因此，竞选者在竞选演讲时，一定要用简明扼要的语言亮明自己的观点，要紧紧围绕听众关心的热点、难点问题，提出明确的工作目标和切实可行的措施，这样才能获得大家的信任和支持。

（3）结尾。竞选演讲的结尾常见的有以下两种方法：

1）希望式，就是在结尾处表明，希望得到大家的支持、帮助。

2）表态式，就是在结尾表明自己的态度，即自己如果当选将怎样履行职责。

案例阅读1

办公室主任竞选词

尊敬的各位领导、同事们：

大家上午好！首先感谢组织给我这样一次机会参与竞聘，这对我个人来讲，不仅是一次竞聘的机会，更是一次检验自己前一阶段工作、学习、生活和发现自己不足的机会，一次学习和锻炼的机会！因为热爱公司，热爱工作，热爱同事们，我必须不断上进。

我叫××，现任公司办公室副主任，今天我要竞选的职务是办公室主任。我一直负责办公室人事劳资工作，因工作变动，去年九月公司领导让我主持办公室工作，在原主任××的领导下，同事团结，工作顺畅，给我今后做好工作打下了很好的基础。在公司领导的亲切关怀和坚强有力的领导下，在其他部门的密切配合下，在同事们的支持和帮助下，作为办公室副主任的我，面对繁重的工作任务，不断接受挑战和自我加压，努力提升工作水平，履行了工作职责，较好地完成了各项任务。

经过几年的工作，对于办公室副主任这个岗位我也有了较为深刻的认识，办公室的事事关全局，它的工作内容主要有为领导当好参谋，及时准确地提供决策所需的数字和资料；为全局事务当好总管，千头万绪，无一遗落；为一线员工当好后勤，它需要有全局的胸怀，又要有服从的意识、创新的精神、默默奉献的干劲。摆好自己的位置是相当重要的。

我觉得我有足够的优势来竞选这一职务：

一、为人真诚，有较好的群众基础。担任办公室副主任以来，认真完成每项工作，沟通领导和群众，对外做好接待，对内处理好烦琐的日常事务，我觉得在这方面处理得还不错；对同事冷热适度，不搞拉拉扯扯、吹吹拍拍；对突发情况刚柔适度，当断则断，不优柔寡断。对待工作较为严谨，基本上取得了职工和群众的拥护和支持。

二、有较强的学习能力。近年来，我不断学习理论知识以及与业务部门相关的政策、法规和条例等，提升互联网办公和信息能力，并谦虚地向其他同志学习，取人之长，补己之短，努力丰富自己、充实自己、提高自己。通过学习，进一步提高了政治水平和驾驭实际工作的能力；提高了思想觉悟和执行党的路线、方针、政策的自觉性。

三、足够的自信和热情。经过近几年在办公室的工作，我对这一职务有了相当的了解，对各方面的知识也有了一定掌握，我有着饱满的热情和斗志去对待这份工作。

四、轻车熟路，具有丰富的实际工作经验。我合理安排、充分调动全室人员的工作积极性，在做好服务、参与政务和商务、完成任务、办好杂务等方面做了大量的工作，保证了单位各项工作的正常运转；在健全制度，使办公室工作走向制度化、规范化方面，针对平时工作容易产生问题的多个环节，有针对性地制定了信息管理制度、印章使用管理制度、车辆管理制度、文档管理制度、办公用品管理制度等一系列规章制度；按照公司进一步加强厉行节俭管理的规定，进一步完善了商务接待费用管理制度；按照公司工作安排，通过市场调研，10 月底完成了对就餐、办公环境和车辆维修定点的调整，办理了消费卡，实行消费即刷卡开票；开展安全教育，增强防范意识，多次组织员工认真学习安全知识和开展消防实战演习，进行了安全知识测试；进行了安全防范教育和岗位自查活动，对不合理、不合规的事项进行了逐步整改。这一系列措施的落实到位，确保了企业全方位、全过程的安全和顺利运营，为我们做好市场管理经营工作提供了强有力的保障。

五、有着拒腐防变的思想防线。作为一名党员领导干部，我始终坚持把廉政建设作为提高自身修养、保持共产党员先进性的重要环节，始终把廉政建设理论学习同政治理论学习有机结合起来，认真学习先进典型事迹。通过经常性的学习，加强了自身的党性修养，坚定了理想信念，巩固了正确的权力观、地位观、利益观，使自己进一步认识到新形势下加强廉政建设的重要性、必要性，增强了在新形势下拒腐防变的免疫力，为履行党风廉政建设职责奠定了良好的基础。

如果我竞聘成功，我将在新的岗位上加强学习，尽快融入岗位，我虽然了解办公室的大致工作内容，但还是存在不懂的问题，我会不断努力学习，争取尽快熟悉岗位，掌握技巧和工作方法，以适应工作的需要；在新的岗位上，我会继续发扬团结协作、互相帮助、互相关心的精神，努力做好每项工作，营造一个良好的工作环境；完善现有制度，加大执行力度，以制度促管理；勤快办事，为人们提供优质的服务，我将会把为公司上下各方面服务当作自己的情感所系，职责所在；我将继续以“实实在在做人，尽心尽责做事”为原则，努力完成每一项工作；同时加强安全方面的管理，坚决杜绝责任事故的发生。

当然我也还存在一些不足，如制度建设方面还比较薄弱，照章办事不足，工作思路不宽，眼界不远，工作的超前性不够。今后，随着对工作的进一步熟悉，我更要做到不骄不惰，更要注意廉洁行政，把自己所做的每一件事都放到阳光之下，放到群众中去，自觉接受群众的监督和指正，努力做到刻苦学习、提高素质、牢记宗旨、服务群众，把工作做得更好。

最后我想说，无论这次竞聘成功与否，我都会把它当作一个契机，我会一如既往地爱惜公司的发展和荣誉，不断学习，争取更大进步，同时也希望大家继续给予我支持与鼓励。

谢谢大家！

20××年××月××日

案例点评

网上的这篇竞选演讲稿，一是体现了竞选者真诚热情、豁达公正的竞选态度。职位竞争的优胜者往往是真心热爱这个职位，真心愿意通过这一职位为单位、为员工做点有意义的事情的。竞选者表达了自己对岗位工作的熟悉和热爱，人们也有理由相信一个人是会为自己所热爱的事业竭尽全力的，因为所有的坚持都源于热爱。二是排除了分歧，表明了立场。竞选中要如何用语言沟通或者思想征服那些不投票给自己的人群呢？求同存异。不管领导、群众投票给谁，是自己还是对手，无非都是想帮助公司竞选出那个热心为公司服务的人，为同事谋福祉的人，能推动公司发展和前进的人。只要大家的目标一致，所有的分歧都是可以克服的。但该演说还有一些不足，一是口号缺乏号召力。要把一群选择标准不一样的人组织到一起，让大家朝着同一个方向前进，就要统一认识。统一思想认识就需要统一口号，能选作口号的当然是简单且有号召力的。在这一点上，案例中的竞选者有所欠缺。二是演讲者挑选了能够引起大家共鸣的前辈和自己的故事、数字和业绩等，可是不够具体突出，感召力不够。

竞选演讲是一种极具挑战性的演讲，很多演讲者都注重工作构想和初步计划，许下承诺，从这些方面博得选民的认同。但是，不管是怎样的沟通表达技巧，不管运用怎样的身姿语言，都需要一颗强大的内心作为支撑，这其中最重要的是要有真诚热爱的态度、积极主动的行动与充满希望和哲理的思想。

案例阅读2

学生会干部竞选演讲词

尊敬的老师、亲爱的同学们：

大家好！

今天，我能站在这里参加学生会干部的竞选，很高兴也很激动！首先我介绍一下自己吧，我是××系××班的××，我要竞选的职位是学生会副主席。在此之前，身为班干部的我，本着认认真真、兢兢业业的负责精神，一直以来都尽己所能，把班级服务工作做到最好，并得到了老师和同学们的认同。

这里高手如云，我要取胜是一件不容易的事情。但是，我抱着“思想有多远，人就可以走多远”“心有多大，舞台就有多宽”的信念来参加竞选，况且，我也有足够的实力与大家公平竞争，我坚信，我会脱颖而出的。

君子藏器于身，伺时而动。成功者，并不是那些嘴上说得天花乱坠的人，也不是那些把一切都设想得极其美妙的人，而是那些脚踏实地去做事的人。以前，我只会按老师的要求办事，现在，我能独立策划、组织各种活动，经历了一个由不会到会、从不好到好的过程。在学校就读的两年多以来，我积极地参加各项活动，不断从中总结经验来提高自己的综合能力。作为学校的一名优秀的学生和一名光荣的共青团员，我每天都努力拼搏，在精英荟萃的环境中勇于竞争、敢于竞争、善于竞争，不断奋斗、不断创新更是我始终坚持的信念。

当然了，“人非圣贤，孰能无过”。我在工作中也出现过一些错误，但我敢于面对。以人为镜可以知得失，通过老师、同学的批评、帮助及自己的努力来改正错误，绝不允许自己在同样的地方跌倒两次。正是由于在胜利面前不骄傲，在失败面前不低头，我才会在奋斗中迅速地成长和提高。

假如我竞选成功，我的第一个打算就是让每一个同学充分享有自己的民主权，大家可以向学生会提出自己的意见，我会谦虚接受所有良言和建议，把学生会的工作做到最好。一个好汉三个帮，我更需要同学们的信任与支持。在同学、老师们的协助下，我相信我可以把学生会的工作做好、做出色！

梦，需要自己去追，路，需要自己去走，选择了远方就必须风雨兼程。我相信自己的实力，也相信自己的能力，更加相信自己能把学生会副主席一职做好，我认为，我能行！

最后，请在座的各位支持我、相信我，我一定会把学生会工作做好的！

谢谢大家。

案例点评

这是网上的一篇大学生竞选学生干部的演讲稿。竞选演讲为了保证公平，评委除了依据自己对人才评定和任用的经验对竞选者进行评价外，都会有一张统一的竞选演讲评分标准表。依据下面的评分标准表，可以看出上述竞选者竞选演讲稿主旨明确，结构清晰，善于根据场景选择语言表达。

在高校的学生干部竞选中，可以更加突出表现自己竞选职位的创新精神以及策划、协调、沟通、学习和服务能力，可以更加热情洋溢地表达，对已有的经验、成绩和构想应该用具体详细的数字和事例表达，增强竞争性。

评分标准表

项目	细则	得分
开头（5分）	自然，得体	
主体（30分）	自我介绍针对性强（10分）	
	竞职条件充分（10分）	
	目标、构想和方案清晰且操作性强（10分）	
结尾（5分）	表明态度	
主题突出（30分）	主题集中（10分）	
	凸显个人竞职优势（10分）	
	语言得体（10分）	
结构完整（20分）	标题规范（5分）	
	礼貌称谓（5分）	
	正文完整（10分）	
符合要求（10分）	实事求是、明确具体、有的放矢、谦虚诚恳（10分）	

场景式实践训练与评估

根据自己所学专业和职业发展，模拟竞选某个职位，快速写出竞选演讲稿提纲，根据提纲完成5分钟以内的竞选演讲。

实训步骤：(1) 撰写竞选演讲稿提纲，要求主旨明确、结构清晰、技巧突出，有明确的关键词和口号。(2) 择机上台进行模拟竞选演讲，时间不超过5分钟。(3) 组织5人评分小组，1个计分统分员，2个监督员。增加一个每个评委针对竞选者演讲的提问答辩环节。其他学生现场投票，根据评委分数和票数评选出优胜者。根据下列表格进行评分。

竞选演讲评分标准表

内容	仪表风范（10分）	主题内容（30分）	语言表达（20分）	时间掌握（5分）	现场感染力（5分）	回答问题（30）	小计
自评分数							
互评分数							
师评分数							
总分							

竞选演讲得分及票数统计表格

选手名称	1	2	3	4	5
票数					
得分					
优胜者					

阅读链接

颜永平，杨赛．演讲与口才教程．上海：华东师范大学出版社，2012.

项目场景式综合实训

1. 实训内容：组成5人演讲比赛组委会，策划一场演讲比赛，包括命题、比赛时间、地点和现场布置、评委的选择和邀请、主持人的挑选和邀请等，同时做好选手的评选和培训指导、评分工作。完成完整的演讲比赛策划书。

2. 实训方式：根据策划书完成演讲比赛流程。

3. 实训成果：评选出优秀的演讲者，推选至更高层面参加演讲大赛。

参考文献

[1] 吴礼权．言语交际与人际沟通．2 版．广州：暨南大学出版社，2016.
[2] 吴礼权．传情达意：修辞的策略．修订版．广州：暨南大学出版社，2014.
[3] 英格丽·张．你的形象价值百万．武汉：长江文艺出版社，2015.
[4] 甘敏军．礼仪与沟通．北京：清华大学出版社，2012.
[5] 王文忠．动力沟通实践．北京：中国石油工业出版社，2019.
[6] 金正昆．商务礼仪教程．6 版．北京：中国人民大学出版社，2019.
[7] 李佳烨．高情商沟通课．南昌：江西教育出版社，2019.
[8] 陈竹．节目主持人实用口语训练教程．杭州：浙江大学出版社，2006.
[9] 李涵．直击痛点——一分钟职场表达术．广州：广东人民出版社，2019.
[10] 曹希波．好思维决定好口才．北京：中国致公出版社，2006.
[11] 梁良良．创新思维训练．2 版．北京：新世界出版社，2009.
[12] 傅春丹．案例式演讲与口才．广州：广东高等教育出版社，2005.
[13] 高耀华．青少年演讲口才课．哈尔滨：哈尔滨出版社，2005.
[14] 郑远汉．言语风格学．2 版．武汉：湖北教育出版社，1998.
[15] 王光华．口才沟通与演讲实用教程．北京：中国人民大学出版社，2017.
[16] 颜永平．演讲艺术与实践．北京：海潮出版社，2002.
[17] 贾启艾．人际沟通．南京：东南大学出版社，2006.
[18] 徐莉，毕凤飞．主持人口语表达艺术．北京：中国广播电视出版社，2003.
[19] 曹可凡，王群．节目主持人语言艺术．上海：上海人民出版社，2005.
[20] 李敬一．节目主持概论．武汉：华中科技大学出版社，2004.
[21] 蔡长虹．主持人的个性化语言．北京：中国经济出版社，2004.
[22] 伊尔斯·桑德．靠近爱：拥抱积极的人际关系．刘可，崔云彩，译．北京：海豚出版社，2020.

图书在版编目（CIP）数据

人际沟通与礼仪 / 王光华主编. --北京：中国人民大学出版社，2021.4

21 世纪高职高专规划教材. 通识课系列

ISBN 978-7-300-29305-9

Ⅰ.①人… Ⅱ.①王… Ⅲ.①人际关系学－高等职业教育－教材 ②社交礼仪－高等职业教育－教材 Ⅳ.①C912.1

中国版本图书馆 CIP 数据核字（2021）第 068538 号

21 世纪高职高专规划教材·通识课系列

人际沟通与礼仪

主　编　王光华

副主编　阎　伟　卢文丰

Renji Goutong yu Liyi

出版发行	中国人民大学出版社		
社　　址	北京中关村大街 31 号	**邮政编码**	100080
电　　话	010－62511242（总编室）		010－62511770（质管部）
	010－82501766（邮购部）		010－62514148（门市部）
	010－62515195（发行公司）		010－62515275（盗版举报）
网　　址	http://www.crup.com.cn		
经　　销	新华书店		
印　　刷	北京昌联印刷有限公司		
规　　格	185 mm×260 mm　16 开本	**版　　次**	2021 年 4 月第 1 版
印　　张	14.25	**印　　次**	2022 年 9 月第 2 次印刷
字　　数	278 000	**定　　价**	39.00 元